TAGEBUCH
meiner Heilung

Judith Freeman

Dieses Buch widme ich meinen Eltern.

2013 veröffentlichte Judith Freeman ihr erstes Buch unter dem Titel „Dank Therapie an Leben gewonnen" (Books on Demand, ISBN 978-3837072402, 116 Seiten, 12,00 €)

Impressum

© 2020 Judith Freeman
E-Mail: DFreeman@t-online.de

Lektorat und Layout:
Biografiewerkstatt Otto, Mainz
www.biografiewerkstatt-otto.de

Bild auf dem Einband: Foto May, Wiesloch

Herstellung und Verlag:
BoD – Books on Demand, Norderstedt

ISBN 978-3750451827
Preis: 17,90 €

**Augen,
die nur Schönes
sehen wollen,
sind für
Wirklichkeit und
Wahrheit
blind.**

Vater und ich, 1976

Vorwort

Als ich im Jahr 2015 in der Psychiatrischen Ambulanz der Uniklinik Heidelberg Patienten einer in Elternzeit befindlichen Kollegin übernahm, war auch Judith Freeman dabei. Sie war schon seit vielen Jahren in psychiatrischer und psychotherapeutischer Begleitung. Mich beeindruckte ihr kraftvoller Wille, ihre traumatische Lebens- und Krankheitsgeschichte hinter sich zu lassen und mit positivem Blick auf die Menschen und die Umwelt ihr weiteres Leben selbstbestimmt zu gestalten und zu genießen.

Wir entschlossen uns gemeinsam, nach der langjährigen Behandlung mit anhaltender Stabilität den Stimmungsstabilisierer Lithium auszuschleichen, da vermutlich eine gewisse Gefühlsabschottung und mangelnde Lebendigkeit auch daher rühren konnten. Das Ergebnis glich einem Wunder: Judith Freeman tauchte aus einer gefühlten dämpfenden „Glocke" auf und erlebte nach und nach ein wesentlich breiteres Spektrum an Emotionen, mit denen sie zunächst wieder umzugehen lernen musste. Da sie und ihr Ehemann in der Früherkennung von emotionalen Schwankungen und Überlastungen sehr achtsam waren und wir eine relativ engmaschige Begleitung vereinbarten, konnten Krisensituationen immer gut abgefangen werden.

Für die Stabilisierung, Reflexion und zugleich Intensivierung des Erlebens war für Judith Freeman das

Tagebuch-Schreiben eine zentrale Hilfe: Sie konnte ihre Gedanken und Gefühle ordnen, diese mit Erinnerungen an frühere Erfahrungen verknüpfen und sich auf ihre Ressourcen und Fähigkeiten im Umgang mit Konflikten besinnen. Oftmals durfte ich in den Behandlungsstunden anhand ihrer Tagebuch-Aufzeichnungen den inneren Prozess der vergangenen Wochen nachvollziehen.

Es entstand die Idee, aus den Aufzeichnungen ein Buch werden zu lassen, das auch anderen Betroffenen Mut und Hoffnung geben kann. In ihrem ersten Buch „Dank Therapie an Leben gewonnen" schilderte Judith Freeman einige Jahre zuvor ihre teils traumatischen Psychiatrie-Erfahrungen. Bei den Tagebuch-Aufzeichnungen greift sie nun ihr ganzes Lebens- und Alltags-Spektrum samt Kindheitserinnerungen auf, so dass spürbar wird, wie reichhaltig ihre Erlebnisse und Erfahrungen auch jenseits von psychischer Erkrankung waren. Eine zunehmende emotionale Unabhängigkeit von der zurückliegenden Krankheitsgeschichte wird deutlich, so dass mit Recht von einem Zeugnis einer Heilung gesprochen werden kann.

Dr. Max Ludwig

15.6.2016

Vom Bett aus schaue ich auf das weite Meer. Es ist grünblau gestreift. Tom ist stark erkältet. Augen hat er wie Schlitze, rot und glasig.

17.6.2016

Meine Füße kribbeln, ich denke an „restless legs". Irgendwie bin ich innerlich unruhig, nach dem Aufwachen vielleicht ein Tick depressiv. Ich habe keine Bewegung, weil ich nicht richtig laufen kann, mein linker Fuß ist immer noch nicht in Ordnung, ich habe ihn mir im letzten Urlaub verknackst. In meinem nächsten Portugalurlaub will ich auf jeden Fall wieder ohne Schmerzen unterwegs sein können, besser noch vorher. Tom geht gerade allein spazieren. Ich liebe ihn. Schade, dass ich nicht bei ihm sein kann. Ich denke an zuhause, sind Dusche und Bad fertig, wenn wir heimkommen? Lebe zu viel in der Vergangenheit, das ist nicht gut. Im Hier und Jetzt sein, das ist die Chance. Tom lebt in der Gegenwart, ich kann von ihm lernen. Die Vergangenheit ist vorbei, du kannst sie nicht verändern. Vielleicht finde ich einen guten Ghostwriter, der meine Geschichte aufschreiben kann. „Eine Familiengeschichte", wie Dr. Lu mein Buch nennen mag. Alles aufschreiben, das ist meine Chance. Will mit Dr. Lu darüber sprechen.

18.6.2016

Wegen der Klimaanlage bin ich sehr erkältet. Ich habe letzte Nacht vor lauter Kopfschmerzen fast nicht geschlafen. Heute bekomme ich von meiner Schwägerin Paracetamol. Ich hebe drei Tabletten für die Nacht auf. Ich möchte schnell wieder gesund werden, dass wir noch ein bisschen was vom Urlaub haben.

19.6.2016

Schlafe in der Nacht besser, der Husten ist noch nicht weg. Tom kauft mit seiner Schwester und seinem Schwager ein. Ich versuche den „enthusiasme" aufzubringen, mich zu duschen und die Haare zu waschen.
Ich gehe ohne Lithiumschutz mehr in die Vergangenheit, „Stadt". Will bei Dr. Lu darüber sprechen. Dafür brauche ich viel Vertrauen.
Mit Lithium bin ich nicht in der Realität. Ich bin wie in Watte gepackt. Ohne Lithium liegt die nackte Realität vor und hinter mir, meine Krankheit wird mir bewusst. Muss unbedingt mit Dr. Lu darüber sprechen.

24.6.2016

Geduscht und mit gewaschenen Haaren sitze ich im Bett und fühle mich sauwohl. Ich habe elf oder zwölf Stunden Schlaf hinter mir und bin jetzt um 18 Uhr voll ausgeruht.

Tom fragt mich: „Wie findest du den Urlaub?"

„Abgesehen von der Erkältung süpi."

Noch eine Nacht und wir sind wieder zuhause. Hoffentlich sind unsere neue Dusche und das Klo fertig! Ich stelle mich auf Putzen ein. Jetzt habe ich genug Kraft, den Alltag anzupacken.

27.6.2016

Erster Termin nach dem Urlaub in der Psychiatrischen Ambulanz bei Dr. Lu. Reduzierung des Olanzapins von 15 mg auf 10 mg.

Mache meinen Mann und Dr. Lu miteinander bekannt.

„Ihre Frau hat eine starke Erkältung", sagt Dr. Lu zu Tom. Er fährt fort: „Ich finde es toll, wie fest Sie an ihrer Seite stehen."

„Wir schaffen das schon", beendet Tom das kurze Gespräch.

Wir alle drei verabschieden uns mit Händedruck. Ich fühle mich geborgen.

Nächster Termin: Mittwoch, 27.7.2016, 18 Uhr, unser Hochzeitstag.

6.7.2016

Heute fühle ich mich sehr matt, obwohl ich eineinhalb Wochen nach unserem Portugalurlaub endlich wieder genügend geschlafen habe. Mittags lege ich mich ins Bett und onaniere. Der Orgasmus kommt ganz leicht und mühelos. Mein ehemaliger Neurologe Dr. Adam mit Praxis in Leimen empfiehlt mir schon 1986: „Sie müssen zwei- bis dreimal in der Woche onanieren, wenn Sie nicht mit Ihrem Mann schlafen!" Als frühere Klosterschülerin fühle ich mich heute noch sündig, wenn ich „es" tue.

Die Reduzierung des Olanzapins macht mir zu schaffen. Soll ich Dr. Lu anrufen?

„Helfen Sie mir zu ordnen?", werde ich ihn fragen.

In der Nacht vom 6. auf den 7.7.2016

Ich wache in der Nacht auf, 2.30 Uhr, und bin mit meinen Gedanken wie auf Knopfdruck in der Heidelberger Altstadt. (1973) Hellwach stehe ich auf, nehme mein Tagebuch, setze mich auf die Kuschelecke im Wohnzimmer und fange an zu schreiben.

Ich jobbe in der Diskothek „Lupe" an der Garderobe, wohne in einem Minizimmer in der Schiffsgasse gleich hinter dem Rathaus und lasse mich treiben.

Alles fängt so an: Anita, eine meiner Schwestern, nimmt mich nach meinem Selbstmordversuch im Frühling 1973 von Stuttgart mit nach Heidelberg. Ich lebe bei ihr und Ralf, ihrem Freund. Sie wäscht von Hand auch meine Kleidung. „Hast du denn nur weiße Socken?", faucht sie mich an. Sie fährt fort und schreit mich an: „Ich will, dass du gehst. Du kannst abhauen!"

Ich packe eine kleine Tasche mit dem Nötigsten und fahre mit meinem Mofa in die Stadt ins Ungewisse, ohne Bleibe. Ich bin krank. Bei irgendeinem Typen lande ich, ich weiß nicht mehr bei wem. Etwas später lerne ich in einer Bar einen Ägypter kennen. Ich ziehe zu ihm in ein Zimmer oberhalb vom „Wienerwald", das er mit einem Freund teilt. Einmal pinkelt er ins Waschbecken, was mich sehr ekelt, und ein anderes Mal spritzt er sich in den Unterschenkel, Rauschgift? Kommt mir im Nachhinein, während ich dies schreibe. Im Bett läuft nichts ab und er eröffnet mir: „Du kannst hier nicht bleiben."

Und dann ziehe ich in dieses Minizimmer gerade um die Ecke, Bett, Regal, Dusche, Miete 220 DM im Monat, die ich fast nicht aufbringen kann. So behalte ich das Zimmer nur knapp einen Monat lang. Ich glaube, so ist es gewesen.

Einmal frage ich am Morgen danach meinen Gast: „Wie heißt du eigentlich?" „Frank", antwortet er. Meine nächste Frage: „Und was machst du?" „Ich bin Arzt."

Jahre später (1982) treffe ich ihn in Weinheim wieder als meinen behandelnden Arzt, Dr. Arnold, was mir erst mit der Zeit aufgeht.

Ich nehme Benni (14 Jahre) bei mir auf. Ich will von ihm wissen: „Warum bist du von zuhause abgehauen?" „Mein Vater hat mich geschlaucht." Ich lege für ihn eine Matratze neben mein Bett; tatsächlich will er Zärtlichkeit. Ich mache ihm unmissverständlich klar: „Ich habe nichts mit Jugendlichen am Hut." Und bin sehr streng.

„Wo wohnst du?", fahre ich fort. „In einer Wohngemeinschaft in der Krämergasse", lässt er mich wissen. Ich begleite Benni dorthin und erschrecke darüber, was ich da sehe: ein schmuddeliges Matratzenlager und viele heruntergekommene Typen, kreuz und quer liegend, vergammelt, ungepflegt und rauchend. Jasper, der Kopf der WG, will mit Benni schlafen. Ich warne ihn: „Lass Benni in Ruhe!", worauf er sich auf mich stürzt und mich an den Haaren reisst. Ich erschrecke mich zu Tode und flüchte sofort von diesem abscheulichen Ort. Benni muss ich rigoros rausschmeißen, weil er nicht von mir lassen will.

Ich lerne den Untergrund kennen, wie armselig doch viele junge Menschen leben, in dunklen Zimmern, in Hinterhöfen, arm und verlottert.

Ich bin an der Uni eingeschrieben, Romanistik und Geographie, bewege mich fast ausschließlich in Bars und Diskotheken oder im „Kakaobunker", einer Cafeteria, wo hauptsächlich ausländische Studenten verkehren, und lasse mich treiben.

So begegne ich Ali, einem türkischen Jurastudenten. In seinem kalten Zimmer ohne Heizung kann man sich nur im Bett aufhalten. Zu seinem Geburtstag schenke ich ihm Fellhausschuhe, über die er sich wahnsinnig freut. Er nimmt mich mit zu seinen Freunden und in einer türkischen Familie esse ich das beste Spiegelei meines Lebens.

Ali stammt aus einer sehr großen Familie und er vertraut mir an, dass er kaum eine Schlafmöglichkeit findet, wenn er in die Heimat reist. Irgendwie sind wir beide „verlorene Seelen", was uns verbindet.

Ali besucht mich später im Zentralinstitut für Seelische Gesundheit (ZI), wo ich 1976 lande. Er distanziert sich von mir, sagt, er müsse zum Militärdienst in die Türkei und wisse nicht, wann er nach Deutschland zurückkehre. Die Wahrheit ist, er will keine psychisch kranke Frau, was er irgendwann zugibt.

„Ich hätte ihn sowieso nicht geheiratet", äußere ich beim nächsten Arztgespräch.

7.7.2016

Ich schlafe bis zum Morgen. Ich soll mich bei Dr. Lu melden, wenn ich überhaupt nicht schlafen könne. Seit neun Tagen diese Reduzierung von 15 mg auf 10 mg Olanzapin. Ich merke sie deutlich. Vergangenes kommt in mir hoch, häppchenweise, das ist meine Chance. Aufschreiben ist meine Chance. Jede Erfahrung wird im Gehirn gespeichert. Der Rausschmiss aus Anitas Wohnung liegt schon sehr lange zurück. Ich bin 20, 21 Jahre alt. Es ist nicht leicht mit mir, Monate mit tiefen Depressionen, auch im Hochsommer trage ich meistens einen schwarzen Rollkragenpullover.

Ralf und Anita wohnen in einer Zweizimmerwohnung in der Lutherstraße in Neuenheim. Er räumt sein Zimmer für mich und schläft bei Anita. Morgens frühstücken wir zu dritt und mittags essen wir in der Mensa. Ralf studiert Sozialarbeit, wo er seine neue Freundin kennenlernt. Die Beziehung zwischen ihm und Anita zerbricht.

Einmal in der Woche gehe ich in die Psychotherapeutische Beratungsstelle für Studenten (PBS) zur Gruppentherapie, die ich bald aufgebe. Die Gruppe schreibt mir einen Brief, dass sie mich vermissen würde und ich doch wieder kommen solle, was mich innerlich nicht erreicht. Wilhelm und ich sehen uns in Heidelberg wieder, er ist Ralfs Schulfreund, uns verbindet eine On-and-off-Beziehung, wie Dr. Lu sie treffend bezeichnet. Oft schauen wir uns Filme im Kino an, in der „Kamera", und gammeln hauptsächlich rum.

Ich bin sehr depressiv und selbstmordgefährdet, kaufe Unkrautvertilgungsmittel im Supermarkt, verstecke es im Kellergewölbe der Wohnung. Ich schleiche immer wieder zu dem Gift, habe vor es zu trinken. Ich setze die Flasche an, doch den letzten Schritt mache ich nicht. Ich leide Höllenqualen.

9.7.2016

Trotz meiner letzten intensiven Erinnerung fühle ich mich psychisch stabil, habe ein sicheres Hier und Jetzt, die Beziehung mit meinem Mann klappt, nachts schlafe ich und aktuell gibt es keine größeren Probleme.

Heute haben wir Samstag, Tom und ich sind zu einem Grillfest eingeladen, bei diesen Leuten zum ersten Mal. Ich freue mich darauf. Tom teilt dem Gastgeber mit, wir seien Vegetarier, worauf dieser klarstellt, es gäbe genug Salate.

Letztendlich gehen wir doch nicht auf das Grillfest, Tom ist zu erschöpft, er hat den ganzen Tag im Rahmen des „J. F. HausService" schwer in der Hitze geschuftet. Ich finde es schade, aber okay. Zu seiner Entspannung will er kochen, ich gebe die Küche frei. Er nimmt mich in die Arme mit den Worten: „Ich habe dich unheimlich lieb, ich freue mich, dass du mit mir zusammen bist" und küsst mich. Meine Welt ist in Ordnung.

Die Nacht vom 9. auf den 10.7.2016

Es ist 3.26 Uhr und ich schlafe immer noch nicht. Tom meint, ich wühle mich zu sehr auf mit der Schreiberei, ich solle langsam machen. Ich pausiere bis auf Weiteres.

13.7.2016

Nach einer guten Nacht ordne ich erst einmal meine Aktivitäten. Brot holen bei Bella, tanken, neues Heft zum Reinschreiben kaufen. 12 Uhr mit Tom brunchen. Danach tapeziert er die Wohnung über uns, ich decke den Tisch ab. Heute mittag räume ich meine Kleidung vom großen Schrank im Flur um in den Schrank im Schlafzimmer. 16 Uhr: Ich begleite Tom nach Gaiberg zu meiner englischen Freundin, sie will etwas installiert bekommen. Hinterher koche ich, Tom tapeziert weiter. Es gibt Reis mit Champignons in Tomatensoße, dazu Veggie-Burger vom Aldi.

Ich genieße den Zweipersonenhaushalt, alles ist angenehm einfach und übersichtlich. Wenn ich da an früher denke: zehn bis vierzehn Personen am Tisch, die Eltern, acht Kinder, zwei Knechte. Und das viele Geschirr. Die Eltern schuften von morgens bis abends: melken, Kühe und Schweine füttern. Mutter backt Brot, später immerhin mit Hilfe einer elektrischen Knetmaschine, wäscht, bald haben wir eine halbautomatische Waschmaschine zu ihrer Entlastung, Bett- und Kochwäsche kommen in großen Kesseln auf den mit Holz und Kohle gefeuerten Herd. Sonntag ist Ruhetag. Da gibt's Weißbrot und man geht in die Kirche. Später als Teenager setze ich den Braten auf oder schiebe die Hähnchen in den Backofen, während die anderen den Gottesdienst besuchen.

Mit zunehmendem Alter müssen wir Kinder auch mithelfen, jeder hat seine Aufgabe, in erster Linie samstags das ganze Haus putzen, angeleitet von Annelie, die es mit der Sauberkeit sehr genau nimmt. Sie ist fünf Jahre älter als ich. Brigitte und ich sind sieben und acht Jahre alt. Ferner müssen wir zwei „Kleinen" im Keller Kartoffeln von den Trieben befreien und in Körben sammeln. Vier Körbe voll! Eine Kartoffel nach der anderen! Für den Kessel im Saustall. So mit zwölf bin ich für das Reinigen der Melkmaschinen zuständig.

Die Nacht darauf wache ich nach vier Stunden Schlaf um 2.30 Uhr auf und bin wieder in der Heidelberger Altstadt in meinem Minizimmer, 1973. Ich stehe auf

und schreibe. Frank geistert mir im Kopf herum, wie ich ihn in Weinheim als Dr. Arnold wiedertreffe,1982.
Die Esszimmeruhr zeigt gleich 5 Uhr. Ich trinke einen Chi-Kaffee und versuche noch ein paar Stunden zu schlafen. Die Arbeit als Fußpflegerin könnte ich im Moment nicht leisten. Die Schreiberei wühlt mich auf. Es fällt mir schwer, langsam zu machen, mich zieht es förmlich zum Tagebuch hin.

14.7.2016

Heute Morgen habe ich etwas Kopfweh und Augensäcke, ausgeprägter denn je.
Ich pausiere endgültig mit dem Schreiben, bis ich wieder schlafen kann. Loslassen ist angesagt! Will mit Dr. Lu darüber sprechen.

20.7.2016

Muss unbedingt Dr. Lu fragen, ob er sich mit Bluthochdruck auskenne. Wenn ich selbst messe, ist der zweite Wert so um die 90. Nächsten Mittwoch, in einer Woche habe ich Gesprächstermin bei ihm, der auf unseren 37. Hochzeitstag fällt. Tom und ich verbinden den Termin mit einem Essengehen im „Red", das ist ein vegetarisches Restaurant in Heidelberg. Tom würde sich sonst schwer die Zeit dafür nehmen. Er hat im Moment eine Siebentagewoche. Arbeit ohne Ende.

24.7.2016

Mein Blutdruck fällt beim zweiten Wert unter 90 und mein Schlaf kommt zurück, was wahrscheinlich von der Schlafhygiene herrührt. Ich gehe erst später, so gegen 23 Uhr, anstatt zwischen 21 und 22 Uhr ins Bett. Ich schlafe sofort ein, wache einmal in der Nacht auf, um aufs Klo zu gehen und schlafe nur gleich weiter, wenn mir nichts im Kopf rumgeht.

25.7.2016

Ich wache um 4.30 Uhr auf. Mama kommt mir in den Sinn, das Kleinstheim, in dem sie die letzten Wochen ihres Lebens verbringt und dort stirbt (1. April 2011). Erstmal trinke ich einen Chi-Kaffee, dann versuche ich nochmals ein paar Stunden zu schlafen und schreibe morgen weiter. Zuvor setze ich mich noch zehn Minuten auf den Balkon und genieße die Stille um mich herum. Ein Vogel zwitschert und ein Auto rollt leise die Straße hinunter. Alle Fenster in den benachbarten Häusern sind noch dunkel, meine Welt ruht friedlich. Ich gehe ins Bett und schlafe weiter bis 8 Uhr, das genügt. Kurz noch: Ich habe diese schlafhygienische Vorgehensweise von einem Faltblatt der Barmer Ersatzkasse, „Gesunder und gestörter Schlaf". Darin steht: Wenn man nachts aufwacht, soll man aufstehen, etwas lesen, trinken oder aufräumen und erst dann wieder ins Bett gehen, wenn man richtig müde ist. Gestern Nacht funktioniert diese Methode.

26.7.2016

Heute gehe ich zur Kosmetikerin, Wimpern und Augenbrauen färben. Ich erzähle ihr: „Ich nehme seit dem 7. Februar überhaupt kein Lithium mehr ein, seit Oktober 2015 bin ich nicht mehr im Spiegel." Sie kommentiert: „Toll, dass du dich traust." Sie ist eine besondere Kosmetikerin, eine Naturkosmetikerin. Sie hat den Naturheilverein Spechbach aufgebaut mit vielen interessanten Vorträgen und Seminaren wie zum Thema Resilienz. Ich informiere mich bei ihr über Schüßler Salze wegen meiner Augensäcke. „Vielleicht hast du irgendwo im Körper einen Wasserstau." Sie empfiehlt mir vier Wochen lang das Schüßler Salz Nr. 8, auf das der Wasserhaushalt reagieren soll. Mal sehen.

Heute Abend geht das Kochen ganz schnell. Es gibt Bratkartoffeln, Zucchinigemüse mit einer Rote-Linsen-Soße. Ich schneide noch eine Paprikaschote in schmale Streifen.

27.7.2016

Wie schon gesagt, wir sind heute 37 Jahre verheiratet und ich habe um 18 Uhr Termin in der Ambulanz bei Dr. Lu. Ich lese meinem Arzt aus meinem Manuskript vor, spreche über meine Schlafstörungen, immer diese Vergangenheit. Er erklärt mir: „Das sind die 10 mg Olanzapin, die Reduzierung." Trotzdem bleiben wir bei dieser Dosierung. Ich bin so richtig im „Flow".

28.7.2016

Habe die letzte Nacht keine Minute geschlafen, lege bis auf weiteres eine Schreibpause ein.

2.8.2016

Rufe bei haess-media an. Wir brauchen die Werbung für den J. F. HausService im Gemeindeblatt nicht mehr wöchentlich, sondern nur noch 14-tägig. Wir haben einen enormen Zulauf, gestern allein drei neue Aufträge. Als Tom heute Mittag zum Brunchen nach Hause kommt, verrate ich ihm nicht, dass ich heute Morgen schon geschrieben habe. Ich musste ihm versprechen, dass ich ein paar Wochen damit pausiere, bis die Reduziererei meiner Medikamente abgeschlossen ist und ich fest im Sattel sitze. Schreiben belastet mich nur, wenn ich dabei in die Vergangenheit gehe, also analytisch; ich durchlebe meine Erfahrungen nochmals, die oftmals sehr heftig gewesen sind.

3.8.2016

Meine englische Freundin besucht mich, wir sprechen über den Brexit. Sie erklärt mir: „Die Abstimmung war ganz knapp 51:50. Die jungen Leute sind für die EU, die alten, verknöcherten für den Austritt. Wahrscheinlich sind die wenigsten Jungen zum Wählen gegangen, sie haben gearbeitet." Sie spricht von einer eventuell kommenden Visapflicht für Engländer in Deutschland. Ich will, dass Tom sich informiert. Die Freundin kennt sich in der Politik gut aus, ich kann von ihr lernen.

11.8.2016

Wache um 3 Uhr auf und bin mit meinen Gedanken im „Bunsenkeller", einer Freizeiteinrichtung für Kinder der Stadt Heidelberg, wo ich Anfang der 80er-Jahre als Erzieherin arbeite. Greife es später auf, ich schäme mich so. Habe kein Auge mehr zugetan.

13.8.2016

In der Nacht bin ich wieder im „Bunsenkeller". Merke deutlich die Reduzierung des Olanzapins von 15 mg auf 10 mg. Bald, in zehn Tagen habe ich das nächste Gespräch bei Dr. Lu. Kann die Zeit nicht ein bisschen schneller vorbeigehen? Mein Mann meint, ich würde mir um meinen Schlaf zu viel Sorgen machen: „Du weisst nicht, wann du schläfst und wann nicht, das beobachte ich."

14.8.2016

Letzte Nacht schlafe ich gut. Heute, Sonntag, brunchen wir mit Ilse im „Journal" in Schwetzingen. Ich lerne sie 1982 in der Praxis Dr. Hand in Heidelberg kennen. Wir machen zusammen eine Spieltherapie-Zusatzausbildung. Der Ausbildungsleiter bemerkt damals: „Julia, überleg dir gut, wofür du dich hergibst". Nach einem Rollenspiel meint er: „Du bist eine hervorragende Schauspielerin."

15.8.2016

Wieder gut geschlafen. Bin um 2.30 Uhr aufgewacht, aufs Klo gegangen, kurze Zeit später schlafe ich wieder ein. Vielleicht ist der „Bunsenkeller" ausgestanden.

16.8.2016

Drei Nächte hintereinander gut geschlafen, süpi. Bald bin ich so weit und kann über die Zeit im „Bunsenkeller" schreiben. Zuerst muss ich einen Sachverhalt ein paarmal durchdenken. Ich erinnere mich, durchlebe alles gefühlsmäßig, als ob es gestern gewesen wäre, und halte schließlich meine Gedanken schriftlich fest. Das ist meine Methode, wie eine kleine Geburt.

Tom kommt wie jeden Mittag zum Brunch nach Hause. Es gibt Mozzarella Tomaten, Gurke, Paprika, Käse, Veggie-Wurst und Vollkornbrot. Ich bin dankbar für unser köstliches Essen, wir mussten noch nie hungern.

Mein Versprechen, erst wieder zu schreiben, wenn ich stabil bin, halte ich nicht ein.

18.8.2016

Hatte eine gute Nachtruhe. Gehe heute zum Proktologen nach Heidelberg. Mit ein bisschen mehr Selbstbewusstsein, Selbstwertgefühl und Selbstsicherheit kann ich mein Buch ohne Schlafstörungen schreiben.

19.8.2016

Wache um 0.30 Uhr auf und kann nicht mehr einschlafen, bin wieder im „Bunsenkeller". Scheiße, ich hänge fest. Muss mit Dr. Lu darüber sprechen, Dienstag habe ich Termin. Schlafe später wieder ein.

21.8.2016

Es heißt, der „Bunsenkeller" im Untergeschoss des Bunsengymnasiums sei ein Politikum. Die „Stadt" sucht jemanden, der den Karren aus dem Dreck zieht. Eine Erzieherin, die im Jugendamt, Abteilung Kindertagesstätten, arbeitet, empfiehlt mich. In der Zeit arbeite ich im Rahmen meines Anerkennungsjahres zur Erzieherin im städtischen Hort in Neuenheim. Mir kommt der eventuelle Wechsel nicht ungelegen, da ich mich mit der Leiterin nicht besonders gut verstehe.

Ich werde zur Vorstellung ins Sozial- und Jugendamt gerufen, dort dem Leiter des Jugendamtes vorgestellt, der für die Jugendeinrichtungen, Haus der Jugend, „Bunsenkeller" und Plöck 2a zuständig und neu auf seinem Posten ist. Er wirkt mittelalterlich und dynamisch, auf jeden Fall sympathisch. Ohne genau abschätzen zu können, was auf mich zukommt, bin ich zu dem Wechsel bereit, morgens Stadtjugendsekretariat und mittags „Bunsenkeller". Der Stadtjugendpfleger und ich sind uns auch zugetan. Schließlich machen sich eine Studentin der Berufsakademie, die im letzten Praxisvierteljahr schon im „Bunsenkeller" eingesetzt gewesen ist, und ich an die Arbeit. Der „Bunsenkeller" soll schnell wieder geöffnet werden, der Rektor des Bunsengymnasiums ist dagegen, es gibt Kämpfe zwischen Schule und Stadtverwaltung.

Der „Bunsenkeller" befindet sich in einem desolaten Zustand, beschädigt, versifft und verlottert. Scheibchenweise erfahre ich, was geschehen ist. Die Einrichtung wurde von jetzt auf nachher geschlossen, weil die Leiterin mit der Stadtverwaltung nicht konform gegangen sei. Der Stadtjugendpfleger jedoch steht hinter ihr, sie „habe was los". Er muss schließlich im Herbst 1980 seinen Posten räumen, wird in eine städtische Schule versetzt, was nicht ohne Widerstand abgeht. Die jahrzehntelange Schreibkraft mischt kräftig mit. Eines Morgens fragt sie mich hinterlistig: „Weiß der Leiter des Jugendamtes auch, dass Sie ein Vögele haben?" Bald wird sie in den Ruhestand versetzt und von einer jungen sympathischen Kraft ersetzt.

Mit dem Hausmeister zusammen renovieren die Studentin und ich den „Bunsenkeller", wir streichen die Wände, die Farbe können wir uns aussuchen. Wir stellen

ein in der städtischen Druckerei gedrucktes Vierteljahresprogramm zusammen, ohne deren Erfahrung hätte es keinen Neuanfang gegeben. Neben Kursangeboten wie „Kochen in der Bunsenkellerküche" und Töpfern gibt es einen Offenen Bereich mit Billard, Tischtennis und Sonderveranstaltungen wie „Kino für Kinder". Eine Jahrespraktikantin zur Erzieherin wird eingestellt. Sie und ich ergänzen uns gut. Ihre Praxisanleiterin beurteilt unsere Arbeit: „Für zwei Anfängerinnen haben Sie das gut hingekriegt."
Die Arbeit im „Bunsenkeller" stresst sehr. Jugendliche wollen die Einrichtung wieder für sich erobern, doch der „Bunsenkeller" soll nur für Kinder bis zu vierzehn Jahren konzipiert werden. Wir lassen uns im Zweifelsfall den Ausweis vorlegen, Jugendliche ab vierzehn haben ab sofort keinen Zutritt mehr. Wir sind freundlich und konsequent und bald versteht man uns. Immer weniger Jugendliche versuchen, den Ablauf im Keller zu stören, und immer mehr Kinder kommen, die das Angebot wahrnehmen. Der Betrieb läuft gut und ich werde belohnt mit einer Probezeitverkürzung von drei Monaten und einem Handschlag vom Oberbürgermeister, außerdem mit Fortbildungsveranstaltungen bezüglich offener Jugendarbeit. Die Studentin der Berufsakademie äußert: „Der Jugendamtsleiter hat nur Augen für dich." Und ich habe nur Augen für ihn. Er nährt meinen leistungsorientierten Boden. Einmal kommentiert er unsere Arbeit: „Gehen Sie nie runter von Ihren hohen Ansprüchen." Ich fühle mich total bestätigt und gehe voll in

Resonanz mit diesem Menschen, bin sowohl intrinsisch als auch extrinsisch aufs Äußerste motiviert. Ich identifiziere mich stets mit meiner Arbeit. Wir achten darauf, dass wir die Räumlichkeiten abends tadellos, das heisst sauber und ordentlich verlassen. Der Rektor des Bunsengymnasiums beruhigt sich: „Frau Golding ist die Erste, die es geschafft hat."

22.8.2016

Einmal im Quartal besuche ich noch die Therapie in der Psychosozialen Beratungsstelle für Studenten (PBS), früher öfter, einmal in der Woche, aber das geht nicht mehr, weil ich keinen Studentenstatus mehr habe. Mein Therapeut bemerkt: „Du bist ja ganz schön tüchtig im ‚Bunsenkeller'." Ich lerne ihn 1976 im Zentralinstitut für Seelische Gesundheit (ZI) in Mannheim kennen, wo er mein Stationsarzt gewesen ist. Er begleitet mich während meiner Ausbildung an der Fachschule für Sozialpädagogik in Mannheim. „Tom und ich wollen heiraten", teile ich ihm 1979 mit, woraufhin er mich fragt: „Kannst du auch einen Haushalt führen?" Das hat mich sehr amüsiert.

Ich nehme exakt mein Lithium ein und Ralf, meine Vertrauensperson und Anitas Exfreund, kommentiert: „So stabil wie jetzt warst du noch nie."

In den Sommerferien 1980 leite ich im Rahmen des Ferienpasses hauptverantwortlich meine ersten Hüttenaufenthalte im Kleinen Odenwald mit Nachtwanderung,

Grillen und allem, was dazugehört; eine Herausforderung für mich. Uns werden Kinder anvertraut, die noch nie über Nacht von zuhause weggewesen sind. Der ehemalige Stadtjugendpfleger ist begeistert von unserer Arbeit, Tom hilft bei der Beschäftigung der Kinder.

24.8.2016

Gestern nach dem Gespräch in der Ambulanz und dem anschließenden Essen mit Tom im „Red" falle ich um 21 Uhr erschöpft ins Bett und schlafe bis heute Morgen um 7 Uhr. Bin ausgeruht und fit. Komme gerade vom Einkaufen, habe wieder Lebensmittel süpi ausgewählt, viel Frisches wie Tomaten und Radieschen, hauptsächlich in Bioqualität. Heute gibt es zum Brunch Rührei mit Schafskäse und Tomaten. Bin gespannt, ob es mir genauso gut gelingt wie in der „Mantei" in Heidelberg, wo wir ab und zu frühstücken gehen.

Heute Mittag gehen meine englische Freundin mit Hund und ich im Gaiberger Wald spazieren, der schönste Ort bei Temperaturen über 30 Grad. Ich trage mein grünes, luftiges Sommerkleid und Turnschuhe, man muss den Sommer noch ausnützen. Die Freundin arbeitete früher im amerikanischen Hospital als Sekretärin. Sie kennt zwei Menschen mit bipolarer Störung, spricht freundlich über sie, findet diese sogar interessant. Ich fühle mich bei ihr gut aufgehoben.

26.8.2016

Habe einen erquickenden Schlaf hinter mir, bin heute Morgen fit und ausgeruht, nutze dies zum Schreiben. Ich fahre mit der Zeit im „Bunsenkeller" fort. Wenn ich mich richtig erinnere, wird im Herbst 1980 im Zuge der Neustrukturierung die Stelle des Stadtjugendpflegers neu besetzt.

Der Vorlesewettbewerb Heidelberger Schulen findet im „Bunsenkeller" statt. Bei der Begrüßung der Gäste erwähnt der neue Stadtjugendpfleger nur den Namen der Jahrespraktikantin, meinen ignoriert er. Spannung zwischen meinem Chef und mir ist vorprogrammiert.

Die Jahrespraktikantin beendet ihre Arbeit im Sommer 1981, für sie kommt eine neue und weil der Betrieb so gut läuft, ab November zusätzlich eine Halbtagskraft, eine Lehrerin. Ab 1.9.1981 arbeite ich nur noch nachmittags im „Bunsenkeller". Es gibt regelmäßige Besprechungen mit den Mitarbeitern vom Haus der Jugend, „Bunsenkeller" und Plöck 2a, zur Unterstützung wird der Offenen Jugendarbeit eine Psychologin zugeteilt.

Bald tun sich die Jahrespraktikantin und die Lehrerin zusammen. Der Jugendamtsleiter kommt zur Besprechung in den „Bunsenkeller" und stärkt mir total den Rücken. Die Jahrespraktikantin bittet ihre Praxisanleiterin um ein Dreiergespräch. Sie beendet ihren Besuch mit den Worten: „Dir muss man helfen, aber Julia muss man auch helfen." Sie war auch während meiner Ausbildung meine Praxisanleiterin gewesen. Ich bitte den

Leiter des Jugendamtes zum Dreiergespräch: er, Stadtjugendpfleger und ich. Er kommt ohne Umschweife auf den Punkt. Er sagt: „Sie verlangen Unermessliches von mir. Das Problem ist, dass Sie beide sich nicht verstehen, und dann steckt noch was in ihr drin, dafür kann sie nichts." Es pfeifen die Spatzen von den Dächern, dass der Leiter des Jugendamtes und ich uns gut verstehen. Ein sympathischer Mitarbeiter vom Sozialamt warnt mich: „Lass dich auf ihn nicht ein, alle städtischen Mitarbeiter haben ab vierzig Angst, dass die Felle ihnen davonschwimmen, alle."
Die Jahrespraktikantin wirft mir vor: „Ich kann nicht mehr schlafen wegen dir." Ich würde sie nicht hochkommen lassen. Sie weint im Stadtjugendsekretariat. Der Jugendamtsleiter fordert von mir: „Geben Sie ab!" Und der Stadtjugendpfleger freut sich, ihm kommen die Turbulenzen bezüglich meiner Person sehr gelegen. Die Studentin der Berufsakademie kommentiert: „Sie ist naiv." Der Leiter des Jugendamtes zieht sich von mir zurück mit den Worten: „Ich höre nur Negatives von Ihnen!" Trotzdem suche ich immer wieder das Gespräch mit ihm, mache mich lächerlich und fühle mich gedemütigt. Sein Kommentar: „Sie sind selbst schuld, dass Sie sich in eine solche Abhängigkeit begeben."

Ich mache den entscheidenden Fehler, ich setze von jetzt auf nachher das Lithium ab. Mein Therapeut spricht mich daraufhin an, ich gebe ihm keine Antwort. Ganz langsam, anfangs fast unmerklich, rutsche ich in die Dekompensation.

Mein Therapeut teilt mir mit, dass er in der PBS aufhören werde. Er will nicht sagen warum. Ich mutmaße: Vielleicht ist er krank? Vielleicht hat er Krebs oder etwas anderes Schlimmes? Er will es einfach nicht sagen. Schließlich ruft mich seine Freundin an und teilt mir mit: „Er macht eine Praxis auf und nimmt keinen mit."

Nach dem „Bunsenkeller" gehe ich in die PBS und verkünde in seinem Arbeitszimmer: „Die Bilder an der Wand, die habe ich alle gemalt!" Er reagiert: „Du hast Gefühle für mich. Wenn du jetzt nicht gehst, rufe ich den Krankenwagen und du kommst nach Weinheim!" Ich habe keine Angst und gehe nicht.

Drei Tage muss ich dort zur Beobachtung bleiben. Schließlich holt mich mein Mann ab und rät mir eindringlich zu absoluter Ruhe und Zurückhaltung. Ich stecke mittlerweile schon tief in einer Psychose, was sie in Weinheim nicht gemerkt haben. Trotzdem gehe ich weiter arbeiten. Die Lehrerin schreit mich an: „Du bist krank!" Ich schlafe nicht mehr, esse kaum noch und verkrieche mich in der Wohnung. Meine Kraft lässt nach und ich bin nicht mehr in der Lage weiterzuarbeiten. Mitte Juni 1982 rufe ich im Stadtjugendsekretariat an und flüstere in den Hörer: „Golding, ich komme nicht mehr." Ich kündige zum Monatsende.

Kurze Zeit später erhalte ich per Post mein Arbeitszeugnis, das liederlichste Zeugnis der Welt.

Wie es weitergeht, berichte ich eingehend in meinem ersten Buch „Dank Therapie an Leben gewonnen". Mit der „Stadt Heidelberg" bin ich noch nicht ganz fertig.

Jetzt ist es 10 Uhr und ich brauche erst einmal einen Kaffee und eine Schreibpause.

27.8.2016

Habe mir die halbe Nacht um die Ohren geschlagen, schlafe erst gegen 3 Uhr ein. Tom: „Eindeutig zu viel geschrieben!" Ich pausiere bis auf weiteres.

20.9.2016

Hallo Buch, du musst dich noch ein bisschen gedulden.

21.9.2016 (Papas Geburtstag)

Gespräch in der Ambulanz. Dr. Lu empfiehlt mir, vorübergehend von 10 mg auf 15 mg Olanzapin hochzugehen. Er geht weg, nach Erbach, er wird leitender Oberarzt und stellvertretender Chefarzt, und das mit 35. Ich kann dann großmaschiger zu ihm kommen, aktuell alle vier Wochen.

Ich sitze zuhause auf dem Balkon und weine. „Ich weine, weil Dr. Lu weggeht." „Sieh es als Fortschritt", beruhigt mich Tom. Die Metapher mit der Erdbeerpflanze bezüglich meiner aktuellen Therapeuten finde ich ganz schön zutreffend.

Ich bin eine Erdbeerpflanze und werde mit Biodünger gestärkt (Therapie bei Fr. Dr. Jung). Die Erdbeerpflanze bringt große, rote und saftige Erdbeeren hervor. Dr. Lu macht Marmelade daraus und es wachsen neue Triebe.

5.10.2016

Bluthochdruck in der Ambulanz ansprechen. Nehme Kontakt mit der Biografiewerkstatt Otto in Mainz auf.

6.10.2016

Gestern Gesprächstermin bei Frau Dr. Jung. Der Kontakt kam über den Neurologen der psychiatrischen Ambulanz Heidelberg zustande (Jahr 2000). Ich öffnete mich: „Ich würde gern nochmal eine Therapie machen", woraufhin er mir Fr. Dr. Jung empfahl. Sie ist Psychologin und Ärztin, sehr günstig für mich, da ich eine psychiatrische Erkrankung habe. Sie ist gerade mal zwei oder drei Jahre älter als ich, modern, attraktiv und sehr professionell. Schon nach der zweiten Sitzung sind wir bereit miteinander zu arbeiten, Verhaltenstherapie. Am Anfang betreut mich parallel dazu Herr Held vom Psychiatrischen Hilfsverein, was ich jedoch bald aufgeben kann, für mich ein Fortschritt; das bedeutet eine Stufe weiter auf der Leiter (siehe mein erstes Buch).

Frau Dr. Jung ist mir aktuell so vertraut, dass ich in der Therapie immer auf den Punkt komme. Zwischen den Terminen notiere ich mir Stichpunkte in mein Therapieheft und arbeite diese im Gespräch ab. Heute fange ich an zu sprechen: „Seit Oktober 2015 bin ich ohne

Lithiumschutz, d.h. wir haben ganz langsam reduziert, mit Dr. Lus Worten: Wir gehen mit dem Lithium allmählich ganz raus. Ich glaubte, mich verhört zu haben, weil ich dachte, es wäre mein Schicksal bis ans Lebensende Lithium nehmen zu müssen." Tom äußert skeptisch: „Was ist, wenn Dr. Lu weg ist und du nicht klar kommst?" Ich habe auch so meine Bedenken. Wir vereinbaren in der Ambulanz einen Gesprächsturnus von vier Wochen statt einmal im Quartal. Schritt für Schritt arbeite ich mich vorwärts, in langen Abständen jeweils um eine halbe Lithiumtablette reduzierend. Bald bewege ich mich unter dem Lithiumspiegel von 0,6 (wirkender Spiegel 0,4-1,2) und bin immer noch in keiner Krise. Ich schlafe mehr, was Tom sehr verblüfft.

Heute im Gespräch freut sich Frau Dr. Jung: „Sie sind viel lebendiger." Mit der Lebendigkeit kommen auch Lebenserfahrungen wieder hoch, die ich verarbeitet geglaubt habe, die jedoch nur verdrängt oder in Watte gepackt waren. Ich berichte der Therapeutin eine einschneidende Episode aus meiner Vergangenheit:

Ich bin in der Oberprima und meine Schulfreundin erzählt von einer Brieffreundschaft mit einem Mann, der im Mannheimer Gefängnis einsitzt. Der Kontakt kommt über die Radiosendung Popshop zustande. Die Schulfreundin beginnt ihr Psychologiestudium 1972. Sie verliert ihr Interesse an dem Kontakt und gibt ihn an meine Schwester Anita weiter, die bald auch keine Lust mehr hat, ihm zu schreiben. Daraufhin übernehme ich.

In der Zeit wohnen Anita, Wilhelm und ich in einer Art Wohngemeinschaft. Wilhelm und mich verbindet eine sogenannte On-und-off-Beziehung, wie Dr. Lu sie treffend beschreibt. Wir haben das Jahr 1974. Monate vergehen, in denen der Briefverkehr zwischen Jürgen und mir immer intensiver wird. Ich besuche ihn regelmäßig im Mannheimer Gefängnis, im Strickkostüm, gerade noch den Po bedeckend. Er schreibt mir: „Du bist eine Wucht!" Bald wird er wegen guter Führung entlassen und findet Arbeit bei der amerikanischen Firma John Deere in Mannheim, er wohnt in einer Werkswohnung mit zwei anderen Männern zusammen. Einmal kehre ich nach zwei bis drei Tagen in die WG zurück, Wilhelm sitzt im dunklen Zimmer und stiert in die Luft.

„Was machst du?", frage ich.

„Ich will dich nicht verlieren."

Ich mache mit Jürgen Schluss. Er schreibt mir herzerweichende Briefe. Beim Frühstück muss ich mich immer öfter übergeben. Wilhelm: „Die ist schwanger!"

In einer renommierten Klinik lasse ich eine medizinische Unterbrechung vornehmen. Kaum sind die Schamhaare nachgewachsen, fordert Wilhelm seine „Rechte." Ich bin am Ende. Ich suche Jürgen in ganz Mannheim, in einer Bar finde ich ihn endlich. Er hat inzwischen eine eigene Wohnung und dann geht alles sehr schnell.

Ich sage zu ihm: „Du bist ein Schwein!"

Dies alles erzähle ich sehr engagiert meiner Therapeutin, sie meint: „Die 15 mg Olanzapin sind angebracht" und fragt mich: „Bringt Ihnen das was, wenn Sie mir dies erzählen?" Ich bejahe. „Das sind nur Erinnerungen", erklärt sie mir. Ich finde wieder mehr ins Gleichgewicht, ich kann besser schlafen. Am Ende der Stunde betont sie noch: „Seit ich Sie kenne, wussten Sie immer, was gut für Sie ist." Frau Dr. Jung lässt mich meine Entwicklungsschritte in meinem eigenen Tempo gehen. Ich darf Fußpflegerin sein im Gegensatz zu meinem früheren Therapeuten Dr. Stern, der aus mir was machen will, für ihn ist Tom nie gut genug.

Ihr Angebot, dass ich sie anrufen könne, freut mich sehr. Die nächsten zwei Jahre arbeitet sie auf jeden Fall noch reduziert, bis sie dann in Rente geht.

Beschwingt fahre ich „über die Felder" nach Hause, wo Tom und ich erst einmal ausgiebig brunchen. Ich berichte ihm, gefiltert. Auch er ist erleichtert.

16.10.2016

Blutdruck 122-104 Puls 98. Herzrasen. Schreibpause bis auf weiteres, halte täglich ein paar Stichpunkte fest. Nehme immer noch 15 mg Olanzapin ein.

31.10.2016

Besuche eine frühere Fußpflegekundin im Altersheim. Bringe ihr kernlose Trauben mit.

3.11.2016

Lese von Louise Hay: Gesundheit für Körper und Seele.

9.11.2016

Trump wird zum 45. US-Präsidenten gewählt.

11.11.2016

Besuche meinen früheren Neurologen Dr. Adam in Leimen, spreche mit ihm über meine/unsere Sexualität. Ende März 2017 hört er mit 78 Jahren auf, schade – er hat viel Erfahrung und er kennt mich. Er gibt mir zwei entsprechende Adressen in Heidelberg. Will zunächst doch mit Dr. Lu sprechen, es fällt mir schwer.

14.11.2016

Heute ein Supertag! Morgens Steuerberaterin, mittags Cafébesuch mit Karen.

15.11.2016

Probiere das vierte Medikament gegen Bluthochdruck aus. Vielleicht ist er psychisch bedingt, bin so ein quirliger Typ!

16.11.2016

Habe letzte Nacht süpi geschlafen und habe heute zwei Termine: Gespräch in der Ambulanz bei Dr. Lu und anschließend Essen mit Tom im „Red". Ich freue mich. Zeige Dr. Lu ein Bild von meiner Mutter, aufgenommen ein paar Monate vor ihrem Tod. Er sagt: „Sie haben etwas von ihr." Ich spreche mit ihm über meine Sexualität, dafür brauche ich Mut.
„Ich komme nicht auf Touren."
„Das ist psychologisch, motivieren Sie Ihren Mann. Sehen Sie das Ganze als Ihr gemeinames Projekt."
Projekt, das hört sich gut an, ich bin irgendwie erleichtert.
Nehme abends nach längerer Zeit wieder 10 mg Olanzapin ein.

17.11.2016

Schlafe letzte Nacht sehr schlecht, wache um 3 Uhr auf und kann nicht mehr weiterschlafen. Dr. Lu hat vergessen, meinen Gesprächstermin einzutragen, trotzdem kurzes Gespräch. Distanziert er sich von mir?, schießt mir durch den Kopf. Tom kommentiert: „Dr. Lu hat viel um die Ohren." Bin heute todmüde und sehr aufgewühlt.

18.11.2016

Schlafe wieder durch. Bleibe bei 10 mg Olanzapin. Esse heute mit einer Yogafreundin, Psychologin, in der „Sonne" zu Mittag. Sie ist sehr offen und äußerst sympathisch.

19.11.2016

Mache Petting mit Tom. Er ist überhaupt nicht verklemmt. Mama wäre heute 97 Jahre alt geworden.

20.11.2016

Habe eine sehr gute Nacht hinter mir. Mache mit Tom einen längeren Spaziergang und wir kehren in die „Sonne" zum Kaffee ein. Fühle mich sehr wohl.

23.11.2016

Besuche mit meiner Yogalehrerin und Karen die Wanderausstellung „Schlage die Trommel und fürchte dich nicht." Es sind Bilder von (auch erwachsenen) Kindern kranker Eltern ausgestellt, sehr beeindruckend und unter die Haut gehend. Bin etwas enttäuscht, weil keiner vom Bürgerkreis Sinsheim anwesend ist, von dem die Ausstellung ausgeht. Ich hätte gern mein Buch mit neuem Titel gegen das alte ausgetauscht. Caroline, meine Freundin aus der Tagesklinik, sagt mir, mein erstes Buch sei ausgelegt gewesen.

25.11.2016

Nach einer sehr guten Nacht bin ich voller Energie. Mache mich mit Enthusiasmus an die Hausarbeit, Wäsche waschen, einkaufen usw. Es seien noch zwei Dosen gehackte Tomaten im Schrank, sagt Tom, er schätzt meine Hausarbeit sehr. Ich freue mich aufs Kochen.

26.11.2016

Heute schneiden wir die Hecke am Haus und ich mache hauptverantwortlich den Garten winterfest. Toms Worte: „Wir sind ein unschlagbares Team." Wir freuen uns.

2.12.2016

Termin bei der Hausärztin. Wir haben endlich das passende Bluthochdruckmittel gefunden. Werte: 127-85 Puls 72. Bin jetzt ruhiger, will die nächsten Jahre von diesem Medikament loskommen, denn Chemie hat immer Nebenwirkungen. Schlafe in der Nacht acht Stunden, neun bis zehn sind noch besser für mich. Versuche mit weniger Schlaf auszukommen. Schlafhygiene.

Dieses Wochenende lassen wir uns auf keine Verpflichtungen ein, mit der Flurwoche bin ich auch nicht dran. Tom kauft gerade ein und ich richte währenddessen unseren Brunch her. Ich fühle mich sehr entspannt. Seit gestern nehmen Tom und ich täglich 100 Mikrogramm Selen ein, wichtig für den Zellschutz. Selen kann vom Körper nicht selbst produziert, sondern muss über die Ernährung zugeführt werden. Meine Hausärztin empfiehlt uns, zweimal im Jahr eine Zweimonatskur zu machen, weil die Böden so ausgemergelt seien. Freue mich, dass ich wieder was lernen darf.

4.12.2016

Bei strahlendem Sonnenschein machen wir am heutigen Sonntag einen ausgiebigen Spaziergang und kehren in die „Sonne" zu Kaffee und Kuchen ein. Abends rufe ich Frau Kraft, Krankenschwester der Tagesklinik Heidelberg, an. Zur Zeit ist sie von der Arbeit beurlaubt, weil sie ihre Schwiegereltern pflegt.

„Ich finde das gut Frau Kraft", kommentiere ich.
„Sie sind die Einzige, die so denkt", wirft sie ein.
„Und was sagt ihr Mann dazu?", fahre ich fort.
„Er ist froh."
„Gehen Sie nur nach Ihrem Mann und sich."
„Es ist gut, dass es Sie gibt, Frau Golding."
Wir reden noch ein bisschen miteinander.
„Im neuen Jahr rufe ich Sie wieder an", beende ich das Gespräch. Frau Kraft ist eine gute Seele und eine

starke Persönlichkeit. Ich werde nie vergessen, wie gut sie damals zu mir gewesen ist.

5.12.2016

Fordere meinen Mann heraus: „Es gibt keinen Grund mich nicht zu knutschen, mein Herpes an der Lippe ist abgeklungen. In ein paar Monaten werden wir über unseren Stress im Bett lachen. Ich weiß, dass die Schwierigkeit von mir ausgeht."

In meiner Jugend und im frühen Erwachsenenalter werde ich in sexueller Hinsicht fertiggemacht, in der Klosterschule und auch im Elternhaus, als Mechthild ihr uneheliches Kind bekommt, mein Vater entzieht sich mir erstmals. Sexualität wird extrem schlechtgemacht.

Ich kann mich an einen Vorfall in der Klosterschule erinnern, ich bin vielleicht 15 Jahre alt. Die Englischlehrerin, dick, unattraktiv, kommt in der Schule auf mich zu: „Julia, ich habe dich in der Stadt gesehen, du hast mit einem jungen Mann gesprochen, große Augen hast du gemacht und an einem Eis hast du geleckt, das hätte ich nicht von dir gedacht." Ich erröte stark und fühle mich sündig, obwohl ich den jungen Mann nur von der Tanzschule her kenne. Ich habe noch nicht einmal meine Periode.

Auch die Direktorin, eine ganz dicke Ordensschwester, quält mich immerzu: „Du wirst ein Flittchen werden!" Ich trage Mini, das ist topmodern in meiner Teenagerzeit. Bei meinem mündlichen Abitur trage ich einen superschicken, dunkelgrünen Hosenanzug. „Du siehst aus, als ob du aus dem Wald kommst", beleidigt sie mich. Ich bin es gewohnt, dass sie permanent an mir rummäkelt, doch bitte nicht eine halbe Stunde vor der Prüfung. Es ist demütigend. Kein Wunder, dass ich immer erröte, wenn ich einem Jungen begegne. Sexuelle Probleme und Schwierigkeiten mit dem anderen Geschlecht sind vorprogrammiert.

7.12.2016

Morgens gegen 5 Uhr wache ich auf und denke an die unfreundliche Nonne in der Klosterschule. Ich muss aufs Klo, lasse aus Versehen die Taschenlampe fallen und wecke Tom auf. Er weiß, dass ich wach liege und drückt meine Hand. Gestern Abend las ich ihm meinen letzten Tagebucheintrag vor.
 „Das ist doch 50 Jahre her!", äußert er.
 „Das steckt noch in mir drin."
 Tom schüttelt den Kopf und sagt: „rc, roman candle."
 Wenn ich nicht schlafe, bekomme ich Stress mit meinem Mann, für ihn hat mein Schlaf Toppriorität, für mich übrigens auch.
 Ich weiß vorher nie so ganz genau, was ich schreibe, weil ich frei assoziiere und dabei mitunter tief in die Vergangenheit eintauche. Einmal aufgeschrieben, am besten Dr. Lu oder Tom vorgelesen, spüre ich Erleichterung und kann die Erfahrung abheften. Schreiben bedeutet

für mich Verarbeitung. Frau Dr. Jung empfiehlt mir, die Vergangenheit scheibchenweise hochkommen zu lassen. Will bei 10 mg Olanzapin bleiben.
Der Termin in der Ambulanz wird auf den 22.12.2016 verlegt. Ich kann schon mal ein bisschen „Loslassen" üben. Dr. Lu ist ab dem 1.4.2017 weg, wahrscheinlich schon vorher, er hat bestimmt noch Resturlaub. Ich kann froh sein, wenn ich ihn noch zwei- bis dreimal im Jahr zu Gesicht bekomme, weil er in seiner zukünftigen Position bestimmt sehr beschäftigt sein wird. Vielleicht vergisst er mich nicht ganz, es wird sich herausstellen. Für mein Buch brauche ich ihn auf jeden Fall, mindestens gelegentlich. „Loslassen und vertrauen", so lautet meine Devise. Trotzdem könnte ich gerade jetzt losheulen. Zu seinem Wechsel schenke ich ihm das Buch „Überlebenskunst" von Luise Reddemann, in dem es vor allem um Resilienz am Beispiel von Johann Sebastian Bach geht.

Es ist 17.30 Uhr, ich schreibe morgen weiter. Jetzt will ich kochen, irgendetwas mit Kartoffeln.

8.12.2016

Voller Energie praktiziere ich heute Abend Tai-Chi, kann mir die Formen gut einprägen. Anfangs denke ich, das lerne ich nie, doch es lohnt sich bei einer guten Sache am Ball zu bleiben. Tom fragt mich: „Hast du Schwarztee getrunken?" Mein Blutdruck ist jetzt süpi eingestellt, mein Herz tut nicht mehr weh, mir geht es einfach gut. Irgendwann will ich von dieser Chemie wieder loskommen.

10.12.2016

Wir haben Flurwoche, Tom kehrt und ich putze. Zusammen sind wir ruckizucki fertig. Ich brauche mich nicht zu emanzipieren, ich bin emanzipiert. Tom will heute Abend unbedingt kochen, ich mache ihm die Küche nicht streitig, er kann lecker kochen. Abends lese ich intensiv in meinem Manuskript, ich liege die halbe Nacht wach. Die Vergangenheit holt mich mal wieder ein. Ich will achtsam mit mir umgehen.

13.12.2016

Gestern lädt unsere PC-Lehrerin zum Adventskaffee ein. Heute Morgen wache ich so gegen 6 Uhr mit Kopfschmerzen auf. Ich habe intensiv geträumt: Ich spiele die Hauptrolle im eigenen Film meiner Lebensgeschichte. Wintersemester 1973/74. Wegen massiver Konzentrationsstörungen suche ich in der PBS nach Hilfe. Der Leiter verschreibt mir das Psychopharmakon Limbatril, informiert mich, dass es „wurstig" mache. Ich fahre mit meinem gelben Mofa auf den Heiligenberg. Es ist bitterkalt. Ich lege mich unter einen Baum und schlucke die ganze Flasche mit den Limbatrilkapseln, ich will mich erfrieren lassen. Soweit der Traum ... Ein Spaziergänger findet mich und ich werde in eine Neuenheimer Klinik eingewiesen. Ich liege eine Woche auf der Intensivstation. Keiner weiß, was mit mir geschehen ist, bis ich zu mir komme. Wilhelm besucht mich und spricht leise:

„Am liebsten würde ich dich ganz totschlagen." Schließlich entlässt mich das Krankenhaus in die WG (Anita, Wilhelm und ich) in einem Hochhaus in Eppelheim. Ich höre auf, zu essen und zu trinken, drei Tage lang. Ralf, Anitas Exfreund, Sozialarbeiter, meine Vertrauensperson, kommt und fordert mich auf: „Julia, packe ein paar Sachen zusammen, es geht nicht mehr anders, du musst in die Klinik!" So lande ich das erste Mal in der Heidelberger Psychiatrie im Frauen-Gartenhaus. Ich bin knapp 21 Jahre alt. Der Traum ist bittere Realität.

Tom fragt mich am Morgen: „Bist du nochmals eingeschlafen?" Ich verneine.

Abends telefonieren Dr. Lu und ich miteinander. Ich beginne zu sprechen: „Wenn ich so weiterschreibe, bin ich in zwei Jahren mit meinem Buch fertig. Bin aktuell bei 10 mg Olanzapin."

„Das macht etwas dünnhäutiger", wirft mein Arzt ein.

„Ich schlafe nicht so gut, ich brauche für meine Fitness acht, neun oder besser zehn Stunden, mit weniger bin ich ungenießbar. Wir reden noch ein bisschen und er fasst zusammen: „Alles im Rahmen."

„Meine Last wird mit dem Schreiben zunehmend leichter", ergänze ich.

„Bin gespannt, wie es weitergeht", beendet Dr. Lu das Gespräch.

14.12.2016

Helfe heute Tom bei der Gartenarbeit, Baum stutzen. Meine Arbeit besteht darin, die Äste in Behälter reinzuschneiden, zu sammeln, auch das Seil, mit dem die kleineren Äste angebunden sind, zu ziehen, sodass der Baum in die richtige Richtung fällt, auf keinen Fall aufs Gartenhäuschen.

Tom bedankt sich bei mir für meine Hilfe und der Brunch schmeckt besser denn je.

16.12.2016

Rufe eine Frau an, die ich vom Sozialpsychiatrischen Hilfsverein SPHV kenne, eine Patientin. „Ich nehme seit einem Jahr kein Lithium mehr ein, komme jetzt besser an meine Gefühle ran. Das Lithium hat mich kognitiv stark eingeschränkt."

„Man steht mit Medikamenten halt neben sich. Leponex ist bei mir reduziert, auf 100 mg, dafür muss ich zusätzlich etwas anderes nehmen", kommentiert sie. Wir sprechen eine Zeit lang miteinander und vereinbaren, dass sie das nächste Mal anruft. Solche „Fachgespräche" sind mir sehr wichtig.

17.12.2016

Mein Mann kocht heute Abend und währenddessen schmökere ich in der Zeitschrift „Naturarzt" vom

Naturheilverein, einem Gesundheitsratgeber, natürlich heilen – gesund leben. Ich verschlinge Naturheilwissen wie „Schwache Nieren sind kein Schicksal". Interessant für mich, da ich ein Leben lang schon Medikamente schlucke. Unter der Rubrik „Veranstaltungen der Naturheilvereine" entdecke ich: NHV Spechbach, 18.1.2017, „Magic Cleaning, KonMari-Methode – Wie richtiges Aufräumen Ihr Leben verändert!" Ganz aufgeregt teile ich Tom mit, dass wir da unbedingt hinmüssen. Rufe umgehend meine englische Freundin an. Sie ist begeistert und lässt sogar an diesem Mittwoch ihre Rückenschule ausfallen. Der Vortrag findet in der ausgebauten Scheune der Familie M. in Eschelbronn statt und wird von zwei Heilpraktikerinnen gehalten, bin gespannt. Muss mir den Termin unbedingt freihalten.

Tom und ich küssen uns intensiv in der Küche. Er sagt, er würde mich gerne mal über der Arbeitsplatte nehmen. Was würde Schwester Oberin dazu sagen?

18.12.2016

Anita ruft an und berichtet: „Mein Mann und ich fahren zu unserem Bruder nach Mengen, um das Wohnhaus auf Vordermann zu bringen. Er hat eine neue Flamme aus Kamerun, die bald zu Besuch kommt."

„Was kriegst du dafür?", frage ich amüsiert.

Sie zögert: „Naturalien, Fleisch, Eier."

Unser Bruder findet immer dumme Schwestern, die für ihn einspringen. Dass er einen Englischkurs macht, finde ich allerdings süpi. Mechthild am Telefon: „Unser Bruder entwickelt sich."

19.12.2016

Begleite Tom abermals zum Baumkürzen nach Neckargemünd. Es weht ein kalter Ostwind und ich habe trotz zweier Paar Socken eiskalte Füße. Ich helfe bis zum Brunch mit, die Arbeitserfahrung auf dem Bauernhof in Mengen kommt mir beim Durchhalten zugute. Mir wird bewusst, mein Mann leistet viel für sein Geld.

Mittags räume ich die Wohnung auf und rufe meine englische Freundin an. Wir sprechen allgemein über gutes Essen, vor allem über Leinöl mit dem hohen Anteil an Omega-3-Fettsäuren, das ich seit ein paar Wochen morgens in meine Haferflocken rühre, eine gute Alternative zu Fisch mit den oft vielen schädlichen Rückständen.

„You are much more enthusiastic, seit du kein Lithium mehr nimmst", bemerkt die Freundin.

Um 16 Uhr kommt unsere Fußpflegerin, bis dahin spüle ich das Geschirr und lese noch ein bisschen in meinem Manuskript. Meine Welt ist in Ordnung.

20.12.2016

Tom fährt um 5 Uhr los, nach Goslar, mit dem Arbeitsbus, fünf Stunden. Er transportiert von dort Schränke aus einer Wohnungsauflösung in unseren Wohnort.

Bin jetzt schon froh, wenn er gesund wieder daheim ankommt.

Bin entsetzt über die Weltpolitik.

21.12.2016

Tom bemerkt gerade: „Heute haben wir den kürzesten Tag, Winteranfang. Morgen ist es zwei Minuten heller, es geht aufwärts." Für mich ist der November der dunkelste Monat, lang und nass, doch dieses Jahr erträglich. Wünsche drei früheren Fußpflegekundinnen schöne Weihnachten. Alle drei freuen sich.

22.12.2016

Endlich Donnerstag, Termin bei Dr. Lu, anschließend Essen mit Tom im „Red". Ziehe mein neues grünes Strickkleid von „Hess Natur" an.
Rufe morgens Jule an, erzähle ihr, dass ich seit unserem Portugalurlaub an meinem zweiten Buch schreibe. „Das interessiert mich sehr", bemerkt sie. Ich kenne sie seit meiner Bunsenkellerzeit, sie war zuständig für die Offene Jugendarbeit und beim Landesjugendamt angestellt. Sie hat eine psychisch kranke Tochter. Jule und ich sind sehr gut befreundet, zum Beispiel besuchten wir zusammen mit ihrem Lebensgefährten die Frida-Kahlo-Ausstellung in Schwäbisch Hall. Sie ist fast 20 Jahre älter als ich, geistig sehr rege und besonders kulturell vielsei-

tig interessiert. Und sie macht mit sechzig noch ihren „Doktor phil".

„Es war ein schweres Jahr", fasse ich bei Dr. Lu zusammen. Er: „Jetzt wird's leichter." Ich lese meinem Arzt aus meinem Manuskript vor, er ist begeistert von meinem Schreibstil, ich werde immer ein bisschen selbstbewusster. Das Leben fühlt sich schön an.

Nächster Termin: 11.1.2017, diesmal in nur drei Wochen, süpi.

24.12.2016

Heiligabend. Erledige umgehend die Flurwoche, putze für die neuen Mieter, die gerade Schränke aufbauen. Tom kratzt im Flur Tapete von den Wänden, mühselig, doch er ist Profi. Wir wollen über die Weihnachtsfeiertage den Flur tapezieren und streichen, der erste Schritt von „Magic Cleaning." Heute Abend gibt es bei uns Raclette. Rufe vorher noch ein paar Schwestern an! Der Haushalt ist soweit erledigt, Bad geputzt, Wäsche gewaschen, gespült ... FROHE WEIHNACHTEN !!! We listen to Christmas music like „Rudolf, the rednose reindeer". Tom kriegt sich nicht mehr ein wegen des Liedes und wir lachen ausgelassen. Noch zehn Minuten und wir können mit dem Essen beginnen. Im Esszimmer ist es wohlig warm, ich fühle mich geborgen und aufgehoben. Immer mal wieder denke ich an Dr. Lu, mit ihm hat sich unser Leben drastisch verändert. Ich fühle mich sündig.

25.12.2016

Nehme Kontakt mit meinem Bruder auf, zum ersten Mal seit der Beerdigung unserer Mutter (2011). Ihn hat's total erwischt. Anfang Februar trifft er sich mit seiner Flamme in Zürich. Ich wünsche ihm alles Glück dieser Welt.

„Ich nehme kein Lithium mehr ein", vertraue ich ihm an, „ich habe die Bipolarität überwunden." Er erwidert: „Du bist in der Psychiatrie fehlbehandelt worden, du bist Opfer der Schulmedizin." Das macht mich sehr nachdenklich.

27.12.2016

Das Reaktorunglück von Tschernobyl jährt sich dieses Jahr zum 30. Mal, kommt gerade im Radio. Damals, 1986, male ich dazu ein Bild mit Wasserfarben, es hängt heute in unserem Flur.

30.12.2016

Nach einer guten Nacht habe ich eine unglaubliche Energie. Die Hausarbeit erledige ich im Handumdrehen. Tom bemerkt: „You are so energetic today!" Ich äußere: „Mein Ziel ist unsere sexuelle Erfüllung, ich schaffe das nur mit dir, weil uns ein tiefe Liebe verbindet." „Vergiss alles, das ist ganz leicht", entgegnet er. Ich bin beseelt.

Silvester 2016

Wache gegen 4 Uhr auf, bin hellwach und Frau Dr. Jung kommt mir in den Sinn. Sie hat eine erstaunliche Fähigkeit zuzuhören und sie lässt mir absolut die eigenen Entwicklungsschritte. Sechzehn Jahre Verhaltenstherapie, vier Jahre einmal in der Woche und anschließend einmal im Quartal. Ich kann bei ihr alles ansprechen, sie ist hochmotiviert.

5 Uhr, ich versuche noch ein paar Stunden zu schlafen.

Neujahr 2017

Wünsche Mechthild ein Gutes Neues Jahr. Sie erzählt von früher, sie war als Schülerin genauso wenig versorgt wie ich, mit dem Unterschied, dass sie zusätzlich permanenten Stress mit Papa hatte, weil sie schulisch nicht funktionierte.

„Wie hättest du es auch schaffen können als älteste von acht Kindern ohne eigenes Zimmer, ohne Buch, ohne Voraussetzung für eine erfolgreiche schulische Laufbahn?", äußere ich.

„Ich hätte es trotzdem schaffen müssen." Ich verneine. Ich spüre ihren Trost durch's Telefon. Nächstes Mal will sie anrufen.

Anita meldet sich, übermittelt mir Neujahrsgrüße. Wir unterhalten uns ohne Vorwürfe wegen unserer gemeinsamen, unbewältigten Vergangenheit.

„Kein Hadern mehr?" fragt sie vorsichtig.

Dem heutigen Telefonat geht ein Streitgespräch zwischen uns voraus. Die Tochter einer Cousine kommt mit Depressionen in die Karlsruher Psychiatrie. Anita erhält von deren Mutter den „Auftrag" nach ihr zu schauen. Bei mir stellen sich die Nackenhaare auf, das kommt mir bekannt vor. 1973 soll sich Anita von unseren Eltern aus um mich kümmern, das geht voll in die Hose und ich sage es ihr zum ersten Mal.

5.1.2017

Klärendes Gewitter zwischen Tom und mir. Er ist privatversichert und reicht einfach seine Rechnungen nicht ein.

9.1.2017

Nehme die Weltpolitik in meine Traumwelt von Kälte, Hunger und Tod.

10.1.2017

Es schneit, im Wohnzimmer ist es gemütlich warm. Denke an Dr. Stern.
„Nur wenn man im Leben gearbeitet hat, kann man später im Alter die freie Zeit genießen", so seine Auffassung. Hohe Quote an verunglückten Pedelec-Fahrern, höre ich gerade im Radio.
Habe heute wieder diese unglaubliche Energie nach zehn Stunden Schlaf. Ich putze das Esszimmer gründlich, wasche Handwäsche und gehe meine Ordner durch und sortiere. Später, Tom hat Schneedienst und ich begleite ihn bei seinem Rundgang. 18 Uhr, Tom sitzt am Computer: eine Stunde Webinar. Auf 19 Uhr koche ich, Tortellini mit Erbsen und Blumenkohl in einer Schmandsoße, dazu Vegan-Würstchen, lecker.
Heute Mittag beim Sortieren erkenne ich tief in mir: Anita kann nichts für ihr Tun. Sie ist felsenfest davon

überzeugt, das Optimum an Menschlichkeit zu sein. Dafür putzt sie unserem Bruder das Wohnhaus und betreut unsere Verwandte, die in einer schweren psychiatrischen Krise steckt. Zumindest das Letztere kann sie nicht. Unsere gemeinsame Vergangenheit kommt mir hoch. Ihr Verhalten kann sie nicht ändern, weil sie diesbezüglich einen beschränkten Horizont hat. Empfehle ihr, die Cousine loszulassen. Anita wehrt sich: „Das geht nicht, ich habe ihrer Mutter versprochen ..." Sie zeigt ein hohes Aggressionspotential der Verwandten gegenüber.

Tom: „Distanziere dich, so weit es geht." Mir wird die Tragweite ihres Verhaltens total bewusst, früher als sie mich nach meinem Selbstmordversuch in Stuttgart 1973 mit nach Heidelberg nimmt und auch später. Wir sind 1977 ein paar Monate auf derselben Fachschule für Sozialpädagogik in Mannheim, sie beendet ihre Weiterbildung von der Kinderpflegerin zur Erzieherin und ich beginne meine Ausbildung zur Erzieherin. Auf dem Schulhof ignoriert sie mich.

11.1.2017

Gespräch in der Ambulanz. Lese Dr. Lu den Tagebucheintrag von Heiligabend vor ... immer mal wieder denke ich an Dr. Lu, mit ihm hat sich unser Leben drastisch verändert. Ich fühle mich sündig.

„Warum fühlen Sie sich sündig?", unterbricht mich mein Arzt. „Weil ich an Sie denke! Ich denke an Sie! Ich darf an Sie denken!", bricht es aus mir heraus.

Jedes Mal, wenn ich Sr. Oberin in der Schule begegne, drückt sie mir eins rein, besonders mir. Ich bin ihr absolutes Feindbild. Die internationale Klosterschule mit Internat, eine sogenannte Eliteschule mit Schülerinnen aus aller Welt, prägt mich sehr, die Auswirkung spüre ich heute noch. Ich bin extern, Gott sei Dank!

„Darf ich an Sie denken?", frage ich vorsichtig.

„Natürlich", antwortet Dr. Lu.

Bringe ferner Anita zur Sprache. Mein Neurologe spricht von Neid und Eifersucht meiner Schwester, schade, dass das Konkurrenzverhalten im Erwachsenenalter noch herrschen würde. „Diskutieren Sie nicht mit ihr!"

Anita arbeitet nach ihrem Hauptschulabschluss auf dem elterlichen Hof mit Waltraud zusammen als rechte Hand Papas, der einzige Sohn ist noch ein Kind. Papa liebt alle seine Kinder, jedes auf seine Art, er ehrt Anita sehr. Sie bekommt als einzige 5 DM Taschengeld in der Woche. Jeder muss mithelfen, auch ich. Auf dem Hof ist immer was los, wir besitzen alle Tierarten vom Huhn bis zum Bullen. Kunden kommen von weit her, beispielsweise aus Konstanz, um Produkte wie Eier zu kaufen. Kartoffeln werden in Säcken gewogen, zentner- und doppelzentnerweise, nach Sorten beschriftet und verkauft, ich bin in meinem Element. Ich bin zwölf, dreizehn Jahre alt.

Es ist Samstagmorgen, Tom arbeitet und ich brauche erstmal einen Kaffee und eine Schreibpause. Bis zum Brunch dusche ich und rufe noch Annelie an.

14.1.2017

Ich schlafe zum ersten Mal genügend im neuen Jahr. Wir brunchen mit Freunden im „Fleur", einem Café in einem Blumengeschäft. Der Vormittag verläuft wunderbar, ich kann mich gut in die Gruppe integrieren, es sind sieben Leute vom Kampfsport. Unseren nächsten Brunchtermin legen wir gleich auf den 5. August fest. Wir verabschieden uns herzlich und vergnügt.

18.1.2017

Schlafe bis 8 Uhr, bin gut ausgeruht. Tom streicht heute ein Zimmer in Zuzenhausen, kommt zum Brunch nicht nach Hause. Ich bin zum Spazierengehen und Teetrinken in der Nachbarschaft verabredet, passt. Denke nur noch ein bisschen belastet an Dr. Lu. Was hat er auf mein „Geständnis" hin gesagt? Vor lauter, lauter ... habe ich dies nicht gehört. Soll ich ihn anrufen?, geht mir durch den Kopf.

19.1.2017

Teile Tom mit: „Wenn ich die nächsten Nächte nicht gut schlafe, muss ich Dr. Lu anrufen und auf 15 mg Olanzapin hochgehen".

Seine Antwort: „Schaffe Probleme ab, dann brauchst du nicht zu erhöhen."

21.1.2017

Setze Anita auf Distanz mit den Worten: „Ich brauche meine absolute Ruhe, schreibe an meinem zweiten Buch, mein Fokus ist total daraufhin ausgerichtet. Wir sehen uns im Mai auf dem Familienfest."
„Bist du so angespannt?", reagiert sie.
„Ich bin konzentriert. Wenn du was zu sagen hast, teile es mir jetzt mit."
Bin erleichtert über meine Entscheidung.
Überlege, wie ich Tom motivieren kann, seinen Schreibtisch aufzuräumen, auch der Anhänger und Rasenmäher gehören verkauft.

23.1.2017

Der Vortrag „Magic cleaning" ist ein voller Erfolg. Jedes Ding bekommt seinen Platz. Seit Tagen sortieren wir, putzen und schmeißen hinaus.
Die Distanz zu Anita tut mir gut. Tom: „Das hättest du schon vor zehn Jahren machen sollen."

24.1.2017

Rufe meinen Bruder an, frage ihn, ob er seinen „Saustall" aufgeräumt habe. „Noch nicht ganz", erwidert er.
Ich sage zu ihm: „Sei froh, dass du die Mittlere Reife und das Kleine Latinum hast, ansonsten hättest du die Heilpraktikerprüfung nicht machen können." Mein

Bruder ist ein miserabler Schüler gewesen, keineswegs dumm, doch er hat nicht gelernt.

Ich ermutige ihn zum Kennenlernen dieser Frau aus Kamerun. Anfang Februar trifft und sieht er sie das erste Mal. Er betont die getrennten Zimmer im Hotel. Sie ist 62 Jahre alt, Übersetzerin, spricht ein paar Sprachen und schreibt Bücher.

„Geh in die Buchhandlung und kaufe dir ein gutes Übungsbuch für Englisch", rate ich ihm, „und ich wünsche dir viel Glück."

Heute sortiere ich noch die unglaublich vielen Fotos. Danach mache ich erst einmal einen Mittagschlaf.

25.1.2017

Annelie und ich telefonieren miteinander. Sie betreut diese Woche ihre zweijährige Enkelin tagsüber. Annelie geht mit ihr in der Stadt ihren Besorgungen nach. Das Kind isst so gern eine Laugenstange, die Oma ihr auch genehmigt, will aber ein kleines Stück abhaben; damit tut sich die Kleine schwer. „Einzelkind", sage ich.

Erinnerungen kommen hoch: Bei uns ist früher alles immer für alle. Wir sind vier Große und vier Kleine, ich bin die Älteste der Kleinen. Zunächst wird alles geteilt, doch ich suche immer den Vorteil. Gibt es zwei Puppen, die eine schöner bestrickt als die andere, nehme ich mir die schönere.

Brigitte, die um ein Jahr jüngere Schwester, leidet sehr unter mir. Wir werden wie Zwillinge behandelt und gekleidet. Ich bin aufgeweckter, egoistischer und schneller als sie.

Auch sie erlernt den Beruf der Erzieherin, wie ich arbeitet sie nicht lange darin, heiratet, bekommt zwei Kinder. Heute noch sind wir eng miteinander verknüpft. Sie lebt in Überlingen, die räumliche Distanz tut uns gut. Als ich krank geworden bin, weihe ich sie zunächst als Einzige ein. Es belastet sie sehr, sie ist nicht mehr in der Lage Hausaufgaben zu machen, sie besucht auch die Klosterschule, wird jedoch nicht so drangsaliert wie ich.

„Magic Cleaning" kommt mir in den Sinn. Im Elternhaus hatte jedes Ding seinen Platz. Eine Schublade im „Stübletisch" (Esszimmer) nur mit Mützen aller acht Kinder. Im Grundschulalter gibt es keine eigenen Unterhosen, sondern im Schrank ein Fach mit Unterwäsche in allen Größen, Leibchen mit Strapsen, bis die Strumpfhosen aufkommen. „Vielleicht habe ich deine Unterhose verschissen", sage ich einmal zu Annelie. In einem anderen Fach alle Schulranzen.

Als ich mit zehn Jahren das Gymnasium besuche, überfordern mich die vielen Geschwister, es werden höhere schulische Anforderungen an mich gestellt. Ich fange an schlafzuwandeln, einmal geistere ich ins „Stüble", öffne meinen Schulranzen und zerreiße ein Heft.

Einmal in der Woche esse ich bei meiner besten Schulfreundin, übrigens einem Einzelkind. Ihre Mutter holt uns mit dem Mercedes von der Schule ab, wir machen zusammen unsere Hausaufgaben. Anschließend fährt mich die Mutter zum Gitarrenunterricht, sie ist sehr gut zu mir. Manchmal übernachte ich bei meiner Freundin, den Babydoll kaufe ich in einem Kaufhaus in Sigmaringen. Ich bringe Eier und auch mal eine gerupfte Ente mit, meine Mutter lässt sich nicht lumpen, mich befremdet dies etwas, ich meine die gerupfte Ente.

In der Zeit macht Annelie bei einem Zahnarzt in Sigmaringen ihre Lehre als Zahnarzthelferin, für mich eine schöne Zeit. Samstags, nach der Schule, hole ich sie von der Arbeit ab, ich bin zehn, und wir fahren zusammen mit dem Bus heim. Annelie ist sehr klug, sie schneidet in ihrer Abschlussprüfung als Zweitbeste von ganz Baden ab. Aktuell arbeitet sie erfolgreich als Psychologin in einem Mutter-Kind-Kurheim und ist immer noch sehr klug, Mittlere Reife und Abitur hat sie über den zweiten Bildungsweg, über eine Abendschule nachgeholt.

26.1.2017

Habe eine kurze Nacht hinter mir, bin gedanklich in der ersten und zweiten Klasse der Klosterschule. Schon als kleines Mädchen mit zehn, elf muss ich für mich selber sorgen. Irgendwann, wenn ich alles niedergeschrieben habe, kann ich bestimmt wieder schlafen. Bin heute Morgen ruhig, gesammelt und sehr müde.

Tom: „Langsam machen mit dem Verarbeiten; nicht Anita abschaffen, Medis reduzieren und und, sage dies bitte Dr. Lu." Ich pausiere mit dem Schreiben bis auf weiteres.

8.2.2017

Gespräch bei Dr. Lu. Er bestätigt mich in allem, was ich denke und tue. Meine weitere Behandlung ab April 2017 in Erbach ist beschlossene Sache. Ich will mich nach zwanzig Jahren Zugehörigkeit von der Heidelberger Ambulanz verabschieden, für mich ist der Wechsel auch eine Umstellung, doch eindeutig die richtige Entscheidung. Nach einer wiederholt kurzen Nacht bin ich ruhig und aufgeräumt. Noch was: Bei meinem Tagebucheintrag vom 25.1. hätte ich verschiedene Kanäle angezapft, so mein Arzt. Im Laufe des Buches gehe ich darauf näher ein.

10.2.2017

Habe nach einer guten Nacht einen Blutdruck wie im Bilderbuch, 132-81 Puls 73. Heute Mittag gehe ich zum Friseur, versuche vorher noch Karen zu erreichen.

11.2.2017

Die angehende Freundin meines Bruders kommt aus Tansania an. Er teilt mir telefonisch mit, dass sie gegenseitig hocherfreut seien. Ich freue mich total mit ihm: „Es schnackelt oder es schnackelt nicht", sage ich. „Es schnackelt nur noch", reagiert mein Bruder glücklich.

12.2.2017

Tom und ich besuchen ein Benefizkonzert zugunsten der Flüchtlingshilfe. Der Chor „Singing friends" engagiert sich mit Beatles, Queen, Adele, Abba und Gospels. Die Veranstaltung ist gut besucht. Tom beurteilt: „Nicht schlecht." Im Anschluss daran essen wir italienisch im Pavarotti.

13.2.2017

Beim Aufräumen meines Schreibtischs stoße ich auf einen Zettel: „Leiden kann Sinn geben, wenn es uns zum Guten hin verändert." Gelitten habe ich genug in meinem Leben und zum Guten hat es sich auch gewendet. Ich befinde mich in der besten Phase meines Lebens. Die Worte meiner englischen Freundin: „Es ist toll, im Rentenalter nochmals voll durchzustarten, du warst mit Lithium immer positiv, doch jetzt bist du enthusiastic." Sie ist eine sehr gute Freundin.

Tom arbeitet heute in einem Garten in Wiesenbach, Obstbäume stutzen. Rufe ihn an, frage, ob es sehr kalt sei. Er bejaht: „Der Wind." „Hast du eine Mütze auf?", versichere ich mich. Er bejaht wieder. „Wir sehen uns beim Brunch", verabschieden wir uns.

Rufe eine frühere Fußpflegekundin an. Wir unterhalten uns angeregt, sie erzählt: „Ich ziehe im Haus vom ersten Stock in die Parterrewohnung, ich kann keine Treppen mehr steigen." Sie wird im Dezember neunzig.

Habe die Idee, mit ihr eine andere ehemalige Kundin im Altersheim zu besuchen, wenn sie mich reinlassen! Ich habe Hausverbot!!! Da ist mal was gewesen vor zwanzig Jahren. Eine meiner Kundinnen, relativ fit, wird in ein Zweibettzimmer mit einem Pflegefall, der die ganze Nacht stöhnt, gelegt. Ich sage meine Meinung dazu.

14.2.2017

In meinem Schreibtisch finde ich einen zweiten Zettel. „Jeder Tag mit dir ist ein Valentinstag." Ich liebe ihn und lege den Zettel zurück in den Schreibtisch an einen sicheren Platz.

Begleite Tom in die nächste Ortschaft, er kehrt einen Gehweg und reinigt Regenrinnen. Währenddessen statte ich im Nachbarhaus einem blinden, früheren Fußpflegekunden, einen Besuch ab, wir trinken Tee und essen Gebäck. Er freut sich sehr und spricht ohne Punkt und Komma. Er fragt nicht kurz: „Was machen Sie?" oder „Wie geht es Ihnen?" Eine wahrhaftige Begegnung ist kaum möglich.

15.2.2017

Es ist gleich 9 Uhr, ich mache mir gerade einen Chi-Kaffee, als Anita anruft. Sie hat einem Bekannten von ganz früher, es ist vierzig Jahre her, mein erstes Buch verkauft. Sie fragt: „Klappt es bei dir?" Ich bejahe und bin freundlich zu ihr, ich verspüre keinerlei Aversion. Dr. Lu gibt mir vor ein paar Wochen den Tipp: „Diskutieren Sie nicht mit ihr." Seine Empathie und Kompetenz erstaunen mich immer wieder, obwohl er Schulmediziner ist.

Nehme Kontakt mit der Chefin des Bürgerkreises Sinsheim auf. Teile ihr mit, dass ich ihr mein erstes Buch mit neuem Titel und Vorwort zuschicken und dass ich oft an den Bürgerkreis denken würde. Sie freut sich sehr und lädt mich zur Eröffnung der Erweiterung des Bürgerkreises, neu mit Tagesstruktur, ein. Ich schwärme von meiner Lesung vor sieben Jahren. Alle Mitarbeiter sind dabei und die Veranstaltung wird ein voller Erfolg.

„Ich schreibe an meinem zweiten Buch und möchte wieder im Bürgerkreis lesen", äußere ich mutig. „Wir freuen uns jetzt schon darauf", reagiert sie. „Klappt's?", fragt sie noch. „Es klappt", beendige ich das kurze Gespräch und freue mich.

Heute Abend diskutieren Tom und ich hitzig über's Geld. Ich meine, ich könnte den Bausparvertrag für meine Ausgaben, hauptsächlich für die Krankenversicherung und meine persönlichen Ausgaben aufbrauchen. Tom ist der Ansicht, dass wir das Geld für später brauchen würden. Ich: „Ein paar Rasenmäher und der große Anhänger gehören veräußert, am besten im Frühling, deine noch nicht eingereichten Privatrechnungen der Central-Krankenversicherung könnten auch ein paar hundert Euro ausmachen." Tom behauptet, genau zu wissen, wo er stünde, und wirft mir vor, ich würde in seinen Wunden bohren: „Ich habe jetzt auch mehr Erfahrung als bei Geschäftsbeginn, beispielsweise weiß ich heute, dass ich vom Fachmann vor Ort einen Ersatzrasenmäher bekäme, wenn unser Gerät streiken würde." Er haut auf den Tisch und schreit mich an. Tom geht noch einen Schritt weiter: „Ich habe dir bei Fehlkäufen in der Fußpflege auch nie Vorwürfe gemacht." Ich sage nichts mehr.

Das Telefon klingelt, Annelie ist am Apparat und unser Streitgespräch beendet.

23.2.2017

Olanzapin 10 mg und 10 mg.
Schlafe schon ein paar Tage sehr schlecht
Mein Tag ist mies, bin total kraftlos. Einschlafen ist nicht das Problem, sondern das Durchschlafen. Ich wache früh gegen Morgen auf.
Gestern Abend: mein Kopf ist voller Gedanken. Tom sagt: „Mach den Kopf frei und schlaf!" Ich kann mir nicht erlauben noch eine Nacht kaum zu schlafen. Um 24 Uhr nehme ich eine weitere Dosis 10 mg Olanzapin, schlafe damit bis 9.30 Uhr durch. Eine Zusatzdosis von nur 5 mg wäre besser, komme auf die Idee, in Zukunft bei Schlaflosigkeit um 24 Uhr bedarfsweise 5 mg zusätzlich einzunehmen, ganz nach dem Motto: nicht in Problemen, sondern in Lösungen denken, laut Andreas Ackermann, einem bedeutenden Mentaltrainer. Bin stolz auf meine neue Erkenntnis.

24.2.2017

Olanzapin 10 mg
Schlaf: 22.30 bis 5.30 Uhr
Heute feiere ich meinen 64. Geburtstag, hätte nie gedacht, dass ich so alt werden würde, ich wollte immer sterben. Bin aktuell in der besten Phase meines Lebens, ohne Lithium, weder manisch noch depressiv, kognitiv nicht blockiert, leicht und frei, auch körperlich. Viele Menschen denken heute an mich. Ich fühle mich integriert und angenommen. Tom kocht heute Abend: Knödel, Gemüse ... sehr lecker. Ich bin voll mit meinen Anrufen beschäftigt.

25.2.2017

Olanzapin 10 mg
Komme zu der Erkenntnis, dass Psychopharmaka sowohl Fluch als auch Segen sein können. Sie gehen voll in den Stoffwechsel rein, können gezielt eingesetzt unterstützend wirken, zum Beispiel bei Depressionen oder Psychosen, doch davon wieder loszukommen ist sehr, sehr schwierig und gefährlich, das ist der Fluch. Symptome können wieder auftreten wie Schlaflosigkeit, das spüre ich aktuell am eigenen Leib. Ohne genügend Schlaf bin ich ein halber Mensch. Letzte Nacht schlafe ich mit 10 mg Olanzapin acht Stunden, meinem Minimum an Schlafbedarf. Am 8. März endlich Termin bei Dr. Lu, dem besten Arzt in meiner Welt. Es steht viel an.

Veronika, wichtige Schulfreundin und spätere Kommilitonin, schreibt mir eine Karte zum Geburtstag mit neuer Adresse und Telefonnummer, sie ist umgezogen.

1.3.2017

Olanzapin 10 mg
Schlafe sehr gut ab 22 Uhr bis zum Morgen
 Brühe mir einen Kaffee und für Tom einen Tee auf und freue mich, dass ich ausgeruht bin. Und ich freue mich auf Veronika, sie besucht mich am Samstagnachmittag. Wir wohnen in Stuttgart während des ersten Semesters zusammen. Damals mache ich meinen ersten Selbstmordversuch in einer Erschöpfungsdepression. Will mit ihr darüber sprechen. Sie praktiziert aktuell als Hautärztin in eigener Praxis in Sigmaringen, hat drei Kinder und Enkelkinder und ist seit drei Jahren geschieden.
 Mein rechter, großer Zeh tut mir immer wieder weh, was ist das bloß?
 Harry Belafonte feiert heute seinen 90. Geburtstag. Er hat ja mit Nelson Mandela und Martin Luther King zusammengearbeitet, super, kommt gerade im Radio.

2.3.2017

Olanzapin 10 mg
 Es ist 2.50 Uhr und ich schlafe immer noch nicht. Ich rege mich sehr über das Büro in der Ambulanz auf. Anstatt ein Rezept mit telefonisch angeforderten

5 mg Olanzapin bekomme ich 10 mg verschrieben. Ich versuche in meiner Apotheke vor Ort mit meinem 10-mg-Rezept 5 mg Olanzapin zu bekommen. Die freundliche Apothekerin erklärt, das gehe nicht. Sie ruft in der Ambulanz an und erklärt der Krankenschwester das Problem, die sich stur stellt. Ich höre: „Aber sie will 5 mg". Letztendlich gibt mir die Apothekerin den Hörer.

„Ich brauche 5 mg Olanzapin", erkläre ich.

„Sie haben immer 10 mg oder 15 mg verschrieben bekommen", setzt die Krankenschwester entgegen.

„Ich brauche 5 mg", wiederhole ich, „ich nehme 10 mg abends und bei Bedarf 5 mg zusätzlich."

„Kann man die Tablette halbieren?", fährt sie fort.

„Kann man nicht", entgegne ich.

„Was soll ich mit dem alten Rezept machen?", frage ich genervt.

Stille.

„Was soll ich mit dem alten Rezept machen?", wiederhole ich mich.

Stille.

„Oder soll ich es mit zum Gespräch bei Dr. Lu nehmen?"

„Das brauchen Sie nicht. Zerreißen Sie es, ich schicke Ihnen ein neues."

Ein bekanntes Gefühl von Ausgeliefertsein beschleicht mich.

Gegen Morgen schlafe ich endlich ein und träume von Dr. Stern, meinem früheren Therapeuten. Er lebt zurückgezogen und sehr ungepflegt in einem heruntergekommenen Haus, verdreckt und verlottert. Er deckt meine wahre Identität auf. Ich bin keine Bauerntochter, nicht das Kind meiner Eltern, sondern die Prinzessin von Baden. Im Krankenhaus werden die Babies vertauscht. Soweit der Traum.

In der Realität wird Karl von Hohenzollern, den wir Charlie nennen, am gleichen Tag geboren wie ich. Aus diesem Anlass wird Salut geschossen. Jedes Jahr an meinem Geburtstag erzählt meine Mama mir, dass sie mit mir zum ersten Mal im Kreiskrankenhaus in Sigmaringen entbindet. Die ersten drei Kinder waren Hausgeburten, das vierte, Anita, kam in Pfullingen zur Welt. Es ist tiefer Winter am 24.2.1953. Wir haben kein eigenes Auto und ein Nachbar fährt meine Mutter nach Sigmaringen. Es liegt hoher Schnee. Bei Josefslust, dem Sitz des Fürsten, bleibt das Auto stecken. Ein Holz hat sich über die Straße gelegt. Meine Mutter muss hochschwanger kurz vor der Entbindung helfen, das Auto anzuschieben. Durch die Nabelschnur wird ihre Angst auf mich im Mutterleib übertragen, nehme ich an. Gerade noch rechtzeitig erreichen wir das Krankenhaus. „Es war fast eine Sturzgeburt", bemerkt Dr. Lu, als ich ihm davon vorlese. „Deshalb bist du so eine Schnelle", lächelt meine Mutter glücklich. „Der Fürst ist an mein Wochenbett gekommen." Immer wieder dieselbe Geschichte.

Heute Abend nehme ich 15 mg Olanzapin ein, ich muss schlafen. Reduzieren kommt auf ein paar Monate nicht an.

Karen ruft an. Sie will in den Weinbergen spazierengehen. Ich: „Gib mir eine Viertelstunde ich komme mit. Muss mich schnell umziehen." Karen tut mir sehr gut, sie ist gerade in einer gut funktionierenden Therapie.

3.3.2017

Olanzapin 15 mg
Ich schlafe sehr gut

Tom meint, meine Schlafstörungen kämen vom Schreiben. Ich weiß auch nicht. Auf jeden Fall bin ich ohne Lithiumschutz und mit nur 10 mg Olanzapin dünnhäutiger. Meine größte Herausforderung aktuell bin ich selbst, ich weiß, ich schaffe es. Morgen Nachmittag kommt Veronika zu Besuch, ich freue mich sehr auf sie. Ausgeruht putze ich ein bisschen und mache die Wohnung gemütlich.

Tom besucht heute Abend den theoretischen Teil eines Baumschneidekurses in der Nachbargemeinde, er freut sich sehr darauf. Ich liebe meinen Mann, weil er so ist, wie er ist.

Karen ruft an, ob ich heute Zeit hätte, die größere Runde in den Weinbergen zu laufen. Ich bejahe nach meinem Motto: Zeit haben hängt von der Fähigkeit ab Prioritäten setzen. Mein Leben ist schön. Nach dem Spaziergang essen wir in St. Ilgen einen Salat. Um 20 Uhr bin ich zuhause, Tom kommt um 21 Uhr, passt. Heute Abend bin ich zunächst etwas müde, mit 10 mg Olanzapin aber um 24 Uhr immer noch wach. Nehme zusätzlich

5 mg Olanzapin ein. Tom teilt mir eine Zehnertablette mit dem großen Küchenmesser, was fast nicht geht. Um 1 Uhr schlafe ich ein und durch bis 7.30 Uhr. Ich glaube, ich habe ein Geburtstrauma.

Veronika ist da gewesen, wir können uns sehr gut leiden. Beim nächsten Treffen will sie uns mit ihrem Freund zusammen bekochen. Ich bin dafür, erst einmal in der Stadt einen Cappuccino zu trinken. Wir kennen ihren Freund noch gar nicht, einen Schritt nach dem anderen, so meine Devise.

5.3.2017

Olanzapin 15 mg
Sehr guter Schlaf

Nehme vorrübergehend 15 mg Olanzapin ein, bis Dr. Lu endlich in Erbach arbeitet und alles in Bahnen läuft, für mich bedeutet es eine große Veränderung nach 20 Jahren. Das Büro der Ambulanz schickt mir zum zweiten Mal ein falsches Rezept, Zalasta ohne Kreuz (das den Austausch gegen ein wirkstoffgleiches Medikament verbietet). Bis jetzt gab es nie Probleme. Muss mit Dr. Lu darüber sprechen! Tom meint, es sei inkompetent, einen zweiten Fehler in der gleichen Sache zu machen, das sei nicht in Ordnung.

Komme zu der Überzeugung, dass ich zwischen 10 mg und 15 mg Olanzapin brauche, also 12,5 mg. Mit 10 mg kann ich gut schreiben, analytisch, und wenn es dicke kommt, wie mit den Fehlrezepten, 15 mg. Habe die Dosierung gut raus. Jeder Mensch ist für sich selbst verantwortlich, auch ich. Mit den Menschen in meiner Welt, Tom, Dr. Lu, meiner Schwester Annelie und meinen Freundinnen bin ich auf gutem Weg zur Gesundung. Eines ist sicher wie das Amen in der Kirche: Mein Wohlbefinden hängt von meinem ausreichenden Nachtschlaf ab. Nach mindestens acht Stunden bin ich kraftvoll und optimistisch, ansonsten das Gegenteil.

Ich liebe das Leben. Will mit meiner jüngsten Schwester Marianne über mein Geburtstrauma sprechen.

6.3.2017

Olanzapin 15 mg
Schlaf: 21 bis 4 Uhr

Habe eine kurze Nacht hinter mir. Dusche und wasche die Haare. Von 10 bis 12 Uhr ist PC-Kurs angesagt. Hinterher gebe ich den Ordner bei der Steuerberaterin ab. Bin ruhig und gesammelt. Lege mich mittags nicht hin. Karen rät mir davon ab, bei Einschlaf- und Durchschlafstörungen soll man sich zwischendurch nicht hinlegen, weil das den Schlafrhythmus durcheinanderbringe. Man lernt nie aus.

7.3.2017

Olanzapin 15 mg
Schlaf: 21 bis 7 Uhr, sehr gut

Heute Morgen schlupfe ich zu Tom unter die Bettdecke, er nimmt mich immer auf. Er ist so knuddelig und warm, ich liebe ihn.

Nach der Winterpause beginnt heute das Yoga, bin das siebte Jahr dabei. Ich freue mich auf meine Yogafreundin, sie liegt neben mir. Ich beobachte und stelle fest: Je näher mein Gesprächstermin bei Dr. Lu rückt, um so besser geht es mir. Vier Wochen können lang sein. Übrigens ging es mir früher bei anderen Therapeuten auch so.

8.3.2017

Olanzapin 15 mg

Schlafe von 21 bis 3 Uhr und von 4.30 bis 7 Uhr. Meine Wachphasen könnten von der Verdauung herrühren, wir essen abends immer warm und sehr spät. Irgendwie müssen wir das in den Griff bekommen.

Heute endlich Gespräch bei Dr. Lu. Es ist das letzte Gespräch in der Ambulanz in Heidelberg. Dr. Lu und ich vereinbaren unseren ersten Termin in Erbach. Tom und er tauschen ein paar Sätze aus. Der beste Ehemann der Welt und der beste Arzt in meiner Welt sprechen miteinander und es geht um mich, ein geiles Gefühl.

9.3.2017

Olanzapin 15 mg
Schlaf: 22 bis 6.30 Uhr. Sehr gut

Einen Tag nach meinem Gespräch habe ich einen Blutdruck von 125-83, Puls 79, süpi. Ab heute versuche ich es mit 12,5 mg Olanzapin, 10 mg plus 2,5 mg, Tipp von Dr. Lu.

10.3.2017

Schlafe mit 12,5 mg Olanzapin gestern nach Tai-Chi sofort ein bis heute Morgen 7.30 Uhr. Besser kann es nicht sein.

11.3.2017

Olanzapin 12,5 mg
Schlaf: 21 bis 2 Uhr
 Meine Durchschlafstörungen könnten von der Verdauung herrühren. Gestern Abend essen wir wieder sehr spät, um 2 Uhr muss ich aufs Klo.

12.3.2017

Olanzapin 12,5 mg
 Gestern Abend bin ich so erschöpft, dass ich um 20.30 Uhr auf der Kuschelecke einschlafe und durchschlafe bis 6.30 Uhr. Bin gut ausgeruht. Wir wollen spazieren gehen und bei Nico ein Eis essen. Ich gehe jetzt unter die Dusche und wasche meine Haare und freue mich auf einen Sonntag bei strahlendem Sonnenschein.

13.3.2017

Olanzapin 12,5 mg
Sehr guter Schlaf
 Brühe mir zunächst einen Kaffee auf. Mit 12,5 mg liege ich im Moment in der richtigen Dosierung. Im Zeitraum der nächsten zwei Jahre wollen wir ganz vorsichtig ausschleichen bis auf 5 mg. „Es kommt auf ein Jahr nicht an", äußere ich mich. „Sie haben ein gutes Gefühl für sich", bemerkt Dr. Lu empathisch.
 Heute koche ich mit dem Thermomix, das ist ein tolles Gerät. Man kann zum Beispiel Kartoffeln und zwei verschiedene Gemüsesorten schonend zusammen dämpfen, die Vitamine bleiben weitgehend erhalten. Kartoffeln, Saftkarotten und Brokkoli kaufe ich im Bioladen, bei letzterem ist Bio-Qualität besonders wichtig, konventioneller Brokkoli sei zu sehr gedüngt, meint meine englische Freundin. Man lernt halt nie aus.

14.3.2017

Olanzapin 12,5 mg
 Nach sechs Stunden Schlaf schlupfe ich zu Tom unter die Bettdecke. Will ihn spüren, bevor er zur Arbeit geht, bin einigermaßen ausgeruht.

15.3.2017

Olanzapin 12,5 mg

Nach Yoga schlafe ich tief und fest durch bis heute Morgen, bin ausgeruht. Mein Blutdruck ist wie im Bilderbuch: 130-82, Puls 74.

In „SWR 1 Leute" zwischen 10 Uhr und 12 Uhr spricht ein Neuropsychologe und Gewaltforscher aus Konstanz über die Flüchtlingsproblematik. Sein Konzept: erst Therapie, dann Deutschkurs. Die Flüchtlinge seien teilweise so traumatisiert, dass sie nur mit therapeutischer Hilfe ihre schlimmen Erlebnisse überwinden können.

Muss mein Leben mit Negativität und Armseligkeit los- und hinter mir lassen, mein Hier und Jetzt ist positiv, bin sozusagen im Umbruch. Daher rühren, glaube ich, meine Schlafstörungen.

Heute ist Dr. Lus letzter Tag in der Ambulanz in Heidelberg, ich denke an ihn.

Mein Wechsel nach Erbach bedeutet für mich auch eine große Umstellung. Zwanzig Jahre in einer Ambulanz ist eine lange Zeit. Die gleichen Krankenschwestern nahmen mir zwanzig Jahre Blut ab für den Lithiumspiegel, immer gab es eine nette Unterhaltung, auf jeden Fall entwickelte sich eine gewisse Bindung. Trotzdem brauche ich nicht lange zu überlegen, denn nie zuvor bin ich auf so einen guten Arzt gestoßen wie auf Dr. Lu. Forsche ein bisschen im Internet über die Psychiatrie in Erbach, mich interessiert seine Funktion dort. Alles ist sehr spannend und aufregend.

16.3.2017

Olanzapin 12,5 mg
Schlafe siebeneinhalb Stunden
Schlupfe um 6.30 Uhr zu Tom ins Bett. Gestern Abend fragt er mich, wann ich wieder ins Ehebett komme. „Bald, ich bin im Umbruch, ich will dich nachts nicht stören."
Vertrage die roten Linsen nicht mehr, habe ein Völlegefühl. Die nächsten Tage will ich bewusst kein Fett und keinen Zucker essen, dann nehme ich auch ein bisschen ab, auf den Frühling hin.
Verabschiede mich telefonisch von den Krankenschwestern des Büros der Ambulanz. Sie freuen sich sehr. Ich soll mal wieder vorbeikommen und hallo sagen, meinen sie. Es bedeutet einen richtigen Abschied.
Heute will ich den Brunch besonders schön zubereiten, einfach so. Ich esse zwei Toasts und muss brechen, mir ist übel, vielleicht habe ich einen Virus. Rufe unserer Tai-Chi-Lehrerin an, dass ich heute nicht dabei sein könne. Noch jemand fehlt und letztendlich fällt das Training aus. Tom ist es auch recht, er hat schwer geschuftet.

17.3.2017

Olanzapin 12,5mg
Schlafe okay
Heute Weltschlaftag, kommt gerade im Radio. Die meisten Deutschen schlafen schlecht. Draußen scheint

die Sonne, Tom kommt ein bisschen früher zum Brunch. Ich esse ein wenig und muss dafür büßen, mir wird übel. Finde, Tom wirkt männlicher.

18.3.2017

Olanzapin 12,5 mg
Schlaf' sehr gut

Brühe mir einen Kaffee auf. Vom Bauch her ist es mir nur noch ein bisschen übel. Tom will, dass ich morgens länger schlafe und das Radio leiser stelle. Das rührt vom Elternhaus in England her. Sein Vater machte ihm jeden Morgen einen Tee und sie fingen den Tag sozusagen sprachlos an. Tom ist ein Morgenmuffel und will nach dem Aufstehen seine Ruhe haben und nicht viel sprechen. Okay, I got the message.

Mein Mann besucht von 10 bis 12 Uhr einen Baumschneidekurs in einer Nachbargemeinde. Überlege, ins vegane Cafe zu gehen und mit meiner jüngsten Schwester zu telefonieren. Vor zwei Tagen berichtete sie mir von einer Therapiestunde, in der ein frühkindliches Trauma um eine schwarze Puppe hochkam.

Mir wird nie langweilig. Im Zweifelsfall kann ich über sich lohnende Dinge nachdenken, beispielsweise über Gespräche mit Dr. Lu, Annelie oder jetzt über Marianne oder über meine Wenigkeit. Tom kommt frühzeitig vom Baumschneidekurs heim, es regnet in Strömen, auf Englisch: it's raining cats and dogs. Ich freue mich.

Eigentlich geschieht in der Herkunftsfamilie so eine Art Familienkonferenz, wir alle sind gut vernetzt und begegnen uns wahrhaftig. Ohne meine Geschwister wäre ich nicht da, wo ich jetzt stehe. Ich freue mich auf unser Familienfest, Ende Mai am Bodensee mit Geschwistern, deren Kindern, Enkelkindern, Cousinen und Cousins. Anita plant und organisiert das Fest gut und gern. Viele sehe ich seit der Beerdigung meiner Mutter im April 2011 das erste Mal wieder.

19.3.2017

Olanzapin 12,5 mg
Schlafe nur bis 4.30 Uhr, lege mich mittags hin.
Brigitte, meine um ein Jahr jüngere Schwester, feiert ihren 63. Geburtstag.

20.3.2017

Olanzapin 12,5 mg
Wieder schlafe ich nur bis 4.30 Uhr.
Lese das Buch „Als Hitler das rosa Kaninchen stahl".

21.3.2017

Olanzapin 12,5 mg
Schlafe bis 6 Uhr.
Brühe mir einen Kaffee auf und bereite mich auf mein heutiges Gespräch bei Frau Dr. Jung vor. Ich freue mich, dass sie sich Zeit für mich nimmt. Sie gibt mir 50 Minu-

ten und ich kann in Ruhe erzählen, was mich bewegt. Zusammengefasst: Sie wundert sich, dass das Absetzen des Lithiums sich bei mir so drastisch ausgewirkt hat und das schon seit Oktober 2015.

„Sie haben ein gutes Händchen für sich und ihren Weg gefunden und sind bei Dr. Lu in besten Händen", äußert meine langjährige Verhaltenstherapeutin.

„Ich komme besser an meine Gefühle ran und mein Mann ist happy. Die Therapie bei Ihnen ist meine Grundlage", erkläre ich. Sie verspricht mir mitzuteilen, wann sie aus Altersgründen aufhört.

Am Ende der Stunde bietet sie mir an, dass ich mich wieder melden könne und ich bedanke mich bei ihr. Ruhig und gesammelt, ja glücklich fahre ich nach Hause, wo ich zunächst mit Tom genüsslich brunche. Auch er ist glücklich.

23.3.2017

Olanzapin 12,5 mg
Wache wieder sehr früh auf, um 5 Uhr.

Will im Internet googeln: Schlaf und Verdauung. Tom putzt Fenster bei unserem Steuerberater, dreißig Fenster mit Rahmen, habe hohen Respekt vor meinem Mann.

24.3.2017

Olanzapin 12,5 mg
Schlaf von 22 bis 6.30 Uhr

Nach Tai-Chi schlafe ich gleich ein, bin heute Morgen gut ausgeruht und fit. Beantworte Fragen der Steuerberaterin bezüglich Krankenkasse und zur Beitragseinstufung, zusammenhängend mit der Einkommenssteuer. Tom ist etwas kaputt. Er hat eine anstrengende Woche hinter sich, gestern acht Stunden Fensterputzen und vorgestern sieben Stunden eine Treppe karchern. Nochmals, ich habe hohen Respekt vor ihm.

25.3.2017

Olanzapin 12,5 mg
Schlafe bis 5.30 Uhr
  Ein neuer Tag. Brühe mir einen Kaffee auf. Hoffe, dass Tom kein Kopfweh mehr hat. Es ist gerade 6.30 Uhr und noch zu früh, zu ihm ins Bett zu schlupfen, will ihn nicht aufwecken. Ich freue mich auf den Tag. Denke ein bisschen an Dr. Lu, er bewegt sich gerade voll in seinem Arbeitsplatzwechsel. Er schafft es, er ist jung und kraftvoll.

26.3.2017

Olanzapin 12,5 mg
Schlafe 8 Stunden, mit Zeitumstellung 7 Stunden.
  Mein Schlafrhythmus verändert sich, gehe früher ins Bett und wache mit den Hühnern auf, habe viel mehr vom Tag.

Sonntagmittag: Wir essen ein Eis bei Nico und hinterher gehen wir gleich wieder heim, auch schön. Annelie ruft an. Eigentlich wollte sie mit einer Freundin Ende April zu Besuch kommen, das klappt jedoch nicht. Schade! Sage zu ihr, sie solle sich zuerst mit ihrer Freundin absprechen und dann mit uns was ausmachen. Bei uns geht es nur am Wochenende, unter der Woche haben wir keine Zeit und Muße für Besuch. Ich kann mich gut verständlich machen, mein Gefühl für andere und mich verbessert sich in den letzten Wochen zusehends, ich lerne dazu.

Morgen Vormittag PC-Kurs, habe alles hergerichtet, PC ins Auto geladen, Brille geputzt und Geld abgezählt. Es kann losgehen.

Muss nicht mehr permanent an Dr. Lu denken, bin unabhängiger. Am Anfang unserer Gespräche erklärt er mir, dass dies frühkindlich sei. Noch keine drei Jahre alt, habe ich schon zwei jüngere Geschwister. Mein Arzt meint, ich hätte auf jeden Fall zu wenig Zuwendung erhalten.

27.3.2017

Olanzapin 12,5 mg
Schlafe gute acht Stunden.

Es ist frühmorgens 5.45 Uhr. In der Küche unserer Nachbarn brennt Licht, ein schönes Gefühl. Nach meinem letzten Psychiatrieaufenthalt sagt die Frau, sie habe Angst vor mir, das ist jetzt 21 Jahre her. Vor einem Jahr sind wir bei diesen Menschen zum Geburtstag eingeladen, alle sind sehr freundlich und keine Spur von Angst. Der Nachbar organisiert Umzüge, zwei kann ich ihm vermitteln. Tom und ich finden hier im Ort unsere Heimat, wir fühlen uns eingebettet und von unserer Umgebung akzeptiert.

29.3.2017

Olanzapin 12,5 mg und 5 mg
Um 24 Uhr schlafe ich noch nicht, nehme zusätzlich 5 mg Olanzapin.

Eine Mitbewohnerin, die den gleichen Yogakurs besucht wie ich, grüßt nicht. Wahrscheinlich deshalb, weil ich sie am Sonntag daraufhin ansprach, dass sie mit Kehren dran sei. Sie meinte, ich würde immer nur bei ihr eingreifen, andere im Haus würden ihre Arbeit auch nicht erledigen und da würde ich nichts sagen. Wir einigen uns: Am Sonntagabend sollte ums Haus gekehrt sein, kann auch freitags geschehen. Ich sage zu ihr: „Wir kennen uns jetzt schon so lange und sind immer miteinander ausgekommen, Grüßen ist das Mindeste." Sie behauptet, sie hätte gegrüßt. „Ich habe nichts gehört", vertrete ich mich mutig und fahre fort: „Krieg fängt da an, wo sich Nachbarn nicht verstehen und streiten, und ich mag dich. Stress in der Umwelt, besonders in der unmittelbaren, tut nicht gut und geht an die Psyche." Die Mieterpartei, die mit dem Flurputzen schlampert, spreche ich an. Daraufhin ist die Nachbarin zufrieden und ich ebenso. Probleme im Haus müssen sofort geklärt werden, das wird mir mal wieder klar.

Heute Mittag gehen meine englische Freundin und ich im Gaiberger Wald über zwei Stunden lang spazieren. Die Sonne strahlt und Frühling liegt in der Luft. Wir sprechen über Gott und die Welt und über ganz persönliche Dinge. Nächstes Mal kommt sie zu mir.

30.3.2017

Olanzapin 12,5 mg
Schlafe bis 5.45 Uhr
Die Sonne geht auf, es wird langsam hell, ein neuer Tag erwacht. Brühe mir einen Kaffee auf. „Guten Morgen", begrüßt mich Tom liebevoll. Wir sollen heute 23 Grad kriegen, kommt gerade im Radio.

Seit zweieinhalb Jahren praktizieren Tom und ich Tai-Chi, immer donnerstagabends in Sinsheim. Unsere Lehrerin, auch Heilpraktikerin, lehrt süpi. Anfangs denke ich, das würde ich nie lernen, doch meine Devise „Nicht aufgeben" lohnt sich.

31.3.2017

Olanzapin 12,5 mg
Schlafe nach Tai-Chi gleich ein und durch bis 7.30 Uhr. Seit langer Zeit kriege ich den Sonnenaufgang nicht mit.

10 Uhr Räderwechsel in der Autowerkstatt im Nachbarort, hurra der Frühling ist da! Begegne gerade Tom in

der Küche, wo er sich ein Kännchen Tee und mir einen Kaffee aufbrüht. So fängt der Tag gut an.

Die nichtgrüßende Nachbarin holt ihr Päckchen ab, das ich für sie entgegengenommen habe. Ich: „Eine gutfunktionierende Nachbarschaft ist sehr wichtig für das Wohlbefinden." Unser Austausch geht hin und her. Mir fällt auf, dass sie sehr schwer Ja sagen kann. Sie betont, dass sie genauso wie die anderen im Haus behandelt werden möchte, dagegen ist nichts einzuwenden. Wenn ich ihr etwas mitzuteilen habe, solle ich sie anrufen und nicht hochkommen, damit kann ich leben. „So, jetzt ist alles wieder gut", beende ich das Gespräch und wünsche ihr ein schönes Wochenende. Kein Kommentar mehr von ihrer Seite.

Um 14.30 Uhr treffe ich mich mit Karen zum Spazierengehen in den Weinbergen, ich freue mich sehr. Bis dahin erledige ich die Hausarbeit, was ich nicht schaffe, mache ich morgen. Ich habe ein sehr schönes Leben.

1.4.2017

Olanzapin 12,5 mg
Schlafe bis 5 Uhr, etwa acht Stunden.

Heute vor sechs Jahren starb Mama.

Tom besucht zwischen 10 und 14 Uhr den Baumschneidekurs, der vor zwei Wochen ins Wasser gefallen war. Hinterher will er noch zu einer Kundin, er kommt erst gegen Abend nach Hause. Habe genügend Zeit für die restliche Hausarbeit. Will die Betten neu beziehen

und das Bad etwas gründlicher putzen. Bin mit der Flurwoche dran. Dazwischen will ich noch einen Milchkaffee im veganen Café trinken. Außerdem rufe ich Ilse an, sie feiert heute Geburtstag. Es macht mich sehr traurig, dass ich seit Weihnachten nichts von ihr gehört habe. Vielleicht muss ich mich öfter melden. Manchmal muss eine Freundschaft wiederbelebt werden.
 Leiharbeiter bekommen mehr Rechte, kommt gerade in den Nachrichten.

2.4.2017

Olanzapin 12,5 mg
Mit Wachphasen schlafe ich von 22 bis 6.30 Uhr, um 10 Uhr bin ich wieder müde.
 Um die Mittagszeit treffen wir uns mit Jule, meiner älteren Freundin, und deren Lebensgefährten in Speyer. Wir essen zunächst zu Mittag und anschließend besuchen wir die Maja-Ausstellung im „Historischen Museum der Pfalz". Die Majas sind im 9. Jahrhundert nach Christus wie vom Erdboden verschwunden, niemand weiß, wie und warum, interessant! Die Luft in den Ausstellungsräumen ist so stickig, dass ich die Augen kaum offen halten kann. Wir gehen hinterher noch in ein Eiscafé in der Innenstadt. Helmut erklärt uns die Hochkultur der Majas, man kann dem früheren Lehrer (Geschichte und Deutsch) gut zuhören, er kennt sich aus. Er ist mir sehr sympathisch, er hat ein bisschen den schwarzen englischen Humor wie Tom. Sogar ich

kann lachen ohne Lithium. Früher hatte ich Probleme, in einer Gruppe einer Unterhaltung zu folgen, kognitive Blockade! Durch das Lithium war mein Kurzzeitgedächtnis gestört! Heute merke und fühle ich den totalen Unterschied. Der Nachmittag wird zum vollen Erfolg. Ab morgen arbeitet Dr. Lu in Erbach. Bin ich für ihn eine Nummer?

3.4.2017

Ölanzapin 12,5 mg
Ich wache nach sieben Stunden auf. Mir fällt gerade beim Tippen auf, dass ich gar nicht so wenig schlafe. Tom scheißt mich zusammen, weil ich den Rolladen im Esszimmer nicht leise genug hochziehe, er wacht auf, 6.15 Uhr. Das werde ich in Zukunft unterlassen. Heute Morgen bleibe ich im Bett, bis er weg ist, er hat einen Hautarzttermin in Heidelberg und er ist kampflustig. Überlege, was ich alles erledigen will. Oberste Priorität: Steuerberatungsrechnungen überweisen, vorher die Formulare dafür ausfüllen, einkaufen, Dr. Lu anrufen. Ich bin unter keinerlei Druck, es ist erst 7.15 Uhr. „One step at a time", sagt Susan Jeffers, eine bekannte Mentaltrainerin und sie hat recht. Wichtig erscheinen mir Planung und Organisation eines jeden Tages, Sortieren und dann Prioritäten setzen, immer nach meinem Motto: „Zeit haben hängt von der Fähigkeit ab, Prioritäten zu setzen." Diese Einsicht gewinne ich vor Jahren selbst und sie ist goldwert. Nach den 8-Uhr-Nachrichten stehe ich auf.

4.4.2017

Olanzapin 12,5 mg, schlafe sehr gut.

Tom schlupft zu mir ins Bett.

Meine Augen brennen so sehr, ich leide seit ein paar Jahren an trockenen Augen. Habe das Gefühl, es wird schlimmer. Frage meine Augenärztin nach den Ursachen, sie sagt, sie kenne sie nicht. Ich forsche darüber im Internet. Es ist komplexer, als ich denke. Ich beobachte heute eine leichte Besserung. Hatte letzte Nacht kaum Wachphasen, vielleicht hängt es auch damit zusammen. Laut Augenärztin soll ich drei- bis viermal am Tag tropfen, um 8 Uhr erstmals. Ich versuche regelmäßig dran zu bleiben.

Bin gespannt, ob die Nachbarin im Haus auf mich zukommt. Ihr Sohn, zehn Jahre alt, 4. Klasse Grundschule, bereitet in der Schule nur noch Probleme. In den ersten zwei Klassen gehörte er zu den Besten. Aktuell fällt er leistungsmäßig so ab, dass die Klassenlehrerin von Klassenwiederholung spricht. Ich besitze für schwierige Schüler ein besonderes Händchen, bin bereit mit ihm zu lernen, damit er wenigstens das Klassenziel erreicht. Habe richtig Lust dazu, er ist ein intelligentes Bürschlein. Ich verhalf mal einem Kind mit Nachhilfe aufs Gymnasium, sie studierte und arbeitete später als Sonderschullehrerin. „Der Einsatz hat sich gelohnt", sagt mir ihre Mutter jedes Mal, wenn ich sie treffe, für mich ein schönes Gefühl. Meine Zusatzausbildung in nondirektiver Spieltherapie sensibilisiert mich für die „Nöte" von Kindern. Damals sagte der Leiter, ich solle mir gut überlegen, wofür ich mich hergebe, er hält viel von meinen Fähigkeiten. Nach einem Rollenspiel meinte er, ich sei eine hervorragende Schauspielerin. Bei mir kommt vieles hoch, auch Positives. Danke Ludi!

5.4.2017

Olanzapin 12,5 mg
Schlafe etwas über acht Stunden.
Grete hat Geburtstag, eine ganz, ganz „alte" Freundin. Wir arbeiteten 1976 im gleichen Kinderheim, sie als Jahrespraktikantin und ich als Vorpraktikantin zur staatlich anerkannten Erzieherin. Wir besuchen damals mit den Großen ein Hallenbad. Ich lasse sie frei und vereinbare mit ihnen einen Zeitpunkt, wann sie wieder eintreffen müssen. Ich frage Grete: „Haben die Jugendlichen auf mich gehört?" „Ja, das haben sie, manche hatten schon einen Freund." Ich weiß gar nicht, dass ich so gut war. Das Jahr im Kinderheim erlebe ich als ein schönes Jahr. Morgens arbeite ich in einer altersgemischten Gruppe mit Mädchen und Buben. Die Gruppenleiterin, eine herzensgute Klosterschwester, Franziskanerin, wendet sich mir sehr zu. Wir sprechen viel miteinander und sie bereitet den besten Grießbrei der Welt zu. Mittags werde ich in der Hausaufgabenbetreuung eingesetzt, durch das Lithium bin ich immer etwas müde. Habe zu der Zeit schon eine kognitive Einschränkung, merken tut das niemand und ich denke, ich bin halt so. Auf Lithium stellte

man mich im Zentralinstitut für seelische Gesundheit, ZI, 1976 zum ersten Mal ein. Um die Zusammenhänge verstehen zu können, muss ich etwas weiter ausholen:

Ungefähr vier Wochen vorher miete ich einen Bauernhof in Eppingen. In einem großen Umzugswagen nehme ich halb Mengen mit, Schränke, einen Pferdeschlitten, sogar einen Sarg mit allerlei Sachen drin. Ich erinnere mich nicht mehr ganz genau – es berührt mich im Moment sehr, wenn ich darüber schreibe. Meine Eltern befürworten und zahlen den Umzug. Zwei Männer aus der nächstgelegenen Stadt fahren den Wagen, im Nachhinein etwas zwielichtige Typen. Wir laden in Eppingen aus. Meine „Helfer" und zwei „Freundinnen" verschwinden. Ich komme zu mir und bin nackt, dann mein großes Erwachen: Hier kann ich nicht bleiben. Dunkel erinnere ich mich. „Was ist denn das?", staune ich und schon ziehe ich den „Schnupftabak" in die Nase. Ich spüre einen harten Schlag ins Genick.

Die eine „Freundin" von damals arbeitet heute als Altenpflegerin bei einem Sozialdienst in unserer Gegend. Vielleicht weiß sie noch, was in diesem Bauernhaus geschah.

Also ich bin nackt. Ich ziehe mich an, steige in mein Auto und habe dann einen Filmriss.

Dr. Lu: „Da schauen Sie nicht genau hin!"

Irgendwie fahre ich noch mit einer Bekannten meiner Schwester Brigitte ins Kinderdorf Klinge. Dort übernachte ich in den Armen des Heimleiters, ohne irgendwelche Annäherungsversuche seinerseits.

„Sie brauchen Hilfe", sagt er. Ich glaube, er ist Pfarrer. Ich suche Hilfe in der Psychiatrischen Ambulanz in Heidelberg. Die sagen mir: „Entweder Lithium und ZI oder kein Lithium und Weinheim." Ich sage: „ZI." So lande ich im ZI in Mannheim. Dort geht es mir sehr schlecht, ich werde mit Haloperidol behandelt. Einmal erleide ich einen Zungenkrampf, an dem ich fast ersticke. Ich lerne den Stationsarzt kennen, es ist mein späterer Therapeut bei der Psychotherapeutischen Beratungsstelle für Studenten (PBS), der mich 1982 nach Weinheim einweist.

Ich glaube, das reicht für heute, bin ganz erschöpft. Ich brühe mir zunächst einen Kaffee auf. Es ist 7.30 Uhr. Tom verabschiedet sich von mir: „Geh bitte auf die Bank und zahle Geld für mich ein. Wir sehen uns dann beim Brunch. Hast du geschlafen?"

„Natürlich, bis 5.30 Uhr."

„So natürlich ist es nicht", sagt er nachdenklich und geht. Alles kommt raus. Danke Ludi!

6.4.2017

Olanzapin 12,5 mg
Schlafe sehr gut.

Wenn es weiterhin so gut läuft, kann ich auf 10 mg Olanzapin reduzieren.

Mache täglich eine Runde „Progressive Muskelentspannung" für den ganzen Körper.

Morgen besuchen wir Dr. Lu in Erbach zum Tag der Offenen Tür. Habe Angst, dass er den Termin am 21.4.

nicht eing[...]n? Julia, loslassen!

Unser [...] wir können im Moment [...]en, die meisten vom letzte[n ...]

Annelie[...] ist sie sauer. Wir wollen sie [...]chenende dahaben, damit [...] üreinander Zeit haben, unter der Woche ist [...] eingespannt. Sie verschieben ihren Besuch auf September. Ich rufe sie an, alles ist in Ordnung.

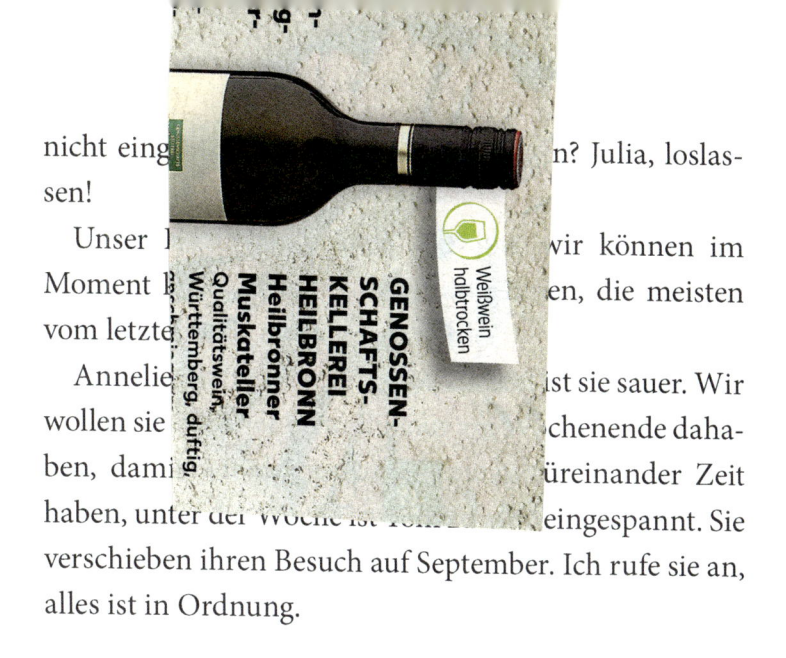

7.4.2017

Olanzapin 12,5 mg
Schlafe wieder sehr gut, habe ein bisschen Kopfweh.

Bald reduziere ich auf 10 mg Olanzapin. Ich habe Zeit. Dr. Lu und ich wollen uns zwei Jahre Zeit lassen, das Medikament abzusetzen. Das ist realistisch, auf ein Jahr kommt es nicht an. Ich bin bei meinem Neurologen in guten Händen.

Gestern lief die Tai-Chi-Stunde wieder süpi ab, die Lehrerin ist einfach süpi. So langsam relaxe ich dabei, im September praktizieren wir drei Jahre. Will mein altes Leben mit kognitiver Einschränkung und Leid loslassen, bin dabei, mich zu lösen. Will in der Therapie und auch mit Tom darüber sprechen. Marianne, meine jüngste Schwester, schickt mir zu diesem Thema ein Gebet: „… Altes und Vergangenes darf abgelegt und zurückgelassen werden ... Neues will in euer Leben, doch allzu oft haltet ihr an dem alt Bekannten fest ..." Ich will daraus lernen. Man kann von allen Seiten lernen; von der Schulmedizin wie von der Esoterik. Die Kunst besteht darin, beides miteinander zu verknüpfen.

Heute findet der Tag der Offenen Tür statt. Tom begleitet mich, ich freue mich und bin sehr gespannt. Um 16 Uhr treffen wir in Erbach ein. Wir fahren 48 km einen ganz einfachen Weg, immer die B 45 entlang, im Zweifelsfall kann ich das allein schaffen, doch ich freue mich, dass Tom mitfährt.

Ich bin tief beeindruckt, die Räume sind hell und modern eingerichtet, halt neu. Ich weiß ganz genau, Erbach entwickelt sich zu der besten Psychiatrie weit und breit. Die guten Ärzte, das spricht sich schnell rum. Eine Assistenzärztin stellt sich mir vor, sehr sympathisch. Ich äußere: „Ich komme von der Ambulanz in Heidelberg und bin eine Patientin von Dr. Lu." „Herzlich willkommen in Erbach!", begrüßt sie mich. Ein rundherum gutes Gefühl erfasst mich.

8.4.2017

Olanzapin 12,5 mg und 5 mg
Schlafe um 23 Uhr immer noch nicht, nehme zusätzlich 5 mg Olanzapin.

Mein Kopf ist voll mit Erbach und Dr. Lu. Tom kauft heute Morgen für mich ein, habe etwas Kopfweh. Er ist der beste Ehemann der Welt. Alles entwickelt sich gut in meiner Welt, bin optimistisch.

9.4.2017

Olanzapin 12,5 mg
Schlafe süpi, bin richtig fit.

Tom schlüpft zu mir ins Bett und streichelt über meinen Kopf, wunderbar. Ein herrlicher Sonntag, die Sonne scheint. Leider ist heute Büroarbeit für ihn angesagt. Ich erledige alle Arbeit drumherum, sodass er sich auf das Rechnungenschreiben konzentrieren kann. Man könnte sagen, dass er nicht die beste Laune hat, denn Schreibtischarbeit ist nicht gerade seine Lieblingsbeschäftigung. Ich besänftige ihn damit, dass ich heute Abend etwas besonders Leckeres kochen würde. Mittags verabrede ich mich für eine Stunde mit einer Freundin.

Habe Sehnsucht nach meiner Mutter, ich hätte noch viel mehr mit ihr sprechen sollen. Mit achtzig wandelt sie sich deutlich, sie geht viel mehr auf mich ein. Ich liebe sie. Sie erlebt eine schlimme Kindheit, verliert mit drei Jahren ihre Mutter, die im Alter von 25 Jahren an den Folgen einer Schwangerschaftsunterbrechung verblutet. Einmal äußert meine Mutter: „Ich habe ein Leben lang meiner Mutter nachgeweint." Grausam! Ein Trauma. Wo befindet sich das dreijährige Kind, als seine Mama stirbt? Warum bohre ich nicht tiefer, um es zu erfahren, damals als meine Mutter bereit ist, darüber zu sprechen?

Mein Großvater heiratet ein zweites Mal, seine Frau ist eine Stiefmutter wie aus dem Bilderbuch. Oma besucht uns in Mengen, ich bin so zehn. Sie hat kaum Zähne und sie bringt ihre eigene Wurst mit und sie schmatzt. Ich bettle: „Sing das Lied." Sie lässt sich ein paarmal bitten und dann fängt sie an zu singen:

> *Ein Kind von sieben Jahr,*
> *Das eine Waise war,*
> *Das Kind, es war so klug,*
> *Nach seiner Mutter frug.*
>
> *Ach lieber Vater mein,*
> *Wo ist mein Mütterlein? -*
> *Dein Mütterlein schläft fest,*
> *Sich nimmer wecken lässt.*
>
> *Da lief das arme Kind*
> *Zum Friedhof hin geschwind*
> *Und grub mit seinem Fingerlein*
> *Ein Loch ins Grab hinein.*

Weiter weiß ich leider nicht mehr. Man muss sich das mal bildlich vorstellen.

Meine Mutter verhält sich freundlich, aber reserviert der Oma gegenüber. Ich glaube, sie ist froh und erleichtert, wenn sie weiterzieht, ins Nachbardorf, wo sie eine Schwester hat. Sie ist zu Fuß unterwegs. Mama äußert öfter: „Ihr seid undankbar, ich habe keine Mutter gehabt." Als junger Mensch verstehst du so etwas nicht, jedenfalls verspüre ich nicht viel Mitgefühl.

Hoffentlich kann ich heute Nacht schlafen.

10.4.2017

Olanzapin 12,5 mg
Schlafe knapp sieben Stunden, bin gegen Abend so müde, dass ich die Augen kaum aufhalten kann.
Habe Angst, Dr. Lu zu verlieren, aus irgendwelchen Gründen. Ich wäre heute in der Lage zu erkranken. Bin ich abhängig von ihm? Oder ist das normal? Thematisiere es in der nächsten Stunde. Ich würde ihn am liebsten für mich allein haben. Gedanken eines Kindes?
„Sie müssen es wissen, Sie behandeln viele Patienten, ist es normal?", sprudelt es aus mir heraus.
Er: „Das gibt es schon, es ist frühkindlich."

11.4.2017

Olanzapin 12,5 mg
Nach fast zehn Stunden Schlaf bin ich gut ausgeruht, wahrscheinlich zu gut, heute Abend beim Einschlafen werde ich es merken.
20 Uhr. Ich sitze auf der Kuschelecke und genieße den Abend. Spüre viel Kraft in mir, habe irgendwie Lust, mit Kindern zu arbeiten. Ich könnte mir Spieltherapie oder Nachhilfe für ein Schulkind vorstellen. Bin halt gelernte Erzieherin mit Zusatzausbildung nondirektiver Spieltherapie.

12.4.2017

Olanzapin 12,5 mg
Kurz vor Sonnenaufgang wache ich nach acht Stunden Schlaf auf.
 Tom begrüßt mich mit einem liebevollen „Guten Morgen", nimmt mich in seine Arme und streichelt mir über den Kopf. Ich fühle mich geborgen. Mein Termin bei Dr. Lu rückt näher. Tüchtige Menschen imponieren mir, das beobachte und stelle ich fest. Heute Morgen rufe ich meine Schulfreundin aus dem Lyzeum an. Es geht ihr nicht gut, sie leidet an Osteoporose. Wir tauschen uns eine Dreiviertelstunde aus, dafür, dass sie eigentlich nicht mit mir sprechen will, doch recht lange. Ich praktiziere aufs Äußerste meine Fähigkeit zuzuhören und immer wieder nachzufragen – aktives Zuhören. Es funktoniert immer, das lerne ich aktuell bei Dr. Lu halt umgekehrt.

13.4.2017

Olanzapin 12,5 mg und zusätzlich 5 mg
Mit vollem Kopf schlafe ich um 24 Uhr immer noch nicht. Bin ja auch nicht ausgelastet.
 Will mich mehr zentrieren, heute fange ich damit an. Ich würde gerne wieder etwas arbeiten, überlege ich.

14.4.2017

Olanzapin 12,5 mg
Schlafe sehr gut. 6.30 Uhr, nicht mehr lange und der Tag erwacht.
Noch eine Woche bis zum Gespräch mit Dr. Lu. Karfreitag, trübes Wetter. Wir wollen über Ostern den Flur fertig tapezieren und streichen. Hoffentlich klappt's, Tom schmerzt ein bisschen der Kopf. Habe vor, am Dienstag eine Annonce im Gemeindeblatt zu schalten: „Gebe Ihrem Grundschulkind Nachhilfe in Deutsch."
Telefoniere mit Ina, meiner ältesten Nichte, Mechthilds Tochter. Sie wird nächstes Jahr fünfzig und bringt eine erfolgreiche Chemotherapie hinter sich. Sie studiert Sprachheilkunde und arbeitet aktuell als Logopädin in eigener Praxis. Sie liegt mir sehr am Herzen. Ich liebe sie wie ein eigenes Kind. Mit meiner Kunst des aktiven Zuhörens klappt das Gespräch hervorragend. Sie will auch wissen, wie es mir geht, sie weiß als eine der wenigen, dass ich kein Lithium mehr nehme. Sie befindet sich in Traumatherapie und ihre Therapeutin meint, alles müsse raus, eine optimale Basis für uns, denn bei mir muss auch alles raus.

15.4.2017

Olanzapin 12,5 mg
Schlafe nur bis 4 Uhr, schreibe ein bisschen, dann versuche ich nochmals zu schlafen.

Tom fragt mich gestern: „Warum willst du Nachhilfe geben?" „Weil es mir Spaß macht", antworte ich. Er fährt fort: „Du brauchst ein unproblematisches Leben, mit Nachhilfe kann dir mehr auf den Teller kommen, als dir recht ist." Ich will mein Vorhaben nochmals gründlich überdenken. Ende des Monats treffe ich mich mit einer guten Bekannten. Ihr Sohn, 14 Jahre alt, besucht das Gymnasium am Ort. Sie kennt sich aus mit den Deutsch-Anforderungen der ersten Grundschulklassen. Die letzten dreißig Jahre hat sich viel verändert. Die Schüler schreiben wenig Diktate, sie werden mehr zum Sprechen angeleitet mit Hilfe von Buchinterpretationen, schon in der zweiten Klasse. Werde mich noch näher informieren. Ich würde gerne ein cleveres Kind begleiten, ein bisschen gestört darf es sein, mit schwierigen Kindern habe ich in meiner Erziehertätigkeit viel Erfahrung gesammelt. Ich finde, man kann verschiedene mögliche Wege überdenken.

16.4.2017

Olanzapin 12,5 mg
Wache früh auf, schlafe jedoch nochmals ein.

Bald will ich versuchen, auf 10 mg Olanzapin zu reduzieren, natürlich nur nach Absprache mit Dr. Lu und bei Bedarf zusätzlich 2,5 mg, das fühlt sich gut an. Schritt für Schritt, mein Stoffwechsel muss mitkommen.

Lese Petra von Mindens Buch „Und Gott sagte 'Glaub mir, es ist alles ganz einfach'". Quintessenz: Höre auf mit allem, was dir mehr Kraft nimmt, als es dir gibt. Du darfst es dir leicht und angenehm machen. Das Glück der anderen ist immer auch dein Glück! Aber sorge zuerst für dich. Etwas anders ausgedrückt: Du hast keine weitere Verpflichtung außer der, glücklich zu sein und andere glücklich sein zu lassen. Über diese Textstellen meditiere ich eine längere Zeit. Manchmal bringen einen gute Bücher zum Nachdenken.

17.4.2017

Olanzapin 12,5 mg und zusätzlich 2,5 mg
Schlafe mit dieser Dosierung einigermaßen gut.
Ostermontag. Tom tapeziert und streicht den dritten Tag. Ich hänge mit meinen Gedanken dem gestrigen Telefongespräch mit Ina nach. Im Alter von zwölf Jahren wird sie von ihrem Stiefvater sexuell missbraucht. Sie, heute 49, erwartet seine Entschuldigung, die nicht erfolgt. Mechthild steht trotzdem zu ihrem Mann, unglaublich. Sie haben noch zwei weitere Mädchen, die Ältere befindet sich aktuell in einer Gesprächstherapie. Sie löst sich immer mehr vom Elternhaus, pflegt nur sporadischen Telefonkontakt mit ihrer Mutter. Die Jüngere, wegen eines Bandscheibenvorfalls gerade in Kur, überlegt sich eine Therapie zu beginnen. Sie musste mit ihrem Vater viel erdulden, besonders als Kindergartenkind. Ich erinnere mich gut: Sie kaute Nägel und ihre Eltern trugen ihr einen aggressiven Lack auf, der sie vom Nägelkauen abhalten sollte. Heute noch geht es mir beim

Schreiben unter die Haut. Die „Nöte" der Kinder werden durch die liebevolle Zuwendung der Großeltern und der Tanten abgepolstert. Es fällt mir schwer, die vielschichtige Situation von damals adäquat rüberzubringen. Ich liebe diese drei Nichten, die auch in Mengen aufwachsen, besonders. Ich frage den Rektor der Grundschule um Rat: „Was kann man machen, wenn Kinder so wenig Selbstvertrauen besitzen?" Er empfiehlt: „Hobbies pflegen." So lernen sie kostenlos bei der Tochter des Rektors Flöte spielen und sie genießen viele Jahre Ballettunterricht über die Volkshochschule, zu einem Sonderpreis. Ina tanzt immer eine tragende Rolle. Leider besuche ich keine Aufführung. Zu dieser Zeit bin ich schon sehr in meinen Depressionen gefangen. Frage aktuell Annelie um Rat, wegen Ina, denn sie kennt sich mit sexuell missbrauchten Menschen gut aus, als Psychologin arbeitete sie viele Jahre in einer entsprechenden Beratungsstelle. Ihr Tipp: „Frage Ina: 'Was kann ich für dich tun?'" Sie rät mir auch, mich abzugrenzen und auf mich aufzupassen. Auf jeden Fall nehme ich erneut mit meiner ältesten Nichte Kontakt auf.

18.4.2017

Olanzapin 10 mg
Schlaf: 21.30 bis 6.05 Uhr
   Bin sehr glücklich, dass ich seit langer Zeit einmal erst nach 6 Uhr aufwache. Tom bemerkt: „Es wird Zeit, döse noch ein bisschen."

Die ersten Patienten werden in Erbach stationär aufgenommen.

19.4.2017

Olanzapin 10 mg und zusätzlich um 24 Uhr 5 mg

Mir kommen die Belastungen und die Probleme um Ina und meine eigenen von früher hoch, kann deshalb nicht einschlafen. Ich höre Dr. Lu sagen: „Abgrenzen!" Doch es sei schwer in der Familie und wenn man mit drinsteckt, meint er auch. Wenn es um Ina geht, kann ich mich nicht gut abgrenzen. Sie erlebte unsägliches Leid. Ihre Mutter Mechthild stand nicht hinter ihr, als sie vom Missbrauch erfuhr. Ich verstehe nicht, dass sie bei einem solchen Mann bleiben konnte. Das rührt sicherlich von unserer Mutter her, die der Auffassung ist: „Nicht trennen, nein, nicht trennen!" Und das wiederum von ihrer Mutter, die sie früh verlor und nie hatte. Ich spüre in mir, die Schwachstellen sind Mechthild und unsere Mutter. Mein Schwager bleibt Familienfestlichkeiten wie dem Fest Ende Mai fern, er wird wissen, warum. Eigentlich muss er seiner Stieftochter in die Augen schauen und sagen: „Es tut mir leid, ich habe einen Fehler gemacht." Sie würde ihm verzeihen. Ich glaube, ich wiederhole mich gerade. Ja, die Schwachstelle ist vor allem ihre Mutter Mechthild. Ich verstehe nicht, wie sie so leben kann. Sie flüchtet in die Kirche, meint, sie hätte den Glauben gefunden. Toms Kommentar: „Du kommst bei dem „Pack" in Mengen nicht durch." Vielleicht hat er Recht. Ich solidarisiere mich jedenfalls mit Ina. Sie will nach ihrer Krebserkrankung ihr Elternhaus nicht mehr betreten, mein Schwager bekommt meine Hand nicht mehr. Unser Schwager hätte auch was Liebenswertes an sich, meint Marianne, ich würde richten; da bleibt einem doch die Spucke weg. Ich finde, man muss Farbe bekennen. Ich finde Marianne in diesem Punkt charakterschwach, ihre ganze Esoterik kann mir gestohlen bleiben.

20.4.2017

Olanzapin 10 mg
Ich schlafe von 21.45 bis 6.20 Uhr, optimal.

21.4.2017

Olanzapin 10 mg
Schlaf: 21.30 bis 3 Uhr und von 7 bis 8 Uhr
   Die Umstände mit Ina kommen mir wieder hoch.
   Heute mein erster Termin in Erbach. Ich habe vor, die Tagebucheinträge vom 5.4. und 10.4.2017 vorzulesen.
   Würde gerne wieder arbeiten, pädagogisch oder therapeutisch.
   Erfahre von Dr. Lu, dass seine Mutter erneut an Krebs erkrankt sei. Ich glaube, er liebt sie sehr.

22.4.2017

Schlaf: 22 bis 6.30 Uhr. Optimal, schlafe durch.
Gestern Abend nach Erbach biegt Tom in Neckargemünd rechts ab. „Wo fährst du hin?" „Nach Heidelberg ins 'Red'." Mein Herz hüpft, das ist Tom.
Gestern kann ich bei Dr. Lu meine Punkte abarbeiten. Er ist jung und sehr kompetent, diese Kombination gibt es selten. Wir vereinbaren die nächsten zwei Gesprächstermine, Abstand jeweils drei Wochen, süpi. Außerdem sind mir jetzt meine Abhängigkeitsgefühle Dr. Lu gegenüber bewusst und ich weiß, sie sind frühkindlich, das tröstet mich.
Meine Mutter kann mich als Baby nicht gut annehmen. Ich frage sie danach und sie gibt es zu: „Du hattest immer so rote Augen." Die Ehrlichkeit tut weh. Spreche mit Jule darüber, sie hat vier Kinder. Sie relativiert das Ganze etwas mit den Worten: „Eine Geburt ist anstrengend, man verliert viel Blut." Und außerdem war ich schon das fünfte Mädchen.

24.4.2017

Olanzapin 10mg
Schlafe genügend.
Gestern ruft Mechthild an. Mir bleibt die Spucke weg, sie teilt mir mit, sie komme aufs Familienfest. Eigentlich wollten sie und ihr Mann mit dem Wohnmobil wegfahren. Tom will nicht unbedingt auf das Fest, doch er

äußert, er könne mich mit der „Meute" nicht allein lassen. Mein Einfluss auf Mechthild fruchtet. Für sie ist es mittlerweile unvorstellbar, nicht dabei zu sein. Er macht ihr eine Szene und gibt ihr alle Schimpfwörter.
„Setz dich durch!", bekräftige ich sie.
Ihre Worte: „Hoffentlich knick ich nicht wieder ein."
„Bevor du einknickst, ruf mich an."
„Ja", von ihrer Seite. Ich bin beseelt.

25.4.2017

Olanzapin 10 mg
Schlüpfe um 6 Uhr zu Tom ins Bett. Er nimmt mich freudig auf.
Lese leichte Lektüre, „Aber Liebe ist es nicht", erstanden vom öffentlichen Bücherregal in der Hauptstraße. Das ist im Moment genau das Richtige für mich. Brühe mir noch einen Kaffee auf, wir haben 8.25 Uhr. Will einkaufen gehen. Mir geht es süpi wie noch nie in meinem Leben. Zum ersten Mal genieße ich viel Freiraum. Die Yogalehrerin gestaltet gestern die Stunde wieder süpi, fühle mein Bindegewebe an den Schenkeln fester werden, und das mit 64, fühle mich jünger als vor zwanzig Jahren. Wie kriege ich nur meinen Mann rum?
„Darf ich dir in deinen Schritt fassen?", frage ich ihn zärtlich.
„You are a sex maniac", freut sich Tom. Wir verabschieden uns fröhlich bis zum Brunch.

27.4.2017

Olanzapin 10 mg
Schlaf: 21.30 bis 5 Uhr
Brühe mir einen Kaffee auf. Erinnerungen steigen hoch, ich kann nicht aufhören zu weinen. Sehe Ina in meinem Elternhaus im Wohnzimmer auf einer karierten Decke sitzen, zweieinhalb Jahre alt. Mama holt sie nach Deutschland zurück. Sie ist wie ausgelöscht, sie hat nur noch Augen, lächelt nicht, weint nicht, spielt nicht, reagiert nicht. Ich lege Spielsachen um sie herum und sage: „Guck' Ina, das ist deine Puppe, das ist ..." Mein Herz dreht sich, es ist unvorstellbar, das werde ich in meinem Leben nie vergessen. Mein Trauma in ihrem Trauma. Keiner nimmt mich mal in den Arm, bin auch wie ausgelöscht.

Nur für ein paar Wochen lebt das Kind bei Mechthild in Frankreich, was ihm nicht guttut. Sie heiratet dort ihren französischen Mann. Ina wird unehelich geboren, das zweite Kind ist unterwegs und seine Mutter besteht darauf: „Und du heiratest diese Frau!" Unser Vater zahlt eine horrende Summe für die Anzahlung einer Eigentumswohnung in Frankreich. Mechthild arbeitet in einer Kantine, ihr Mann verliert seine Stelle in einem großen Kaufhaus in Paris. Die beiden können nicht Fuß fassen und kommen 1970 mit Sack und Pack, sozusagen mit Kind und Kegel nach Deutschland zurück. Sie machen sich in dem „Häuschen" breit, wo Brigitte und ich wohnen, ich allerdings behalte mein Zimmer. „Wir brauchen dein Zimmer!", äußert Mechthild. „Ihr kriegt mein Zimmer nicht!", schreie ich den ganzen Frust aus mir heraus. Verängstigt zieht sich meine älteste Schwester zurück, so eine vehemente Reaktion ist sie von mir nicht gewohnt. Ich kann heute noch sehr heftig sein.

Von Ruhe kann keine Rede mehr sein, und das zwei Jahre vor dem Abitur. 1972 wird das dritte Mädchen geboren. Mechthild geht arbeiten, meine Mutter übernimmt die Betreuung der Kinder.

Ich liebe alle drei, doch Ina am meisten. Nächstes Jahr wird sie fünfzig, sie ist sehr klug und sehr schön.

Während einer Schreibpause trinke ich einen zweiten Kaffee und versuche zu verarbeiten. Die Erinnerungen rühren von der Reduzierung des Olanzapins her, alles nicht so einfach.

28.4.2017

Olanzapin 10 mg
Bin heute gut ausgeschlafen.

Mechthild wird 71 Jahre alt. Sie kommt auf jeden Fall auf das Familienfest, alle ihre drei Kinder bitten sie telefonisch darum. Mein Schwager spricht nicht mit ihr, deswegen. Ina freut sich sehr, ihre Mutter zu sehen.

Ich bin so nah am Wasser gebaut, könnte die ganze Zeit losheulen, doch dann verschmiert mein Kajal.

In einer Viertelstunde hole ich Karen ab. Wir fahren nach Sinsheim zur Eröffnung des neuen Treffs des Bürgerkreises. Dort sehe ich alle Mitarbeiter, die mich sehr freundlich begrüßen, süpi. Von 11 bis 14 Uhr gibt es Programm. Bei dem Lied „Ich bin, wie ich bin" muss ich fast weinen. Eine Mitarbeiterin bemerkt dies mit den Worten: „Weinen Sie, weil wir so schön singen?" Ich fühle mich ertappt und werde verlegen, denn ich muss an das ausgelöschte Kind von vor nahezu fünfzig Jahren denken. Ich beweine unser gemeinsames Trauma, das sich aktuell so ganz allmählich auflöst. Mechthild bedeutet die Lösung.

„Wenn du in der Kirche zu Gott betest, dann bete dafür, dass du zu deinen Kindern in Kontakt treten kannst", versuche ich sie zu stärken.

„Kann es sein, dass sie auch traumatisiert ist?", fragt mich Karen empathisch. Meine Gedanken dazu: Ja, könnte mit der Vater-Tochter-Beziehung zusammenhängen, die immer problematisch ist. Mechthild funktioniert schulisch nicht, wird ins Internat gesteckt, in eine Klosterschule. Sie bleibt nicht und dann der Gipfel, mit 21 Jahren das uneheliche Kind mit einem Bundeswehrsoldaten, der das Kind nur einmal sieht und sich daraufhin aus dem Staub macht. Er hält es auf dem Arm, es kotzt ihn sogleich voll.

„Wie alt schätzt du mich?", frage ich ihn damals.

„Wie du da sitzt, siebzehn", antwortet er.

„Ich bin fünfzehn."

Die Schwangerschaft meiner Schwester hat mich sichtlich mitgenommen und älter gemacht. Ich fahre Ina mit dem Wägelchen aus. Ich besuche gerade die Tanzstunde und mein Tanzkurspartner ist voll hinter mir her. Aber er interessiert mich überhaupt nicht, habe noch nicht einmal meine Periode und keine Brust, und sowieso gehe ich voll in meiner „Mutterrolle" auf. Ich lege mich in Mamas Bett, immer wieder, um meine Periode „auszubrüten". Und tatsächlich, mit fast sechzehn, genau einen Monat zuvor, bekomme ich mein „Sach", endlich. Meinen Schwestern teile ich dies ganz stolz mit. In der Schule benötige ich nun wie meine Mitschülerinnen den gelben Zettel, der mich, unterschrieben von meinen Eltern, vom Sportunterricht befreit. Jetzt muss ich nur noch Brust bekommen, so ab fünfzehn helfe ich ein bisschen nach. Kaufe mir in einem Kaufhaus einen BH und nähe Schaumgummipölsterchen rein, heimlich natürlich. Es ist zum Verzweifeln, so einen kleinen BH gibt es fast nicht. Neidisch betrachte ich die Brüste meiner besten Freundin. Und immer die Lästereien meines Bruders: „Hinten glatt und vorne eben, Mädchen, wo kann man dich denn heben." Obwohl ich es mir nie anmerken lasse, trifft er mich mitten ins Herz. Von Seiten meiner Eltern erfahre ich keinerlei Schutz, die kriegen das gar nicht mit.

29.4.2017

Olanzapin 10 mg
Von 1 bis 2.30 Uhr liege ich wach, habe Kopfweh und nehme eine Aspirin, schlafe wieder ein.

Heute Mittag wollen Karen und ich uns den Film „Von jetzt an kein Zurück" anschauen, eine von Dr. Lu geliehene DVD. Es geht um eine ausweglose Liebe.

30.4.2017

Olanzapin 10 mg
Ich liege wach von 4 bis 5 Uhr.
Die Sonne scheint, ein schöner Tag beginnt. Tom tapeziert das Klo und den kleinen Flur fertig. Nachmittags fahren wir in den Nachbarort Eisessen, Bananasplit, lecker. Ich bin glücklich mit Tom, heute ist er sehr entspannt und gut gelaunt.

2.5.2017

Olanzapin 10 mg
Schlaf: 22 bis 6 Uhr
  Optimal

3.5.2017

Olanzapin 10 mg
Hurra! Wieder eine gute Nacht hinter mir.
  Bin auf das Geburtstagsfest meiner Yogalehrerin eingeladen, wunderbar. Finde schnell Kontakt zu Menschen.

4.5.2017

Olanzapin 10 mg
Schlaf von 22.30 bis 7 Uhr

Mir geht es gut, wenn ich vergleiche. Der Mann der Yogalehrein erzählt mir gestern von seinem Schülerdasein in der Klosterschule, grausam. Vierzig Jungs in einem Schlafsaal, Gewalt, Schläge. Bei mir in der Klosterschule geschieht die Gewalt subtiler, immer psychisch. Mit Schlägen hätte ich noch weniger umgehen können, die fange ich bei meinen Geschwistern ein. Mein Bruder reißt mich einmal unvermittelt an den Haaren, das finde ich auch nicht normal, ich schreie hysterisch.

Rufe Maditta an, Mechthilds zweitälteste Tochter. Sie ist in Freiburg verheiratet, hat zwei Söhne und arbeitet als Übersetzerin für Französisch und ich glaube Spanisch beim Fernsehsender Arte in Straßburg. Wie schon erwähnt, befindet sie sich aktuell in einer Gesprächstherapie und distanziert sich immer mehr von ihren Eltern.

Ich beginne das Gespräch: „Ich mache mir Sorgen um meine Schwester. Sie steht in äußerster Ambivalenz zwischen ihrem Mann und ihren Kindern. In aller Konsequenz müsste euer Vater sich bei Ina für den sexuellen Missbrauch entschuldigen. Wenn das nicht geschieht, müsste meine Schwester ihn verlassen. Hier der Widerspruch, sie liebt ihre Kinder, die ihr sehr wichtig sind, bewegt sich aber in einer krankhaften Abhängigkeit ihm gegenüber, die gegenseitig zu sein scheint."

Maditta: „Sie müsste was für sich tun."

Ich: „Das kann sie nicht, weil sie in der erwähnten Zwickmühle steckt. Sie ist hochtraumatisiert, weil Inas leiblicher Vater damals nicht zu ihr stand und sich aus dem Staub machte."

Maditta: „Er ist unberechenbar. Sobald er sich in die Ecke gedrängt fühlt, wird er gewalttätig. Er verschlägt die Mama."

Ich: „Ich kann nur sagen, ihre Kinder bedeuten ihr viel, und ich empfehle ihr, um den Kontakt mit ihren Kindern zu beten, wenn sie in die Kirche geht. Ich versuche sie da abzuholen, wo sie steht. Mir ist die dramatische Situation klar. Wenn sie nicht aufs Familienfest kommt und sich jetzt nicht durchsetzt, ist sie verloren."

Maditta: „Du hast recht."

Ich: „Ruf' sie doch an und sage ihr, dass du dich auf sie freuen würdest. Ich habe die Befürchtung, dass sie krank wird. Ich hänge auch mit drin, deshalb berührt mich das alles so sehr. Ich bin siebzehn, als Mama, deine Oma, Ina aus Frankreich zurückholt. Den Anblick dieses ausgelöschten Kindes werde ich nie vergessen, doch hoffentlich irgendwann einmal verkraften. Solange die Angelegenheit mit Ina nicht geklärt ist, betrete ich das Haus meiner Schwester und meines Schwagers nicht mehr. Ich solidarisiere mich mit ihr und mit euch. Maditta, ich will dich nicht unter Druck setzen, ich will es dir nur sagen."

Maditta: „Danke, Julia."

Mit diesem Anruf beende ich meine Mission, um mich auf mein Hier und Jetzt zu konzentrieren, wenn es mir schon möglich ist. Gott sei Dank kann ich mit

Dr. Lu darüber sprechen, das ist meine Rettung. Noch nie war ich so nah dran und in keine Angelegenheit so sehr involviert, bin stärker belastet als bei meinem eigenen sexuellen Missbrauch durch unseren Knecht. Doch im tiefsten Inneren weiß ich: Ich schaffe es.

8.5.2017

Olanzapin 10 mg
Schlaf: 22 bis 7 Uhr
Schlafe durch, unglaublich.

9.5.2017

Olanzapin 10 mg
Schlaf: 22 bis 7 Uhr
Wieder durchgeschlafen, es geht aufwärts.
Frage Tom: „Merkst du den Unterschied mit oder ohne Lithium?"
„Schon", antwortet er. Mein Mann ist sehr klug.

10.5.2017

Olanzapin 10 mg
Gut geschlafen, es geht aufwärts.
Um 11 Uhr Termin in einer endokrinologischen Praxis in Heidelberg-Neuenheim zur Schilddrüsenkontrolle. Ich brauche das Schilddrüsenhormon L-Thyroxin nicht mehr, seit wir das Lithium abgesetzt haben. Aktu-

ell nehme ich ein: 10 mg Olanzapin, abends, ferner eine schwache Tablette gegen den Bluthochdruck, morgens. Das bedeutet: meine Chemie gerade noch akzeptabel. Bin sehr stolz!

Ich erfahre von der Ärztin, dass sie in der Praxis die Knochendichte messen, ab siebzig sei es kostenlos. Sie fragt mich so allerhand. Also ich nehme ein: Vitamin D 1000-Vigantoletten, seit fünfzehn Jahren bin ich Vegetarierin, ich trinke keine Milch, nur im Kaffee, jedoch kalziumreiches Mineralwasser und esse jeden Tag etwas Hartkäse und bei Bedarf Parmesan, die besten Kalziumlieferanten. Sie fragt mich, ob ich schon einmal einen Bruch gehabt hätte, was ich verneine. Ich berichte, meine Mutter sei mal mit dem Fahrrad gestürzt und hätte sich dabei den Oberschenkelhals gebrochen. Zu guter Letzt will sie noch wissen, ob ich mich auch genug bewege. „Ich praktiziere Yoga und Tai-Chi", entgegne ich ihr stolz. „Regelmäßig?", fragt sie. Meine Antwort: „Ja."

„Sie machen es gut", beendet sie die Untersuchung und fügt noch hinzu: „Knochendichtemessung mit siebzig, in sechs Jahren, das genügt."

Bei der Ärztin treffe ich eine Bekannte von der Fröbel-Schule in Mannheim, wo wir unsere Erzieherausbildung absolvierten, sie schloss ein Jahr vor mir ab. Wir trinken einen Cappuccino beim Italiener um die Ecke. Die Sonne strahlt, wir sitzen draußen und sind gut drauf. Zu der sehr therapieerfahrenen Bekannten sage ich: „Man kann alles heilen, wenn man lange genug dran bleibt."
„Du hast recht", bestätigt sie mich.

Ich laufe zurück zur Tiefgarage und treffe auf dem Weg eine Krankenschwester der psychiatrischen Ambulanz. „Sie sind in Erbach?", äußert sie etwas fragend. Wir freuen uns sehr über unsere Begegnung.

Gegen 13 Uhr treffe ich rechtzeitig zuhause ein, um mit Tom zu brunchen. Am Nachmittag fahre ich das Auto durch die Waschanlage, was schon längst überfällig ist. Hinterher besuche ich noch kurz Tom bei der Arbeit in Waldhilsbach und schaue bei einer früheren Fußpflegekundin im gleichen Ort vorbei. Ich verspreche ihr, bald mal zum längeren Austausch zu kommen. „Aber noch in diesem Leben", kommentiert sie.

Den heutigen Tag erlebe ich durchweg positiv und übermorgen, Freitag, habe ich Termin bei Dr. Lu in Erbach. Alles gut. Das Leben ist schrecklich und doch so schön!

13.5.2017

Olanzapin 10 mg
Guter Schlaf

Fazit des gestrigen Gesprächs: Erwarten Sie nicht so viel von Ihrer Herkunftsfamilie.

14.5.2017

Olanzapin 10 mg
Es ist unglaublich, ich kann mit der Reduzierung auf 10 mg wieder schlafen und bin erholt.

Heute geht mir einiges durch den Kopf. Muttertag. Die Meinung meiner Mutter früher dazu: alles nur Geldmacherei. Sie wolle keines ihrer Kinder missen, das sei ihr das Wichtigste.

Gegen 14 Uhr starten wir zu unserem kleinen Ausflug nach Heidelberg. Tom überrascht mich mit einem Spaziergang am Neckarufer. Ich glaube, das letzte Mal bin ich hier vor zwanzig Jahren mit einer Gruppe der Psychiatrie gewesen. Ich entdecke einen gut besuchten Kinderspielplatz mit Wasser, überhaupt hat sich einiges geändert. Die Sonne strahlt und wir kommen vergnügt, rechtzeitig vor dem großen Regen, zuhause an. Tom will heute Abend kochen, für mich wie Feiertag. Früher kocht er fast ausschließlich. Seit wir unseren Haus-Service betreiben, hat sich das geändert, vor allem aus Zeitgründen. Mein Mann lobt mich: „Du bist eine gute Köchin." Das spornt mich an, er ist sehr klug, ich bin für Lob sehr empfänglich.

Bin froh darüber, dass mir Dr. Lu bei unserem ersten Gespräch mitteilt, dass er vorhabe, noch vier bis fünf Jahre in der Psychiatrischen Ambulanz zu bleiben, ich hätte mich sonst nicht auf ihn eingelassen. Dr. Stern will damals am Ende der Therapie, dass ich Tom verlasse, mit den Worten: „Bei Ihnen ist es Ihr Mann." Unglaublich! Er hätte die therapeutische Beziehung hinterfragen sollen. Ich schmeiße den laufenden Föhn ins Badewasser. Nichts tut sich, ich glaube, ich soll leben, der liebe Gott hat noch einiges mit mir vor. Bis heute spreche ich nicht mit Tom darüber, ich schäme mich dafür.

Dr. Lu äußert in der letzten Sitzung: „Sie sind ganz sicher bei mir, und ich würde mir vorher die Hand abhacken." Das beruhigt mich sehr und so ganz langsam wächst mein Vertrauen. Nach jeder missglückten Therapie (es sind drei) will ich nicht mehr leben. Dr. Lu: „Das gibt es bei mir nicht." Ich glaube ihm intuitiv.

Mit Frau Dr. Hand zusammen versuche ich 1986 vom Lithium loszukommen, wir schleichen langsam aus. In dieser Zeit befinde ich mich in einem Rehazentrum in einer sehr schwierigen, angespannten Arbeitssituation. Der Zeitpunkt ist nicht gut gewählt, ich verfalle in eine Depression und schlucke alle Tabletten, die ich finden kann. Tom rettet mich, in der Krehlklinik wird mir der Magen ausgepumpt. Er bringt mich nach Mosbach in die Johannes-Diakonie, ins „Haus Fuchs", eine Empfehlung des früheren Hausarztes, er kennt da eine sehr gute Krankenschwester. Nach einiger Zeit, mittels Schlafentzug und intensiver, außerordentlich guter ärztlicher und psychologischer Behandlung, bin ich wiederhergestellt. Tom: „Wäre ich nicht bei dir geblieben, hätte dich Frau Dr. Hand fallen lassen." Kurze Zeit später verlasse ich ihre Praxis und setze meine Arbeit an mir bei Dr. Stern fort. Wie die beiden Therapien bei Frau Dr. Hand und Dr. Stern verlaufen, beschreibe ich eingehend in meinem ersten Buch „Dank Therapie an Leben gewonnen".

An dieser Stelle muss ich unbedingt eine Pause einlegen, bin ganz verspannt. Ich brühe mir einen Kaffee auf. Mit dem Weiterschreiben lasse ich mir ein paar Tage Zeit, die Erinnerung nimmt mich sehr mit.

18.5.2017

Olanzapin 10 mg
Annelie und Marianne äußern sich nicht zu Inas sexuellem Missbrauch. Sie positionieren sich nicht. Nach intensiver Überlegung erkenne ich den wahrscheinlichen Grund: Sie haben keinen inneren Kontakt zu ihr. Von Annelie hätte ich ihn erwartet, sie arbeitete viele Jahre mit sexuell mißbrauchten Menschen und ist außerdem ihre Patentante. Marianne ist sehr mit sich beschäftigt und ihrer bedürftigen Beziehung zu ihrem Mann. Bin froh, dass ich zu dieser Erkenntnis komme, ich brauche mit den beiden nicht zu streiten. Von den anderen Geschwistern erwarte ich diesbezüglich nichts.
Dr. Lu nochmals: „Erwarten Sie nicht so viel von Ihrer Familie! Grenzen Sie sich gut ab!"
Bin auf dem Weg!!!

23.5.2017

Olanzapin 10 mg
Schlafe sehr schlecht ein.
Anita ruft an. Allein das genügt um mich aufzuregen, ich kann nicht einschlafen. Auf dem Familienfest werde ich nur in den notwendigsten Kontakt mit ihr treten.

28.5.2017

Olanzapin 10 mg und 5 mg

Zwei Nächte in einer Pension in Markelfingen bei Radolfzell am Bodensee. Das Familienfest ist voll im Gange. Für die erste Nacht brauche ich zusätzlich 5 mg Olanzapin, die vielen Eindrücke, die vielen Familienangehörigen. Es gibt eine Fotoshow, von Anita und ihrem Mann vorbereitet und durchgeführt. Mama war eine schöne Frau, auch Mamas Mutter, meine verblutete Oma. Die Stiefmutter bekommen wir nicht zu sehen.

Tom fährt Ina zu ihrem Klassentreffen nach Pfullingen, später holen Tom und ich sie gemeinsam ab. Bei dieser Gelegenheit besuchen wir auch das Grab der Eltern und ich halte einen Moment inne und sage Danke. Wir fahren ein bisschen in meinem Heimatdorf Mengen herum, auch an den Dorfrand auf eine Anhöhe, von wo ich weit über unsere Felder blicken kann. Dieses Panorama inspiriert mich zum Verfassen meines Liedes: „Der Sommerwind, der wehte mir die Sorgen fort ..."
Auf diesem ursprünglichen Acker beim Rübenreinholen erfährt Mama, dass Mechthild ein Kind erwartet, nichts ist mehr wie vorher ...

Ina gewinnt durch ihre Krebserkrankung dazu, sie ist offener und redet mehr. Ich sage zu ihr: „Dein Wohlbefinden ist kein Luxus, sondern Notwendigkeit. Du musst dafür sorgen, dass es dir gut geht." „Ja", sagt sie leise.

Wir verabschieden uns auf dem Parkplatz in Markelfingen, nehmen uns fest in die Arme. „Pass auf dich auf!", gebe ich ihr mit auf den Weg. Sie: „Du auch!" und gibt mir einen Kuss auf die Wange.

Unterm Strich: ein schönes Fest. Habe mal wieder alle gesehen. Lerne die neue Freundin meines Bruders kennen, eine tolle Frau. Ich stehe gefestigt in der Familie, habe eine gute Position, ich kann spüren, wo ich stehe.

30.5.2017

Olanzapin 10 mg
Der Schlaf ist gut.

Erkenntnis: Der HausService rechnet sich nicht. Wir müssen mit unserem Stundensatz hochgehen. Tom sperrt. Wir haben so viele Ausgaben, allein 300 Euro für die Werkstatt, für die AOK fast 400 Euro. Tom und ich wollen heute Abend darüber sprechen. Ich glaube, wir müssen uns mit der Steuerberaterin zusammensetzen, sie kennt sich am besten aus. Sage zu Tom: „Dein Problem ist, dass du kein Selbstwertgefühl hast, du bist dir deines Wertes nicht bewusst." Er reagiert sauer.

Bekomme auf dem Familienfest von Marianne wunderschöne Mandalakarten geschenkt. Thema: Du wirst geliebt, eine Liebeserklärung deiner Seele. 64 Karten mit liebevollen Impulsen. Beispiel: Unter der Überschrift DIE VISION DEINES LEBENS steht der Text: Wie würde dein absolutes Traumleben aussehen? Beginne bewusst mittels deiner Vorstellungskraft und deiner schönsten Gefühle, das Drehbuch deines Lebens zu schreiben. Träume und erschaffe!

Bin auf dem Weg!!! Dr. Lu ist begeistert.

Will im Moment zu Anita keinen Kontakt. Ich bin sicher, sie wird anrufen, und ich sage es ihr. Ich habe aufgearbeitet, bin immer noch dabei, sie nicht. Wir stecken in der Zeit vor vierzig Jahren fest. Ich kann ihr noch nicht verzeihen, weil sie sich damals mit Wilhelm zusammen schuldig an mir gemacht hat. Sie schadet mir mehr als sie mir hilft. Ich lehne sie ab! Das Problem zwischen uns ist nicht zu lösen, weil sie nicht aufarbeitet. Ich diskutiere nicht mit ihr, es bringt nichts. Fertig! Ich war schwanger und erhielt keinerlei Hilfe von den beiden. Zog die medizinische Schwangerschaftsunterbrechung ganz allein durch. Bin heute froh über meine damalige Entscheidung, sehr froh sogar.

Nach dem Familienfest wird mir klar, dass ich mich mit keiner einzigen Schwester identifizieren kann. Ich passe nicht in diese Familie, bin herausgewachsen. Die Nichten und Neffen liegen mir mehr, besonders die, die eine Therapie machen, die sich im Therapieprozess befinden.

Tatsächlich ruft Anita nachmittags an. Sie ist sehr vorsichtig und fragt mich, wie das Familienfest auf mich gewirkt hätte. Meine Antwort: „Ich habe das Gefühl, dass ich herausgewachsen bin." Sie schweigt.

2.6.2017

Olanzapin 10 mg
Unruhiger Schlaf

Schade, ich muss meine Hausärztin mit Naturheilverfahren aufgeben. Sie will mir unbedingt eine Spritze geben, so eine Dreifachimpfung, Tetanus und noch zwei Stoffe. Ich erkläre ihr: „Nach der letzten derartigen Impfung vor vielen Jahren konnte ich mich nicht mehr bewegen. Wir mussten den Notarzt holen." Sie ist davon nicht beeindruckt und meint, ich könne die Impfung schon vertragen. Zunächst bin ich einverstanden, doch im letzten Moment sage ich: „Nein!" Sie verlässt das Behandlungszimmer, sauer und ohne Gruß. Die Ärztin geht über Leichen, wenn es um ihr Geld geht. Und dann sagt sie noch: „Seit Sie kein Lithium mehr nehmen, läuft bei Ihnen alles durcheinander." Ich kann nur kommentieren: „Vielleicht bin ich nicht mehr so pflegeleicht." Gott sei Dank! Toms Meinung dazu: „Ich wäre sehr verärgert, wenn du dich hättest impfen lassen und das auch noch so kurz vor dem Urlaub."

Dr. Lu: „Sie agiert unter dem Deckmäntelchen Naturheilverfahren." Er bestätigt mich. Doch wieder kommt diese Angst hoch, ihn, meine Vertrauensperson, zu verlieren. Ich kündige das Hausarztmodell bei der BEK und bin ernüchtert und enttäuscht. Wohin soll ich jetzt gehen?

3.6.2017

Olanzapin 10 mg, um 0.40 Uhr noch zusätzlich 5 mg
Habe mein ganzes gestriges Gespräch mit Dr. Lu im Kopf. Schlafe gegen 2 Uhr ein bis ungefähr 6 Uhr.

Träume von meinem ehemaligen Hausarzt. Er musste vor zwei Jahren seine Praxis aus psychischen Gründen schließen. Im Traum sehe ich ihn und seine Frau in blühender Gesundheit gemischten Salat mit Schafskäse essen. Dreizehn Jahre bin ich seine Patientin. Einmal vertraut er mir an: „Nur wegen drei bis vier Patienten lohnt sich meine Arbeit, und wegen Ihnen lohnt sie sich." Ich bin erstaunt.

Oft konsultiere ich diesen auf Naturheilverfahren spezialisierten Arzt. Einmal meint er: „Sie sind nicht krank genug." Doch ich habe immer wieder spezielle Fragen zur Allergie oder Cholesterin oder sonst was. Hartnäckig sind meine unerträglich juckenden Kopfschuppen. Übrigens, Mama und Mechthild leiden auch darunter. Er probiert alles, Globuli, Testung des Shampoos und auch Bioresonanztherapie. Er sticht in die Fingerkuppen und untersucht das Blut. Nach Jahren ist er mit seinem Latein am Ende und erklärt mir: „Bei Ihnen ist keine Allergie angezeigt, was die Kopfschuppen betrifft, sie sind psychisch." Ein anderes Mal meine Frage: „Was halten Sie von der Einnahme von Omega-3-Fettsäuren über Leinöl?" „Warum wollen Sie das einnehmen?", seine Gegenfrage. „Wegen meines Gehirns", antworte ich. „Wollen Sie noch gescheiter werden?", beendet er das kurze Gespräch. Ich bin erstaunt.

Die Schließung seiner Praxis bedeutet einen herben Verlust für mich, ich trauere. Am liebsten wäre ich ihm beigestanden in seiner Not, doch Tom ist dagegen und auch Frau Dr. Jung, sie mit den Worten: „Das würde ich

Ihnen nicht empfehlen, er hat seine Leute." Ich höre auf meine Verhaltenstherapeutin und meinen Mann.

Nächste Woche fliegen wir für zwei Wochen nach Portugal, da werde ich in Ruhe überlegen, welchem Arzt ich in Zukunft mein angeknackstes Vertrauen schenken soll. Auf keinen Fall kommt eine Praxis mit Hausarztmodell in Frage, davon habe ich die Nase voll, und es muss auch nicht unbedingt eine mit Naturheilverfahren sein. Ich brauche lediglich einmal im Quartal eine Überweisung des Hausarztes für die Psychiatrische Ambulanz in Erbach. Ich bin von allen Seiten gut versorgt.

Im Juli 2017 kenne ich Dr. Lu gerade mal zwei Jahre, nach meinem Gefühl sind es fünf Jahre. Ich habe großes Glück, dass ich ihn kennengelernt habe, einen Neurologen, einen Schulmediziner. Irgendwie schließt sich der Kreis, mein Elend und falsche Diagnose fangen in der Psychiatrie in Heidelberg an und ein Psychiater von hier rettet mich, indem er nach vierzig Jahren die Lithiumtherapie beendet. Der erste Arzt, der mir wirklich hilft. Tom rät mir, ihm mein Buch zu schenken mit den Worten: „Er muss dich fertig machen."

Wir alle zusammen befinden uns auf dem besten Weg. Frau Dr. Jung: „Sie können mich anrufen." Tom ist der beste Ehemann der Welt. Alles fühlt sich gut an. Ina hat ihren Krebs überwunden, das Allerwichtigste. Sie entwickelt sich immer mehr zu einer gestandenen Frau.

4.6.2017

Olanzapin 10 mg

Schlafe sehr gut von 21 bis 6 Uhr, bin gut ausgeruht.

Pfingstmontag. Das Wetter ist angenehm abgekühlt.

Tom: „Schon wieder ein Anschlag in London mit Toten, schrecklich. Wann hat dies endlich ein Ende?"

Seit der Enttäuschung über die Hausärztin bin ich verunsichert. Ich in der letzten Sitzung zu Dr. Lu:

„Meinen Sie auch, was Sie sagen?"

Er: „Bei mir gibt es kein Hin und Her."

Besitze ich keine Frustrationstoleranz?

11.6.2017

Olanzapin 10 mg

URLAUB !!!

Jetzt im Juni schreibe ich ein Jahr an meinem neuen Buch. Letztes Jahr im Juni beginne ich es, da sind wir wie heute im Portugalurlaub.

Unsere Apartment, süpi. Wohnzimmer mit Kochnische, Schlafzimmer, Bad und zwei Balkone. Diesmal schaue ich vom Wohnzimmer aus aufs weite Meer. Es ist immer noch grünblau gestreift.

Soeben habe ich einen Mittagsschlaf hinter mir, dusche und fühle mich pudelwohl. Heute Abend wollen wir indisch essen gehen. Dieses Jahr urlauben wir ohne Familie meines Mannes, sehr angenehm. Mit seiner Schwester und ihrem Mann ist es auch okay, doch so sind wir halt ganz für uns. Ich finde Zeit und Ruhe zum Schreiben und zum Ziehen einer Zwischenbilanz, wie es Dr. Lu treffend ausdrückt. Ich kann ihn gut leiden, denn ich habe eine Schwäche für tüchtige Menschen. Er ist noch sehr jung, inzwischen müsste er 37 Jahre alt sein, und seine Erfahrung schöpfe er aus seiner Intuition, wie er sagt. Mit 37 begann ich mit der mobilen Fußpflege, ich lernte dabei sehr viel. Als Erzieherin hatte ich kein Glück, immer diese Teamarbeit mit Menschen mit oft sehr großen persönlichen Problemen. Im Tai-Chi lernte ich eine vernünftige Erzieherin kennen, sie stammt auch aus einer Großfamilie, wie ich, das hat was.

Für heute will ich mit meinen Aufzeichnungen schließen, weil wir gleich losgehen.

14.6.2017

Olanzapin 10 mg
Sehr gut geschlafen von 22 bis 6 Uhr

Bin gut ausgeruht und voller Kraft. Gegenüber unseres Apartments wird Yoga angeboten. 9 Uhr. Ich will mitmachen. Yoga im Freien am Meer ... Die erste Stunde, süpi. Wir praktizieren ähnliche Übungen wie im Yoga in Deutschland. Am Freitag bin ich wieder dabei. Die nächsten Jahre will ich im Sommerurlaub nur noch hierher. Das Apartment liegt zentral, direkt am Meer, fünf Minuten zu Fuß in die Innenstadt mit Cafés und Restaurants.

Heute fahren wir mit unserem gemieteten Auto an die Westküste. Tom bereitet Sandwiches vor. In zehn Minuten wollen wir starten. Die Sonne strahlt, wir sind besser drauf denn je ... Die Westküste, der Strand unbeschreiblich schön, ein Erlebnis ohne Lithium. Barfuß laufen wir durch den heißen Sand. Ich ruhe in mir.

Dieses Jahr verbringen wir das siebte Mal unseren Sommerurlaub in Portugal, es ist so herrlich wie nie zuvor, Tom wunderbar locker, fragt mich immer wieder nach meinen Wünschen. Als weit und breit kein Klo zu finden ist, lässt er mich sogar hinters Auto pinkeln.

15.6.2017

Olanzapin 10 mg
Will mit Frau Dr. Jung über unsere Sexualität sprechen.

16.6.2017

Olanzapin 10 mg
Tom fischt heute und ich praktiziere um 9 Uhr Yoga im Freien am Meer. Ich schaue auf das grünblau gestreifte Meer, trinke Kaffee. Es weht kaum ein Wind, das Meer rauscht friedlich dahin, und so sieht es auch in mir aus.

Jetzt sind wir vierzig Jahre zusammen, davon achtunddreißig verheiratet. Tom ist mein Prinz. Er hat nur Augen für mich. Frech bin ich, das habe ich von Dr. Lu. Tom ist auch frech und selbstbewusst, es gefällt mir sehr.

So etwas nennt man therapeutische Übertragung. „Gut, dass er mitmacht", kommentiert dies mein Arzt.

Bevor wir nach Portugal fliegen, empfinde ich das brennende Bedürfnis ihm zu schreiben. Hallo, lieber Herr ..., leider habe ich Sie telefonisch nicht erwischt, aber es gibt noch die E-Mail Adresse. Eigentlich möchte ich nur Danke sagen für alles, was Sie für mich getan haben. Ich schlafe gut. Ich freue mich sehr auf den Portugalurlaub und werde die Ruhe nutzen, um Bilanz zu ziehen. Wo stehe ich? Wohin will ich? Ich freue mich jetzt schon auf unser nächstes Gespräch. In diesem Sinne alles Gute für Sie! Herzliche Grüße ...

Er schreibt zurück, mein Herz hüpft. Liebe Frau ..., vielen Dank für Ihre Grüße! Habe gestern Abend noch versucht, Sie telefonisch zurückzurufen, ist mir aber nicht gelungen ... Ich wünsche Ihnen einen wunderschönen Portugalurlaub und bin überzeugt, dass wir danach Ihre Zwischenbilanz gut auswerten können. Herzliche Grüße, Ihr ... ☺

Zurück zu unserer Beziehung. Mein Mann und ich haben gelernt, uns gut auszutauschen, besonders seit wir den HausService betreiben. Anfangs war ich etwas dominant, Tom fühlte sich kontrolliert. Die Bilanz nach drei Jahren: Der Betrieb läuft, Tom ist im Umkreis als gute Adresse bekannt, ich bin sehr stolz auf ihn. Wir könnten mit dem Stundensatz etwas hochgehen, doch das bedeutet nach Toms Meinung nicht die Lösung, was er mir einleuchtend erklärt. Wenn er acht Stunden am Tag arbeite, komme gut Geld rein. Eine halbe Stunde

Klodeckel anmontieren oder eine Stunde Bilderaufhängen rechnet sich nicht, er macht's aber trotzdem. Alles Erfahrungssache!

22.6.2017

Olanzapin 10 mg

Nach einer guten Nacht fühle ich mich wie ein junges Mädchen, besonders in meinem neuen Badeanzug. Ich kann meinen ganzen Körper spüren, das ist neu. Tom ist lebhafter geworden, nicht mehr ganz so englisch, er gefällt mir sehr.

Noch zwei Tage Urlaub, Wellen am Strand. Samstag fliegen wir zurück. Montag geht's dann gleich weiter mit Yoga, alles schon organisiert. Ich hätte es in Luz lässig noch eine Woche ausgehalten, nächstes Jahr verlängern wir, wenn es der HausService erlaubt, vielleicht auf drei Wochen.

Heute Morgen gehen wir englisch frühstücken, die Wurst und den bacon lassen wir weg. Tom lässt sich alle Zeit dieser Welt, sich fertig zu machen, er fängt noch damit an, sein Hemd zu waschen. „Ich finde das unmöglich, ich bin schon längst startbereit", fordere ich Tom heraus. „Ich kann so lang machen, wie ich will, ich lasse mich von dir nicht mehr unterdrücken." Es geht hin und her, total liebevoll ... Das englische Frühstück schmeckt wunderbar, wir bekommen Linda-McCartney-Würstchen, fleischlos, total lecker.

Am Samstag müssen wir unser Apartment um 10 Uhr räumen, unser Flug geht erst um 18.45 Uhr. Wir entscheiden uns nochmals für das englische Lokal zum Frühstücken, ganz gemütlich ein paar Stunden lang.

Ich bin unheimlich gut drauf, fühle, dass wir uns mal wieder gefunden haben, spüre mich von Kopf bis in die Fußspitzen, auch in der Mitte – ein Neuanfang. Tom geht ein bisschen ans Meer. „Sprich mir keine fremde Frau an", schäkere ich. „Eine reicht mir."

Wir sind ganz locker.

26.6.2017

Olanzapin 10 mg

Seit zwei Tagen sind wir wieder zuhause, es fühlt sich gut an. Habe vor, meine Gitarre neu bespannen zu lassen, Nylon, die G-, H- und E-Saiten, sie drücken dann nicht so stark in die Fingerkuppen.

27.6.2017

Olanzapin 10 mg

Nach einem wunderbaren Schlaf mache ich soeben einen Termin mit Frau Dr. Jung aus. Ich will über meine/ unsere Sexualität sprechen. Beim letzten diesbezüglichen Gespräch, sie: „Sie müssen Ihren Mann verführen, das ist Ihre Chance."

Frage meine Verhaltenstherapeutin nach einem guten Augenarzt. Die Werte meines Augeninnendrucks sind verändert, bei der letzten Untersuchung 16/17, vorher 22/23. Irgendwie habe ich das Bedürfnis, meine Augenärztin zu wechseln. Jahrelang verwende ich für meine trockenen Augen die von ihr empfohlenen Hylo-Vision-Tropfen mit Konservierungsstoffen und Phosphor. Diese Stoffe können jedoch Ablagerungen auf dem Auge bewirken, die im Extremfall operativ entfernt werden müssen, und ich bin sehr empfindlich. Lese zufällig darüber! Seit Mitte Mai benutze ich daher Hylo-Comod-Tropfen, die man auch noch tropfenweise dosieren kann, damit fühle ich mich besser. Man muss aufpassen wie ein Luchs! Außerdem lese ich in der Zeitschrift „Naturarzt", dass das trockene Auge sehr eng mit Stress gekoppelt sei. Ich fragte bereits die Augenärztin, ob es bei mir mit den Medikamenten zusammenhängen könnte, mit der Psyche. Sie verneinte. Sie ist eine gnadenlose Schulmedizinerin. Innerlich entscheide ich mich für einen Wechsel, während ich dies schreibe.

Übrigens, gestern die Yogalehrerin zu mir: „Drehsitz wie eine Königin!" Stolz erfasst mich.

28.6.2017

Olanzapin 10 mg
Guter Schlaf

Anita ruft an und teilt mir mit, dass sie unserem Bruder die Fenster auch nicht mehr putzen werde. Aha!! Hege beim Gespräch mal keine negativen Gefühle ihr gegenüber.

29.6.2017

Olanzapin 10 mg
Wunderbarer Schlaf
 Will mit Frau Dr. Jung über den HausService sprechen.
 Mir tut mein Handgelenk weh, zum Beispiel wenn ich die Kaffeetasse in die Hand nehme.
 Soeben habe ich mich vom PC-Kurs abgemeldet.
 Ich darf nicht vergessen, Dr. Lu zu fragen, was für eine Diagnose auf dem Überweisungsschein stehen soll.

30.6.2017

Olanzapin 10 mg
Wieder wunderbarer Schlaf bis 7.20 Uhr
 Habe soeben mit Karen gesprochen. Sie ist eine sehr gute Freundin, meine Vertraute. Meine lebenslange aktive Arbeit an mir selbst lohnt sich, ich ernte heute und morgen die Früchte.
 Um 18 Uhr Termin bei Dr. Lu. Er stellt zum ersten Mal das absolute Absetzen des Olanzapins in Frage, er könne mir nicht versprechen, dass es ganz ohne gehe. Ich weiß sofort, worauf er anspielt. Da geschah etwas im Urlaub zwischen Tom und mir und ich reagierte unangemessen. Das will ich nicht öffentlich machen, es gibt eine absolute Privatsphäre, die keinen etwas angeht außer uns beiden und meinen Therapeuten. Lasse diese

Stunde erst einmal auf mich wirken, bin mit 10 mg Olanzapin noch sehr lebendig.

Freue mich sehr, dass Dr. Lu ein von mir gemaltes Bild bei sich über dem Schreibtisch aufhängt, mit den Worten: „Es ist eine Ehre." Tom meint, es sei für mich eine Ehre. Ein bisschen eifersüchtig ist er schon, aber das schadet nichts.

2.7.2017

Olanzapin 10 mg

Es ist unglaublich, ich kann wieder schlafen, heute bis 8.30 Uhr. Ein grässliches Jahr diesbezüglich liegt hinter mir. Mein Therapeut meint, ich würde gar nicht so wenig schlafen, ich fühle mich halt nicht fit.

Erst jetzt, nach ein paar Monaten Pause, fahre ich fort, mein Manuskript in den Computer zu tippen. Nach meiner letzten Buchveröffentlichung schwöre ich mir, nie wieder ein Buch herauszugeben, das sage ich auch zu Dr. Lu. Doch noch in der Ambulanz in Heidelberg, ganz am Anfang, lässt er nicht locker, mich zum Schreiben zu motivieren: „Es wäre schade, wenn Sie nicht schreiben würden." Irgendwie erreicht er mich. Aktuell vermittle ich ihm, dass er mir dabei helfen müsse: „Sie sind ganz schön beteiligt, ich brauche vor allem Unterstützung bei der Deckelrückseite und beim Vorwort. Bei meinem ersten Buch opfere ich ein paar Nächte, bis der Text passt. „Wir schreiben ein paar Sätze", kommentiert er.

Es geht aufwärts. Ich liebe Tom und er liebt mich bis zum Tod, das gesteht er mir im Urlaub, auf so was steh' ich. Nach einem Jahr ziehe ich wieder um ins Ehebett, bei meinem unruhigen Schlaf wollte ich Tom nicht stören, es fühlt sich gut an, wieder zuhause zu sein bei Tom.

Auf den Punkt gebracht: Ich will noch Geld verdienen. Ich spare nur über einen Bausparvertrag zusätzlich fürs Alter. Eigentlich dachte ich immer, ich erreiche die 60 nicht, ich wollte immer sterben, trotz aller Medikamente, die mir eigentlich helfen sollten. Ich weiß auch nicht ... Aktuell will ich 90 werden mit Tom zusammen, bin fast ohne Pillen und habe einen ausgezeichneten Neurologen.

4.7.2017

Olanzapin 10 mg
Guter Schlaf

Sehr gutes Gespräch bei Frau Dr. Jung. Wir sprechen über meine Entwicklung und über unsere Sexualität. Das Gespräch von Frau zu Frau bedeutet nochmal was anderes. Meine Worte: „Bei Ihnen erhalte ich die erste erfolgreiche Therapie." „Das freut mich", entgegnet sie mir engagiert. Außerdem empfiehlt sie mir eine gute Augenärztin.

Mir tut mein rechtes Handgelenk weh, besonders beim Hochheben des Wasserkochers, wahrscheinlich kommt's vom Tippen. Werde unsere Tai-Chi-Lehrerin und Heilpraktikerin um Rat fragen. Sie bekam meinen

Fuß hin, den ich mir letztes Jahr im Portugalurlaub verknackste, über Kinesiologie fand sie die passenden Globuli heraus. Vorher konsultierte ich einen Orthopäden und wurde in die Röhre geschickt, er verordnete mir auch Globuli, die absolut nichts bewirkten. Ich vertraue ihr, sie ist fähig.

5.7.2017

Olanzapin 10 mg plus 10 mg
Brauche zum Einschlafen zu den 10 mg Olanzapin noch weitere 10 mg.

Ich liege hellwach im Bett und Tom schnarcht. Nehme meine Bettdecke und ziehe ins Wohnzimmer auf die Kuschelecke um. Bald schlafe ich ein.

„Ich kann Ihnen nicht versprechen, dass es ganz ohne geht", streifen mich Dr. Lus Worte. Hoffentlich kann ich mein tolles Lebensgefühl halten. Bei mir tut sich gerade so viel, in sexueller Hinsicht, ich habe Lust auf Tom.

Am 22.7. sind wir auf das Grillfest zum Sechzigsten des Vermieters unserer Werkstatt eingeladen. Tom kommt total gut mit Leuten aus, er besitzt eine enorme soziale Kompetenz. Jeder hilft ihm gerne. Beispielsweise wenn unser Hochsitzmäher streikt. Dann erhält er Hilfe von einem jungen Mann, der über der Werkstatt wohnt, für einen Kasten Bier. Solche Menschen erweisen sich als goldwert, wenn man ein Geschäft hat.

Rufe Tom an, den Schnarcher. „Schlaf du!", ist sein einziger Kommentar.

6.7.2017

Olanzapin 10 mg
Schlafe sehr gut.

Als ich aufwache, befindet sich Tom bereits bei der Arbeit. Es verspricht, ein heißer Tag zu werden. Rufe Tom an: „Guten Morgen!" „Schon so früh?", fragt er. „Ich bin gerade aufgewacht."

Wir genießen den absoluten Draht zueinander.

9.7.2017

Olanzapin 10 mg
Erholsamer Schlaf

Tom eröffnet mir heute: „Ich habe mich in Portugal gefunden. Ich lasse mich von dir nicht mehr unterdrücken!" Das finde ich so süß, ich bin verliebt in meinen Mann.

11.7.2017

Olanzapin 10 mg
Guter Schlaf

Tippe heute Morgen von 7.45 bis 10.30 Uhr. Bin etwas erschöpft und sehr nachdenklich, wegen der Thematik Schwangerschaftsunterbrechung. Bin froh über meine damalige Entscheidung. Ich hätte nie einen Kriminellen geheiratet, und dann der Altersunterschied, er 37 und ich 21, er müsste jetzt 81 sein, vielleicht lebt er noch. Bei ihm erfahre ich zum ersten Mal sexuelle Erfüllung.

Rufe meinen Neurologen an, wegen meiner Nachdenklichkeit. Er meint, ich solle meine Schreibdauer begrenzen und hinterher bewusst etwas Positives machen. Bin froh darüber, dass wir den Abstand der Gespräche von vier auf drei Wochen reduziert haben, ich kann so einfach besser dranbleiben. Empfinde ein gutes Gefühl bei Dr. Lu, er sagt: „Bei mir können Sie ganz sicher sein, ich würde mir vorher die Hand abhacken." Ich erlebe ihn frisch und hochmotiviert. Ich arbeite zum ersten Mal so intensiv mit einem viel jüngeren Therapeuten zusammen, eine gute neue Erfahrung.

12.7.2017

Olanzapin 10 mg
   Telefoniere mit Jule. Frage sie, ob Book on Demand ein günstiger Verlag sei, erst nach Bestellung wird gedruckt. Sie meint, es gäbe kein Risiko, es sei heute so üblich.

13.7.2017

Olanzapin 10 mg
Schlafe wie ein Murmeltier.
   Es ist 8 Uhr. Ich setze mich an den Computer und schreibe, morgens klappt es am besten. Bis zum Brunch dusche ich noch und gehe einkaufen. Mittags telefoniere ich mit Karen, wir wollen um den Bammertsberg laufen.

Starker Regen überrascht uns, wir sind patschnass. Trotzdem holen wir uns vom Rosé ein Eis raus. Zuhause ziehe ich mich sofort um und föhne die Haare. Ich fröstle. Ich tippe zwei Stunden, noch eine Seite im Manuskript, und befinde mich im Jahr 2017.

Um 17 Uhr beginne ich zu kochen. Entdecke heute Morgen Bio-Zucchini, daraus kann ich ein leckeres Gericht zubereiten. Das Rezept bekam ich vor ein paar Tagen von einer Nachbarin.

Während des Kochens schweifen meine Gedanken zu Dr. Lu. Die Frau, die ihn mal bekommt, gewinnt den Sechser im Lotto. Wenn es die Situation erlaubt, vielleicht beim nächsten Gespräch, werde ich es ihm sagen. Er ist ein toller Mensch.

17.7.2017

Olanzapin 10 mg

Zunächst bringe ich unser Auto in die Werkstatt zur Inspektion. Dann rufe ich die Biografiewerkstatt Otto an, habe ein paar Fragen zu meiner geplanten Buchveröffentlichung. Sie meint: „Wenn ein Arzt das Vorwort schreibt, erhöht sich der Wert des Buches." Wichtig sei auch das Bekanntmachen. Sie ist sehr nett und verbindlich, ich vertraue ihr. Ich werde mit Dr. Lu reden.

Irgendwie will ich noch Geld verdienen. Am Freitag habe ich wieder viel zu besprechen. Warum glaubt er auf einmal nicht mehr daran, dass ich ganz gesund werde?

Das Tippen in den Computer fällt immer leichter, ich erziele Übung darin.

Heute Abend ist Yoga angesagt, ich freue mich.

18.7.2017

Olanzapin 10 mg

Bin heute irgendwie deprimiert. Ich versuche zu strukturieren:

Grund 1: Ganz persönlich sorge ich finanziell nicht sehr gut fürs Alter vor, dachte, ich erreiche die Sechzig nicht.

Grund 2: Warum kann mir Dr. Lu nicht versprechen, dass es ganz ohne Olanzapin gehen wird? Vielleicht reagierte ich im Urlaub etwas unangemessen, doch seitdem löst sich der Knoten immer mehr, unsere Beziehung gestaltet sich viel lebendiger und er bewegt sich.

Grund 3: Verdiene kein eigenes Geld, bin das nicht gewohnt und finanziell sind wir etwas eng.

Grund 4: Habe heute noch nicht getippt.

Spreche mit Tom darüber, er äußert: „Get on with life!"

19.7.2017

Olanzapin 10 mg

Fange mich wieder. Gehe auf die Bank und hole Brot bei Bella.

Mittags begleite ich Tom zum Yachthafen im Neckargemünderhof. Er mäht dort mit dem Hochsitzmäher die ganze Wiese, 4000 Quadratmeter. Er meint, ich könne ein bisschen kehren. Heute müssen wir unsere Arbeit besonders schön und sorgfältig erledigen, weil am Wochenende ein Tag der Offenen Tür stattfindet. Der Rasen sei die Visitenkarte, so ein Verantwortlicher. Die Sonne brennt und ich schwitze wie blöd. Wir freuen uns, dass wir mal wieder miteinander rausgehen.

Ich will doch mein eigenes Geld verdienen, geht mir im Kopf herum. Mit Beendigung der Fußpflege bin ich finanziell von Tom abhängig, das gefällt mir überhaupt nicht. Ich spreche mit Dr. Lu darüber. Er versteht meinen Kummer mit den Worten: „Das ist wichtig." Ich erkläre Tom die Zusammenhänge meines „Hängers". Ich glaube, auch er versteht mich, und ich begreife mich auch ein bisschen besser. Ich kann nachvollziehen, warum es mir schlecht geht. Ich hätte die Autoreparaturrechnung gar nicht bezahlen können!

20.7.2017

Olanzapin 10 mg

Nach einer guten Nacht: Blutdruck wie im Bilderbuch 124-82, Puls 73. Wenn es nicht ganz ohne Medikamente geht, muss ich den geplanten Titel meines Buches „Tagebuch einer Heilung" vielleicht ändern in „Tagebuch einer Familiengeschichte". Irgendwie bin ich ganz involviert. Beim heutigen Gespräch bringe ich das vor, fühle mich hinterher wesentlich besser, weil Dr. Lu sagt: „Den Titel müssen wir nicht ändern."

21.7.2017

Olanzapin 10 mg

Nach einer sehr guten Nacht fühle ich mich erholt und fit. Gehe früh einkaufen fürs Wochenende. Samstagabend, morgen, sind wir zum Sechzigsten bei unserem Werkstattvermieter eingeladen. Letztes Jahr hat's nicht geklappt, weil Tom zu kaputt war. Irgendwie fühle ich mich heute wohler, bin positiv gestimmt. Freue mich, dass Tom mit mir nach Erbach fährt, er ist eine gute Seele.

Rufe Tom an, ich habe schon früh eingekauft, ich wollte mir nicht zweimal sagen lassen, ich sei ein „faules Stück". Wir lachen herzhaft. „Wir sehen uns die gewohnte Zeit", verabschieden wir uns.

Nicht gestern, sondern heute 18 Uhr Gespräch bei Dr. Lu. Ich frage meinen Arzt, ob er mich auch für ein Flittchen halte wie die Schwester Oberin. Er schüttelt den Kopf: „Sie haben Erfahrung." Ich bin beruhigt, denn mir bedeutet es viel, was er von mir denkt. Er empfiehlt mir, mich mit dem Buch nicht so stark unter Druck zu setzen.

23.7.2017

Olanzapin 10 mg

Rufe meinen Bruder an, die Hochzeit wird auf nächstes Jahr verschoben.

Wir trafen gestern auf dem Grillfest Leute, die wir schon sehr lange nicht mehr gesehen haben. Beispielsweise die Frau, die 1976 anwesend war, als ich nackt auf dem gemieteten Bauernhof aufwachte. Sie sieht abgewirtschaftet aus, von der Haut her, und sie trinkt sehr viel Alkohol. Auf dem Fest hat sie mit mir nichts am Hut. Wie ich höre, sei sie eine hervorragende Altenpflegerin. Der Gastgeber setzt sich von Tisch zu Tisch. Bei uns erzählt er schlüpfrige Witze. Einer endet mit, „lieber feggle als fische". Und dabei guckt er mich mit glasigen Augen so an. Mir reicht's schon wieder. Wir brechen bald auf, bin froh darüber, es ist nicht so meine Welt.

„Das brauchen Sie nicht über sich ergehen lassen", kommentiert dies Dr. Lu.

Erkältete mich auf dem Grillfest, mir tut der ganze obere Rücken weh, mache heute langsam. Entschließe mich, mit dem Tippen eine Pause einzulegen, die Hälfte des ersten Teils ist vollbracht.

Telefoniere mit Ina. Wir reden über alles Mögliche, nur nicht über die Probleme in ihrer Herkunftsfamilie. Es besteht ein guter Draht zwischen uns. Sie näht gerade einen Rock und stellt sonst noch gern Modeschmuck her. „Du bist kreativ", äußere ich. „Ja", gibt sie selbstbewusst zurück. Ich habe Ina sehr gern.

26.7.2017

Olanzapin 10 mg

Das Fieber fällt von gestern Abend 39,3 Grad auf heute Morgen 38 Grad. Fühle mich sehr schlapp. Frage telefonisch meine Tai-Chi-Lehrerin um Rat. Ihre Empfehlung: Vitamin C, bleib im Bett und kurier' dich aus und viel trinken! Es fühlt sich gut an, ohne Medikamente dem grippalen Infekt begegnen zu können. Das war früher wegen der Arbeit nicht möglich, besonders bei der Selbständigkeit.

28.7.2017

Olanzapin 10 mg

Heute Morgen habe ich fast kein Fieber mehr. Meine englische Freundin ruft mich an und empfiehlt mir, eine halbe Stunde an die frische Luft zu gehen, zur Unterstützung des Immunsystems. Tom meldet sich, er hört sich am Telefon so verstimmt an. Mich überkommt das Bedürfnis, bei ihm vorbeizuschauen. Projiziere in ihn hinein, es geht ihm blendend. Lerne wieder etwas dazu oder man lernt halt nie aus. Er meint, ich solle nicht zu viel machen wegen eines möglichen Rückfalls. In einer Stunde kommt er heim zum Brunch, vorher will ich noch ein bisschen aufräumen, nicht too much, ich bin sehr schwach. Von der Stimmung her liege ich genau richtig, das ist gut so.

Rufe Dr. Lu an. Er schrieb mir schon am 11.7. und ich bekam das erst jetzt mit, bin deshalb ganz aufgewühlt. Es sei doch nicht so schlimm, so mein Arzt.

„Ich liege bereits die ganze Woche im Bett, mit Fieber bis zu 39,3 Grad. Es hängt vielleicht auch damit zusammen ..." Er versteht sofort, was ich meine.

„Sie haben etwas ausgebrütet, schreiben Sie jetzt nicht weiter!" Er ist so einfühlsam.

29.7.2017

Olanzapin 10 mg

Mein Blutdruck wieder wie im Bilderbuch. Meine Frage an Dr. Lu: „Womit beschäftigen Sie sich in Ihrer knappen Freizeit?"

31.7.2017

Olanzapin 10 mg

Fühle mich sehr schlapp, auch Tom fühlt sich nicht hundertprozentig, und trotzdem putzt er die Fenster einer Parterrewohnung gerade bei uns um die Ecke.

Zum ersten Mal bin ich bewusst krank, und zum ersten Mal darf ich in Ruhe gesunden. Liege schon die zweite Woche im Bett. Das konnte ich mir noch nie erlauben, auch nicht als Angestellte, dabei denke ich beispielsweise an die Arbeit im „Bunsenkeller" bei der Stadt Heidelberg. Bei einer solchen aktuellen Betreuung kann man nur gesund werden, mit so einem Ehemann und mit so einem Arzt, noch nie in meinem Leben fühle ich mich so aufgehoben. Karen ruft jeden Tag an.

Erinnerungen steigen in mir hoch ... Ich bin siebzehn und krank mit Grippe. Den ersten Tag schaut Mutter nach mir, bringt mir etwas zu essen und dann bin ich mir selbst überlassen, so nach dem Motto: Wenn sie Hunger verspürt, steht sie schon auf. Mama meint es nicht bösartig, sie besitzt kein Gefühl für einen Teenager. Als Kleinkinder werden wir von ihr gut betüttelt, auf jeden Fall ist unsere Hausärztin ständiger Gast. Einmal, ich glaube wir haben alle die Masern, stellt sie die Kinderbetten ins Wohnzimmer. Wir sind halt nie allein und ich kann mich an keine Schlafstörungen im Elternhaus erinnern. Es ist wie ein Nest.

Um 13 Uhr geht Tom weiterarbeiten. Er mäht eine Wiese. Ich verabschiede mich von ihm mit den Worten: „Danke, dass ich gesund werden darf." Er lächelt.

Rufe kurz meinen Bruder an: „Du musst trotz Liebe klug bleiben!" „Mal sehen, was sich machen lässt."

Ich höre von Marianne und auch von ihm, dass sie Ansprüche stellt und sich Geld für ihren Clan wünscht. Es herrscht eine andere Mentalität in Afrika. Es geht nur über Gütertrennung und Verzichtserklärung ihrerseits im Falle einer Scheidung, die Heirat wird erst einmal auf nächstes Jahr verschoben.

„Julia, ich brauche dich und Tom, ihr müsst mich nach Afrika begleiten, ihr sprecht Englisch!"

Meine Kommentar: „Du musst mit Tom reden!"

1.8.2017

Olanzapin 10 mg

Würde ich mich mit einer Pflanze beschreiben, wäre ich wohl eine Herbstzeitlose, eine Pflanze ohne Alter. Sie beinhaltet alles: Jugend, Alter, Naivität, Reife, Weisheit. Ich weiß nicht, wie sich Gesundheit anfühlt, vielleicht bin ich bis zum sechsten Lebensjahr gesund, bis zum sexuellen Missbrauch durch unseren Knecht, da fängt schon die Entgleisung an. Heute bin ich das Produkt unzähliger Therapien und einer über vierzigjährigen privaten Beziehung.

Mama ist so eine Herbstzeitlose, eine glückliche Frau, die nie wirklich alt geworden ist. Sie sagt zu mir als Teenager, sie spüle gern Geschirr, was ich nicht nachvollziehen kann, oder wir gehen zusammen in die Himbeeren in den Wald, sie blüht auf, oder sie freut sich an den schönen Kartoffeln, die wir ernten – ich verstehe sie nie. Was kann man an einer Kartoffel finden, so denke ich als junger Mensch, doch das bedeutet ihre Welt.

Als junge Frau kommt sie als Dorfhelferin nach Mengen. Sie arbeitet zunächst auf einem Hof am Rande des Dorfes, weit draußen, vielleicht sechshundert Meter. Mein Vater entdeckt sie eines Tages, sie ist schön und fleißig. Für meine Mutter beginnt ein enormer sozialer Aufstieg als Großbäuerin auf dem größten Hof weit und breit.

Mein Großvater väterlicherseits, dreißig Jahre Bürgermeister, heiratet ein in den damals relativ kleinen Hof. Er versteht es mit Umsicht und hoher Intelligenz den Besitz zu erweitern, so jedenfalls überliefert es mir Papa. Die Großeltern setzen neun Kinder in die Welt, fünf Mädchen und vier Jungs, Papa ist der älteste Bub. Zwei Brüder fallen im Krieg, einer studiert Landwirtschaft in Hohenheim, sein Sohn lehrt heute dort. Dann gibt's noch einen Akademiker, den Onkel Bernhard, der Tierarzt wird. Er befruchtet unsere Kühe künstlich, was mich sehr beeindruckt. Einmal sagt er: „Wenn ihr eurem Vater nicht helft, stirbt er." Das belastet mich sehr und ich fühle mich schuldig.

Am Samstag, ich bin so achtzehn, putze ich das Auto und kehre mit ihm den Hof. Wir sind ein gutes Team, er ist so stolz auf mich. Ich schreibe gute Noten und scheine im Leben ohne Probleme durchzukommen, er nimmt mich sehr ernst. Wir erledigen Besorgungen im Nachbarort und treffen uns hinterher in einer Gaststätte. Papa ist sehr beliebt und kontaktfreudig und sitzt in der Volksbank und Sparkasse im Aufsichtsrat. Als ich mit zwanzig psychisch erkranke, berührt ihn das so sehr, dass er fast selbst krank wird, so erzählt dies mir jedenfalls Anita mit einem neidischen Gefühl, wie es mir vorkommt. Und dann der Gipfel, ich absolviere als erstes Mädchen von drei Dörfern das Abitur, ich stehe in der Zeitung.

Nach dem Abitur, schon ein bisschen vorher, falle ich in ein tiefes Loch. Ich bin auf das „Leben danach" nicht vorbereitet, im Elternhaus gibt es keine größere Diskussion darüber, ich scheine alles zu bewältigen. Ich spreche nicht über meine Ängste.

Zunächst gehe ich mit meiner Schulfreundin und anderen aus meiner Abiturklasse segeln an den Illmensee. Ich mache nächtelang kein Auge zu, weil ich nicht weiß, was und wo ich studieren soll. Zu der Zeit bin ich schon sehr, sehr leer.

Dr. Lu verzeiht mir bestimmt, dass ich schreibe. Am Telefon sagt er: „Jetzt nicht weiterschreiben!" Er will, dass ich mich schone bei meinem grippalen Infekt.

Heute Morgen muss ich dringend auf die Bank, Einzahlungen tätigen. Es ist 9 Uhr und ich habe genug Zeit dafür, Tom kommt erst um 12 Uhr heim zum Brunch. Seelisch geht es mir besser denn je. Ich ernte die Früchte meiner lebenslangen Arbeit an mir, vor allem therapeutischer Arbeit. Mein Leben gibt Sinn!!!

Denke an mein allererstes Gedicht, geschrieben für meinen allerersten richtigen Freund. Bin achtzehneinhalb, Hendrik dreiundzwanzig, für mein Empfinden schon sehr alt, auf alle Fälle besitzt er schon Erfahrung. Er studiert in Biberach Architektur. Bis wir richtig zusammenkommen, vergehen ein paar Jahre, die er als Freund des Hauses sichtlich genießt. Meine Mutter wehrt sich sehr gegen die Liaison, er hätte so krumme Beine. Einmal starten wir zu dritt zum Skifahren, meine Schulfreundin inklusive, ich fühle mich schon sehr, sehr leer. Er denkt, ich schlafe mit ihm, versteht gar nicht, dass ich daran überhaupt nicht denke. Diesbezüglich habe ich keinerlei Erfahrung und ich bin sehr verklemmt. Mechthilds Schwangerschaft geht nicht spurlos an mir vorbei.

Hendrik ist der Sohn meines Klassenlehrers und Deutschprofessors. Er liest natürlich meine Aufsätze, was mich sehr verunsichert. Allerdings verdanke ich ihm meine Drei in Deutsch, ich schreibe miserable Aufsätze. Hendrik fällt es als Erstem auf, dass ich psychisch krank bin, dies teilt er jedenfalls Anita mit. Es bleibt bei dieser Information.

Zwischen dem schriftlichen und mündlichen Abitur kommt er einfach nicht mehr. Er lernt eine andere Frau kennen, im Aussehen ganz ähnlich wie ich, doch mit einem anderen Innenleben. Allerdings stürzt sie beim Bergsteigen mit ihm ab und stirbt, ursprünglich wollte er mich mitnehmen. Ich erfahre von dem tragischen Unfall durch seinen Vater und muss sehr weinen. Hendrik wird in der Psychiatrie in Sigmaringen behandelt. Mein erster richtiger Freund bedankt sich bei mir, dass ich immer für ihn da gewesen sei. Eigentlich ist er nicht mein Typ, ich hätte ihn nicht geheiratet.

Doch nun das Gedicht aus dem Jahr 1972:

GEDANKEN

GEDANKEN SPINNEN EIN NETZ
von MIR zu DIR
von DIR zu MIR
SO FERN
DOCH GEWISS DER NÄHE
UMSPIELEN SIE ZÄRTLICH
DEIN HAAR
GEDANKEN SPINNEN EIN NETZ
von DIR zu MIR
von MIR zu DIR
SIE BLEIBEN IN UNS
FÜR IMMER
LEBEN HEISST LIEBEN
LIEBEN BEDEUTET FREUNDE
UND DIES ALLES IST EIN TEIL
UNSERES „SEINS"

Ich (1972)

2.8.2017

Olanzapin 10 mg

Habe einen Blutdruck wie im Bilderbuch: 124-80, Puls 74. Vielleicht schaffe ich es doch noch ohne Chemie. Allerdings müsste ich mich mehr bewegen. Disziplin!!!

Nach dem Brunch verabschieden wir uns. Tom arbeitet bei einer Sonderschullehrerin im Garten.

„Bleib anständig!", gebe ich ihm mit auf den Weg.

„Sie ist nicht so mein Typ und mein Geschmack."

„Was hast du denn für einen Geschmack?"

„Einen sehr guten", entgegnet er mir und tippt mir dabei mit dem Finger auf die Brust.

Ich fühle mich total bestätigt und wir küssen uns noch einmal zum Abschied, bis heute Abend.

4.8.2017

Olanzapin 10 mg

Meine Yogalehrerin und ich frühstücken in der Sonne, mein Geburtstagsgeschenk an sie. Es ist göttlich, alles.

7.8.2017

Olanzapin 10 mg

Will mir eine schöne Welt schaffen! Eine Welt nach meinem Geschmack, mit Menschen, die mir guttun, von den anderen grenze ich mich ab.

Mein Bruder gibt in diesem Jahr schon 7.000 Euro für seine neue Freundin aus. Er hat hohe Schulden, kommt mit seinem Käseverkauf auf elf Märkten gerade mal so über die Runden. Er verkauft einen Acker nach dem anderen. Einmal rufe ich ihn an und empfehle ihm, dass er sich nicht „melken" lassen dürfe, von keiner Frau auf der ganzen Welt, auch nicht aus Liebe. Entscheide mich dann zur Abgrenzung, besonders von meinen Geschwistern. Jetzt komme ich dran! Will mit Dr. Lu darüber sprechen. Fühle mich jetzt schon stärker abgegrenzt! Ich schlage meinen Weg ein.

Die Sommergrippe mit dem hohen Fieber brauche ich für meine seelische Entwicklung. Fühle mich psychisch sehr gut, weil viele Menschen auf mich eingehen, Tom, Dr. Lu, Karen ruft jeden Tag an.

Seit zwei Jahren arbeite ich nicht mehr als mobile Fußpflegerin, im Juni 2015 höre ich damit auf, seit zwei Jahren kenne ich Dr. Lu und im Oktober sind es zwei Jahre ohne Lithium. Ich bin weder manisch noch depressiv, geistig klar und komme viel besser an meine Gefühle ran. Die Beziehung zu Tom gestaltet sich als sehr lebendig, besonders auch seit wir den J. F. HausService betreiben. Er brennt förmlich für seine Tätigkeit, alles entwickelt sich positiv. Wir bewegen uns noch integrierter hier in unserer Wahlheimat, seit über dreißig Jahren leben wir in der gleichen Wohnung in einem Sechsfamilienhaus mit dreifach verglasten Fenstern und Wärmedämmung. Wir fühlen uns sehr wohl, besonders seit über uns ein junges Pärchen eingezogen ist. Im Urlaub putzen wir uns gegenseitig den Flur und gießen die Blumen.

So richtig fängt die Neuorientierug beim Familienfest am Bodensee an. Mir wird meine starke Position innerhalb der Familie bewusst. Dann eine Woche vor dem Portugalurlaub dieses brennende Bedürfnis, Dr. Lu eine E-Mail zu schreiben, auf die er sehr empathisch antwortet, ich kann so richtig gut in den Urlaub starten. Und dann die Kämpfe mit Tom im Urlaub, alles positiv, kann wieder schlafen.

9.8.2017

Olanzapin 10 mg und zusätzlich 10 mg
 Gestern im intensiven Gespräch in der psychiatrischen Ambulanz kann ich alles sagen, was ich sagen will. Dr. Lu bedeutet mir viel, was ich auch äußere. Er ist klar und deutlich und hat sein Herz auf dem richtigen Fleck. Er gibt mir zu verstehen, dass ich jetzt jemand habe. Ich sage, Tom komme zuerst.
 „Das ist mir klar", entgegnet mein Arzt.
 Ich fühle mich stark und ehrlich.
 Abgrenzen von meinen Geschwistern ist Hauptthema der Stunde.
 „Jetzt komme ich dran", betone ich vehement.

14.8.2017

Olanzapin 10 mg
 Mir wird klar, dass Anita mein Verderben gewesen ist. Aktuell will ich zu ihr Abstand auf längere Sicht. Sie und Wilhelm sind damals die ärgsten Widersacher in meinem Leben, Anita ein bisschen mehr, weil sie meine Schwester ist. Sie erzählt meine Schwangerschaftsunterbrechung unseren Eltern, das wäre nicht nötig gewesen. Einmal dringen Wilhelm und Anita in mein Zimmer ein und „räumen es auf". Ich dekoriere es etwas exotisch mit von der Decke herunterhängenden Luftballons, ist doch meine Sache. Als ich auf Wohnungssuche bin und den Bauernhof in Eppingen miete (1976) verwei-

gert sie mir ihr Telefon in Eppelheim. Ich brauche dringend eine Anlaufstelle. Sie verhält sich so lieblos. Ich will meine Matratze mitnehmen, sie sagt, sie gehöre mir nicht mehr. Und das Schlimmste, jeder denkt, sie würde mich begleiten, sie wäre an meiner Seite, sie würde mich unterstützen. Der Versuch mir mit dem Bauernhof ein Zuhause zu schaffen, geht kläglich daneben. Jetzt schaue ich genauer hin, wie mir Dr. Lu empfiehlt. Den Umzug zahlt wie schon erwähnt Papa. Ich nehme halb Mengen mit, sogar einen Pferdeschlitten. Ich dekompensiere. In Eppingen bietet mir einer der beiden Typen, der den Umzugswagen fährt, etwas Braunes an, ich denke Schnupftabak, wahrscheinlich ist eine Droge reingemischt, wie mir eine heutige Nachbarin erklärt, der ich mich diesbezüglich öffne. Ich habe keinerlei Erfahrung mit Drogen. Es geschieht etwas mit mir. Ich kann mich noch an einen Schlag ins Genick erinnern, danach mit etwas Hartem, vielleicht einem Prügel ... Ich komme zu mir und bin nackt. Über ein paar Umwege lande ich im Zentralinstitut für seelische Gesundheit (ZI) in Mannheim, habe schon darüber geschrieben.

Ich erinnere mich an das Verbrechen vor 41 Jahren, weil ich auf dem Grillfest die Frau treffe, die damals dabei war. Ich muss unbedingt mit ihr sprechen. Sie arbeitet aktuell als Altenpflegerin, die beiden zwielichtigen Typen stammen aus Pfullingen, einer ist groß und dunkelhaarig, der andere klein und blond, ich kann mich noch gut erinnern.

Die Vermieterin des Bauernhofes, eine alte Dame in einem Altersheim, will mich anzeigen. Anita spricht mit ihr und regelt die ganze Angelegenheit, das muss ich ihr hoch anrechnen.

Jetzt muss ich erstmal eine Schreibpause einlegen und einen Chi-Kaffee trinken.

15.8.2017

Olanzapin 10 mg

Morgens starte ich mit Karen einen Ausflug in den Odenwald, Richtung Beerfelden, grobe Richtung Erbach. Sie will Kaffee trinken und spazieren gehen. Tom gönnt mir meinen Freiraum, er lässt Karen grüßen! Für das Abendessen habe ich alles vorbereitet, Zucchini, Tomaten und Zwiebeln geschnitten, zusammen ergibt das ein leckeres Gemüsegericht mit Breitbandnudeln aus dem Hausladen unseres Vermieters in Waldwimmersbach.

Auf der Fahrt nach Grasellenbach ist das Wetter brütend heiß. Ich habe die Befürchtung, dass ich durch die Klimaanlage im Auto einen Rückfall erleide. Angekommen an unserem Ausflugsziel werden wir von einem starken Regen überrascht, it's raining cats and dogs, sodass wir eine Viertelstunde im Auto sitzen bleiben müssen. Dann gehen wir zunächst einen Kaffee trinken und anschließend wandern wir durch den Wald zum Siegfriedsbrunnen, immer bergauf. Wir müssen höllisch aufpassen, dass wir nicht auf dem nassen und wurzligen Waldboden ausrutschen. Es gibt einen direkten und einen bequemen Weg, 20 Minuten und 35 Minuten. Wir folgen dem direkten Weg, doch zurück dem bequemen, der nicht so gefährlich ist. Karen, sehr abenteuerlustig, sieht das sofort ein, ich kann gut mit ihr auskommen.

18.8.2017

Olanzapin 10 mg

Entschließe mich, die Wohnung systematisch durchzuputzen. Beim Balkon fange ich an, jeden Tag eine Ecke, sortieren und rausschmeißen, unabhängig von Tom. Alles soll ganz übersichtlich und einfach zu reinigen sein. Will den gesamten Haushalt übernehmen, mit Leichtigkeit!

19.8.2017

Olanzapin 20 mg

Die Kollegin unserer Tai-Chi-Lehrerin besucht unser Training. Die beiden führen vor. Auf einmal kommt mir Tai-Chi für mich schwirig und nicht erlernbar vor. Schlafe in der Nacht sehr schlecht, ich muss an das Jiu-Jitsu-Training mit Tom zusammen denken, früher, da war ich ein paarmal dabei, ist nicht so mein Ding, wenn mir jemand an die Gurgel geht. Auf jeden Fall kommt Altes hoch, „ich kann nicht". Will dieses Gefühl überwinden. Spreche mit Tom darüber, mit der Lehrerin getraue ich es mich nicht.

23.8.2017

Olanzapin 10 mg
  Liege mal wieder auf der Kuschelecke mit einem Rückfall. Fühle mich schwach, meine Glieder tun weh.
  Ich beobachte, dass ich besonders gut an meinem Buchprojekt arbeiten kann, wenn ich leicht bis mittelschwer lädiert bin. Muss unbedingt mit Dr. Lu darüber sprechen! Toms Frage dazu: „Willst du krank bleiben, bis dein Buch fertig ist?" Der Profi erklärt mir das etwas anders: „Es geschieht wegen des Einfühlens." Ich soll auf eine gute Balance achten, so etwa. Auf jeden Fall bin ich beruhigt.

25.8.2017

Olanzapin 10 mg
  Schlafe so gut, dass ich voller Energie den ganzen Nachmittag die Wohnung auf Vordermann bringe, macht mir richtig Spaß! Tom arbeitet in einem Garten in Neckargemünd, er will heute Abend kochen, das kommt mir sehr entgegen.
  In einer Putzpause rufe ich Anita an. Ich fasse zusammen: Sie kann sich auskotzen, mir alles sagen und dann Punkt. Sie spricht von der eingefallenen Scheune wegen eines Konstruktionsfehlers, als Waltraud noch den Hof besaß, das muss sehr komisch aussehen. Dann erzählt sie mir noch, dass unser Bruder in Thailand im Bordell gewesen sein soll. Mir bleibt die Spucke weg! Komme immer mehr zu der Überzeugung, dass Abgrenzen

meine einzige Chance bedeutet, Abgrenzen von meinen Geschwistern, das hat Priorität. Die einzige Chance meines Bruders liegt in einer Analyse, ich kann ihm auch nicht helfen, das mache ich Anita klar. Sie betont mal wieder, sie hätte nicht auf's Gymnasium gedurft, sie ist immer noch nicht frei davon. Annelie besuchte auch nicht die Höhere Schule, sie zog daraus die Konsequenz und absolvierte über Abendschule erstmal die Mittlere Reife und anschließend das Abitur. Mit den entsprechenden persönlichen Voraussetzungen hätte dies Anita ebenso erreichen können.

Ich will auf jeden Fall Abstand auf längere Sicht und keine Telefonate! „Ich brauche meine absolute Ruhe für mein Buchprojekt. Ich komme auf dich zu, wenn ich soweit bin, du kannst ja ohne mich existieren." Ich werde immer konkreter. Ich brauche Anita mit zwanzig existenziell, damals als mich ihr Freund und sie nach meinem Selbstmordversuch von Stuttgart nach Heidelberg holen. Ich befinde mich in der Psychiatrie in Sigmaringen, werde dort sehr gut behandelt, doch Ralf meint, ich hätte bessere Möglichkeiten in Heidelberg. Sie nehmen mich mit, ich glaube ohne mich zu fragen. Beim Selbstmordversuch gab ich nämlich meinen Geist, meinen Willen, meine Eigenverantwortung auf, nach einer Nahtoderfahrung, ich trat aus meinem Körper heraus. Die ganze Sache ist zum Scheitern verurteilt, nur das weiß ich damals nicht. Ralf behandelt mich sehr professionell und Anita ist total überfordert. Wir bewegen uns auf verschiedenen Ebenen, uns trennen Welten.

27.8.2017

Olanzapin 20 mg

Wir frühstücken mit den Kampfsportleuten wieder im „Fleur" in Baiertal und erneut erkälte ich mich, weil wir in der Zugluft sitzen. Ich sage nichts, denn ich will nicht auffallen. Dr. Lu schimpft mich deshalb sehr. Er hat recht.

28.8.2017

Olanzapin 10 mg

Wache in der Nacht nach vielen guten Nächten um 1 Uhr auf, schlafe viel später wieder ein. Dass mein Bruder ins Bordell gegangen sein soll, bedeutet für mich unterste Schiene, ich hätte keine Achtung mehr vor ihm, wenn's stimmte. Bin so froh, dass ich weit weg von Mengen lebe und mir in meiner Wahlheimat mein eigenes Leben aufbauen kann. Versuche mich zu distanzieren, das Familienfest könnte ein gelungener Schlussstrich sein.

Spreche mit Dr. Lu darüber, ich schäme mich für meine Herkunftsfamilie. „Sie können nichts dafür", kommentiert mein Arzt.

Rufe meinen Bruder an, ob es stimme. Er sagt, es stimme nicht, wer denn so etwas in die Welt setzen würde, doch das behalte ich für mich. Er beteuert, dass er nie entsprechende Dienste in Anspruch genommen habe, das sei viel zu gefährlich wegen Aids. Ich glaube ihm. Anita ist schrecklich, sie hört auch nicht richtig zu. Ich will mich raushalten, es gelingt mir nicht ganz.

Gehe jetzt in den Bioladen einkaufen: Kartoffeln, Salat, Saftkarotten und Champignons, das alles zusammen gibt ein leckeres Gericht. Wir haben schon lange keinen Salat mehr gegessen!

29.8.2017

Olanzapin 10 mg

Erfahre im Programmheft des Naturheilvereins von Hochsensibilität. Ca. 15-20 % der Menschen sind sogenannte hochsensible Menschen (HSM). Hochsensibilität ist eine Eigenschaft, mit der man geboren wird. HSM zeichnen sich durch gesteigerte, intensive Wahrnehmungsfähigkeit aus, weswegen sie schnell überfordert und überreizt sind ... Auch auf Therapien und Medikamente reagieren Hochsensible häufig sehr stark.

Dieses Thema spricht mich sehr an. Der Vortrag darüber wird im Januar 2018 in Eschelbronn von einer Heilpraktikerin gehalten. Ich gehe auf alle Fälle hin. Ich fühle mich hochsensibel und hochempfindlich. Tom begleitet mich.

30.8.2017

Olanzapin 10 mg

Schlafe gut und fest bis 7.30 Uhr. Beobachte und stelle fest, dass ich schlecht schlafe, wenn ich Kontakt mit Anita pflege. Auch das mit meinem Bruder berührt mich im Schlaf. Abgrenzen!!!

Louise Hay, berühmte Esoterikern, ist mit 91 gestorben. Höre mir ihre CD an, die sie zusammen mit Cheryl Richardson besprochen hat. Titel: „Ist das Leben nicht wunderbar!" Bekomme gute Impulse. Lese auf dem Cover: „80 Jahre Lebensweisheit von der berühmtesten Lebenshilfe-Autorin der Welt." Hole mir immer wieder Kraft bei ihr!

31.8.2017

Olanzapin 10 mg

Ina ruft an, ich freue mich so.

Es regnet. Wir nutzen die Zeit, in der Wohnung weiter zu räumen, vier Säcke mit Schrott, wir sind sehr motiviert.

1.9.2017

Olanzapin 10 mg

Gestern Abend gehe ich um 21 Uhr ins Bett und schlafe bis morgens um 6 Uhr, bin fit. Ich überlege mir, was heute alles anfällt. Denke ein bisschen an Dr. Lu, noch eine Woche bis zum nächsten Gespräch. Tom verlässt das Haus um 7.30 Uhr, er arbeitet in einem Garten bei uns um die Ecke. Freue mich immer, wenn er in der Nähe tätig ist.

Nach einer Tipppause habe ich bald wieder die Kraft, am PC weiterzuschreiben.

3.9.2017

Olanzapin 10 mg
Schlafe zur Zeit richtig gut.

Seit meiner Sommergrippe vor ein paar Wochen genese ich nicht hundertprozentig, fühle mich schlapp, und schwitze so unnatürlich. Ich brauche unbedingt einen Hausarzt oder eine Hausärztin. Es ist nicht so einfach, jemanden zu finden, der passt. Werde mich die nächsten Tage darum kümmern. Vielleicht erleide ich gerade eine verschleppte Grippe. Diesbezüglich empfinde ich nicht gut für mich, auf jeden Fall, meine Füße sind immer kalt. Annelie sagt mir am Telefon, sie könne mir Top-Hausschuhe empfehlen. Ende September besuchen wir sie in Norddeutschland.

Den ganzen Sonntagnachmittag lümmle ich herum. Tom sortiert in der Garage Schränke aus, für unseren Flur. Denke an Karoline, meine Tageskliniksfreundin, die mich am Freitagmorgen schon vor 9 Uhr anruft und um Dr. Lus Telefonnummer bittet. Sie hat Fragen zu ihrer Medikation. Außerdem, das erzählt sie mir, erschreckte sie in der Nacht ein Alptraum, in dem sie psychotisch gedacht und gefühlt habe. Und dann geht es noch um ihre Nichte, die Tochter der jüngsten Schwester, die alle zusammen in Amerika seien. Die Schwester reagierte zweimal nicht auf ihre SMS. Karoline mache sich übertriebene Sorgen, das Kind sei nicht geimpft, und sie fixiere das Handy, als ob jeden Moment eine Nachricht aus Amerika ankommen müsse. Punktum, sie hat Angst, zu dekompensieren. Meine Reaktion: Sie bekommt die Telefonnummer nicht, ich bin eifersüchtig. Meine Erklärung: Dr. Lu bedeutet Bezugsperson und Karoline und ich sind sozusagen Geschwister. Dass ich Dr. Lu für mich allein haben will, ist frühkindlich, das arbeiteten wir schon vor ein paar Monaten heraus. Ich verweise Karoline an die Psychiatrische Ambulanz in Heidelberg, dort an ihre behandelnde Ärztin und empfehle ihr dringend ein Arztgespräch gleich am Montag. Sage ihr auch, dass ihre Schwester alt genug sei, auf ihre Tochter aufzupassen und für sie zu sorgen. Ich informiere ihre Eltern, Karoline würde es nicht so gut gehen. Abends telefonieren wir nochmals miteinander, sie meint, es gehe ihr gut.

Heute Mittag erkenne und vollziehe ich emotional nach, dass die Erklärung haargenau der Wirklichkeit entspricht. Ich bin im Februar 1953 geboren, Brigitte, meine nächstjüngere Schwester im März 1954 und im November 1955 kommt schon mein Bruder zur Welt, endlich der ersehnte Junge, das siebte Kind, der Prinz. Ich bin noch keine drei Jahre alt und muss schon mit zwei jüngeren Geschwistern teilen. Da werden vielleicht bereits die Weichen für die spätere Bi-Polarität gestellt. Dr. Lu: „Man kann sich größer oder auch kleiner machen. Dabei kann man eine Psychose bekommen." So ungefähr.

Einmal frage ich meine Mutter: „Warum konntest du mich als Baby nicht annehmen?" „Du hattest immer so rote Augen." Ich glaube, das schrieb ich bereits an anderer Stelle, egal. Diese Erkenntnis und dieses Erfassen sind wie eine kleine Geburt.

Noch etwas: Mir wird klar, dass ich mich in den letzten Wochen übergehe, beispielsweise beim Frühstücken mit den Kampfsportleuten, zwei Stunden in der Zugluft sitzend. Deshalb wieder die Erkältung. Ich hätte mein Bedürfnis, irgendwo anders zu sitzen, artikulieren müssen und einen Platzwechsel bewirken können, aber ich will nicht auffallen. Dr. Lu schimpft mich zurecht. So ist es.

Mir geht es jetzt richtig gut und ich fange gleich an zu kochen.

4.9.2017

Olanzapin 10 mg

Montagabend: Karoline ruft an, die ganze Problematik vom Freitag hatte sich in Luft aufgelöst, die Schwester schrieb die ersehnte SMS und die Eltern wirkten auf sie ein. Eines weiß ich sicher: Ich lasse mich von ihr nicht mehr ins Bockshorn jagen, ich mache mir zu große Sorgen. Sie erklärt mir, sie könne von jetzt auf nachher psychotisch werden, Freitag bewegte sie sich an der Grenze, sie hatte Ausläufer einer Psychose. Diese Art und Weise kenne ich nicht von mir, wenn, dann entwickelt es sich und es geschieht nur, wenn andere Menschen oder ich selbst schlecht behandelt werden oder bei längerer Reizüberflutung. Karoline reflektiert auch nicht. Dr. Lu sagt, ich habe ein gutes Herz. Ich lerne meine Lektion!

8.9.2017

Olanzapin 10 mg

Heute Gespräch in Erbach. Will eine Echinacin-Kur machen, für die Stärkung des Immunsystems. Lese im Beipackzettel, dass 22% Alkohol enthalten sind. Ist die gleichzeitige Einnahme von Olanzapin erlaubt? Frage Dr. Lu! Noch eine Frage an ihn: Kann man von Bluthochdruckmitteln wieder loskommen?

Unternehme heute Morgen vor dem Brunch einen halbstündigen, flotten Spaziergang in den Feldern. Der obere Rücken tut weh und es zieht bis zu den Händen. Außerdem praktiziere ich zuhause Yoga, den Sonnengruß, dreimal rechts, dreimal links und noch ein paar leichte Übungen. Dieses Programm führe ich schon die ganze Woche durch, Tipp meines neuen alten Hausarztes: viel bewegen, Rücken warm halten – es wirkt. Durch die Sommergrippe wurde ich inaktiv. Meine Erkenntnis: immer dran und in Bewegung bleiben. Es geht aufwärts!

Dr. Lu am Ende unserer heutigen Sitzung: „Ich glaube, das wird ein gutes Buch." „Das glaube ich auch", ergänze ich. Bevor ich ihm aus meinem Manuskript vorlese, nach der Begrüßung, sein erster Satz: „Achten Sie auf eine gute Balance!" Ich nicke kaum sichtbar mit dem Kopf. I got the message!

Heute gehen wir im Gespräch ganz tief. Erzähle ihm, wie ich in der Kirche in die Hosen scheiße, nach dem sexuellen Missbrauch durch Ernst, unserem Knecht. Wie ich mich dann erst zuhause säubere und danach die verschissene Unterhose ganz hinten im Schuppen verstecke. Jahrelang habe ich die Befürchtung, dass die Schweinerei auffliegt und entsetzliche Angst vor meiner Mutter. Einmal fragt sie mich: „Ist das dein Leibchen hinter der Waschmaschine?" Ich gebe keine Antwort und im häuslichen Tumult geht die Sache unter. Ich komme noch einmal davon.

Wir stoßen noch auf die Motivation zum Schreiben. Dr. Lus Frage oder Feststellung: „Sie haben es vorgehabt!?" Ich verneine und fahre fort: „Sie haben mich irgendwie erreicht, Sie sagten, es wäre schade, wenn Sie nicht schreiben würden!"

Es ist 2.20 Uhr und ich schlafe immer noch nicht, wegen des ganz tiefen Gesprächs mit Dr. Lu. Er meinte einmal, eine Nacht mal nicht zu schlafen, sei nicht so schlimm. Ich mache es mir auf der Kuschelecke gemütlich und trinke einen Chi-Kaffee. Ich denke vor allem an die frühkindliche Entbehrung, was die Zuwendung der Mutter betrifft. Ich könnte mir vorstellen, dass Mutter mich lange schreien ließ bis sie mich hochnahm aus dem Bettchen. Will mit Annelie darüber sprechen!

11.9.2017

Olanzapin 10 mg

Habe vor, Tai-Chi in den Tagesablauf zu integrieren!

Wiederhole immer wieder die Affirmation: Ich liebe und akzeptiere mich so, wie ich bin (Louise Hay). Schulmedizin mit Esoterik zu verbinden, bedeutet für mich seelisches Wachstum.

Gestern erfolgt ein Topgespräch mit Annelie. Wir sind sehr miteinander verbunden. Sie erzählt mir, dass Mama sie im Alter von neun Jahren mit einer Kopfgrippe auch liegen ließ und nicht adäqat versorgte. Ich freue mich auf unseren Besuch bei ihr in drei Wochen. Tom und sie wollen zusammen im Garten arbeiten, während ich koche, Zucchinitomatengemüse mit Breitbandnudeln, mein Topgericht.

Karoline ruft an. Ihre behandelnde Ärztin in der Ambulanz erhöhte nach einem offenen Gespräch die Medikation. Sie habe Ausläufer einer Psychose. Zusätzlich bekam sie ein Patientengespräch durch eine Krankenschwester. Sie ist gut aufgehoben.

12.9.2017

Olanzapin 10 mg

Bestrahle meinen oberen Rücken mit Rotlicht. Die Infrarotstrahlen lindern meine Schmerzen, dabei erweitert ihre Wärme die Blutgefäße, was zu einer stärkeren Durchblutung führt. Ich sorge für einen warmen Rücken. Am Sonntagnachmittag bei unserem Spaziergang strahlt die Sonne heiß. Ich schwitze – und dann der kühle Wind. Ich bin hochempfindlich! Tom sagt, er habe auch wie blöd geschwitzt. Trage seit gestern ein Angorahemd, das wärmt. Ich muss gut für mich sorgen.

Lese das Buch von Torey Hayden zum zweiten Mal. Inhalt: Der Kampf einer mutigen jungen Lehrerin um die verschüttete Seele eines Kindes, ein menschlich fesselnder Bericht. Es geht gut aus, ich weine ein bisschen. Karoline schenkte es mir. Sie übrigens führte mich vor etwa zwanzig Jahren ans Lesen ran. Karoline wurde von klein auf von ihren Eltern gefördert und besitzt eine Art Privatbibliothek mit vielen sehr guten Büchern. Ich erklärte ihr: „Ich kann nicht lesen!", worauf sie reagierte: „Das glaube ich nicht!" Seitdem leiht sie mir ausgewählte Bücher und es macht mir richtig Spaß zu lesen.

Es ist 10.30 Uhr und ich fühle mich sehr entspannt. Bis zum Brunch möchte ich noch duschen und die Haare waschen.

Gegen Abend ruft Marianne an. Wir können uns über familiäre Sachen gut austauschen. Sie blickt's auch treffend, was Anita betrifft. Jeder versteht, dass ich Abstand brauche. Warum arbeitet sie nicht auf? Warum wehrt sie sich so dagegen?

Marianne gibt mir so eine Art Gebet für meine bessere Abgrenzung von Anita: „Ich sende Licht und bedingungslose Liebe aus meinem Herzen, ich segne dich, du liebes Menschenkind. Friede sei mit dir." Und dann sagt sie noch irgendetwas von einer Glaswand und Licht und etwas Schwarzem. Ganz verstehe ich das nicht, ich werde nachfragen!

Marianne bezieht endlich Stellung zu Ina und ihrer Herkunftsfamilie. Sie meint, ihr Stiefvater sei halt vaterlos und haltlos aufgewachsen. Das stimmt, ist aber keine

Entschuldigung. Er muss konfrontiert werden, was bisher noch nie geschehen ist. Was Mechthild und ihr Mann Ina liefern, finde ich armselig, Dr. Lu auch.

14.9.2017

Olanzapin 10 mg

Lese die letzten Seiten meines spannenden Buches. Es klingelt an der Tür. Tom geht hin, es ist unsere Nachbarin von ganz oben. Ich höre nur „unter die Treppe stellen". Sie will das Geburtstagsgeschenk für ihre kleine Tochter, einen Kaufladen, kurzfristig im Flur unter die Treppe stellen. Tom stimmt zu, aber ich gehe dazwischen. Ich wende ein, überall hin, nur nicht unter die Treppe. Sie entgegnet: „Es ist wirklich nur kurzfristig." Ich lenke schließlich ein: „Okay." Tom ist mit Recht sauer, ich hätte ihn blöd hingestellt. Schnell kommt mir, dass dies stimmt, aber ich stelle mich noch blöder hin. Ich: „Wie kann ich dies wieder gutmachen?" Tom: „Ich weiß auch nicht."

Kurz vor dem Brunch fahren wir gemeinsam in den Hofladen unseres Vermieters nach Waldwimmersbach. Tom ist sehr schweigsam. Mir wird klar, dass es besser ist, den Mund zu halten. Ich muss den Vorfall vor allem mir selbst verzeihen. Wie würde Dr. Lu darauf reagieren? Ich überlege. Er wäre nicht so streng mit mir und würde äußern, dass mal was Altes hochkommen darf. Ich bin über mich betroffen, doch es haut mich nicht um. Ich putze mich nicht total runter, ich versuche zu verstehen. Zurück zuhause treffe ich die Nachbarin im Flur. Ich beginne zu sprechen:

„Hallo, Frau Sowieso, kennen Sie sich ein bisschen in Psychologie aus?" Sie bejaht.

Ich: „Das heute Morgen war total daneben, da ist was Altes hochgekommen."

Sie: „Das zuzugeben ist auch eine Stärke." Und berührt mich am Arm. Ich berühre sie ebenfalls kurz am Arm. Ich spüre den Auftakt für viel gegenseitiges Verständnis. Ich bewege mich in meiner psychischen Entwicklung wieder ein kleines Stück weiter.

Tom arbeitet heute Nachmittag in unserer Werkstatt in der Schulstraße. Ich frage, ob ich ihn später dort besuchen dürfe. Er antwortet, er überlege es sich und werde mir Bescheid geben. Kurz bevor er aufbricht, eröffnet er mir: „Du darfst mich besuchen." Bin erleichtert. Das Problem löst sich und keiner verliert sein Gesicht.

Vielleicht noch kurz, was in mir vorging: Ich stellte mir den Flur in Mengen vor, er war immer dreckig. Samstags geputzt, sonntags schon wieder schmuddelig, besonders unter der Treppe, wo unser Schäferhund seinen Platz einnahm. Aktuell in unserem Mietshaus dauert es sehr lange, bis Ordnung und Sauberkeit herrschen. Es geht eigentlich nur um das Flurputzen und das Kehren ums Haus, die Aufgaben, die von der Hausgemeinschaft getragen werden müssen, alles andere bedeutet Privatsache. Heute klappt's. Tom fungiert als Hausmeister und wir sind hinterher, dass diese Pflicht eingehalten wird, unser Einsatz dafür vergütet uns der Hausbesitzer monatlich mit einer Überweisung. Alles glasklar!

Ich glaube, mir kommt die Unordnung in dem großen Bauernhaus mit der großen Familie hoch. Wir müssen schon als junge Kinder samstags mit Annelie das ganze Haus putzen. Wenn es nur ein bisschen länger sauber geblieben wäre! Montags sieht es wieder verheerend aus, eine Sisyphusarbeit. Aus diesem Grund genieße ich aktuell den Zweipersonenhaushalt, klar, übersichtlich. Das Bad in Mengen, eine einzige Katastrophe. Ich versuche es mit Namensschildern für Handtücher und Waschlappen, es funktioniert nicht. Mein Bruder lässt nach dem Baden nicht einmal das Badewasser ablaufen, dieses Schwein.

Ich versuche mich mit Tom zu versöhnen, er macht es mir nicht so leicht. Kleinlaut erkläre ich ihm: „Ich schäme mich ja auch dafür, du hast es bestimmt zuhause nicht nötig gehabt, so zu reagieren." Ich helfe ihm, eine E-Mail zu schreiben und gehe anschließend schweigend ins Bad. Nach einiger Zeit kommt er und umarmt mich von hinten, drückt mich und äußert: „Ich verzeihe dir den kleinen Ausrutscher." Tom ist der Richtige. Ich spüre in mir, dass wir es zusammen mit Dr. Lu schaffen können. Toms Worte: „Er ist ein verdammt guter Therapeut."

15.9.2017

Olanzapin 10 mg
Sehr guter Schlaf
  Lese heute Morgen die letzten Seiten aus „Der Kleine Prinz" von Antoine de Saint-Exupéry. Die Begegnung des Kleinen Prinzen mit dem Fuchs beschäftigt mich: „Der war nichts als ein Fuchs wie hunderttausend andere. Aber ich habe ihn zu meinem Freund gemacht, und jetzt ist er einzig in der Welt ... Du bist zeitlebens für das verantwortlich, was du dir vertraut gemacht hast."
  Ich denke an Dr. Lu.
  Es ist gerade mal 9.30 Uhr und ich genieße die herrlich viele Zeit bis zum Brunch, ich brauche auch nicht einkaufen zu gehen. Ich dusche zunächst und dann werde ich entscheiden, was ich mache. Ich freue mich heute schon auf Sonntag, den Naturheiltag in Spechbach. Tom und ich sind für den Verkauf von Kaffee und Kuchen eingeteilt, unser Beitrag wie die letzten Jahre.
  Gestern Abend sagt mir Tom, er habe das Buch „Die Möwe Jonathan" in der Werkstatt entdeckt. Das wird meine nächste Lektüre, ich freue mich sehr darauf.
  Schreibe eine E-Mail an Dr. Lu. Ich berichte ihm von der Begegnung des Kleinen Prinzen mit dem Fuchs und wie mich das berührt. Er schreibt zurück:
  Liebe Frau ...,
  ja, so ist das mit menschlichen Begegnungen auch, denke ich. Man wird füreinander etwas Besonderes und es bleibt etwas, bei beiden.

Herzliche Grüße,
Ihr ...
Ich bin beseelt.

17.9.2017

Olanzapin 10 mg

Tom und ich praktizieren zusammen täglich die Kurzform von Tai-Chi, seit fast einer Woche. Es baut mich total auf.

18.9.2017

Olanzapin 10 mg

Gestern Naturheiltag. Wir hören uns den Vortrag über Bluthochdruck an. Lasse mir doch vom Arzt ein 24-Stunden-Blutdruckgerät anlegen. Vielleicht brauche ich nicht mehr so viel Bluthochdruckmittel, ich bin ja nicht mehr so starkem Stress ausgesetzt. Heute Mittag besuche ich die Sprechstunde bei meinem Hausarzt.

19.9.2017

Olanzapin 10 mg
Sehr guter Schlaf

Ab heute nehme ich nur noch die Hälfte des Bluthochdruckmittels ein, mein Herz fühlt sich leichter an. Überhaupt stelle ich fest, ich kann besser atmen, ganz frei.

Werde mit meiner Yogalehrerin darüber reden, Anfang Oktober.

Kaufe mir das Buch „Stell' dir vor, du bist gesund" von Ursula Windisch. Bin gespannt! Es wurde auf dem Naturheiltag vorgestellt.

21.9.2017

Olanzapin 10 mg
Papa wäre heute 110 Jahre jung geworden.

22.9.2017

Olanzapin 10 mg

Mit der geringeren Dosis von 4 mg Bluthochdruckmittel, Blutdruck: 131-83, Puls 75, süpi.

Lese das Buch „Stell'dir vor, du bist gesund" zum zweiten Mal. Es geht um die Kraft der Gedanken, teilweise sehr amüsant. Zum Beispiel: Man holt in Gedanken seine Niere raus und wässert sie ... und setzt sie dann wieder ein. Mich interessiert Dr. Lus Meinung dazu, er ist Schulmediziner.

23.9.2017

Olanzapin 10 mg
Süpi geschlafen

Gestern, Samstagabend. Ich koche Kürbis in Tomaten, Champignon und Roter-Linsen-Soße, alles im Backofen, gekocht heißt es nicht, auch nicht gebacken, mir fällt das richtige Wort nicht ein, vielleicht gegart. Tom umarmt mich nach dem Essen, streichelt mir zärtlich über den Kopf und sagt: „Du entwickelst dich, ich hätte vor zehn Jahren nie gedacht, dass du mal so fleißig in der Küche sein würdest." Ich freue mich sehr, bin sehr empfänglich für Lob und erledige den Abwasch. Das ist unser Deal. Er arbeitet den HausService, dabei ich das Organisatorische, und ich erledige zusätzlich den Haushalt. Am Wochenende kocht Tom auch mal und spült hinterher, ganz lässt er sich nicht aus der Küche vertreiben, er steht mir mit Rat und Tat zur Seite. Er kann kochen, er hat viel Übung darin. Jahrzehntelang bereitet er das Essen zu, damals als es mir noch nicht so gut geht, weil ich immer denke, das könne ich nicht. Und jetzt macht es mir richtig Spaß. Mir tut der Zweipersonenhaushalt gut, alles schön übersichtlich, nicht wie früher in Mengen mit der großen Familie, wo die Arbeit nie ausging. Nie war man fertig, nie blieb das große Haus auch nur zwei Tage lang sauber. Wie schon erwähnt: Sisyphusarbeit. Ich kann mich noch gut an Oma väterlicherseits erinnern, sie putzte und spülte ständig. Als ich sieben war, starb sie.

Übrigens mein Rücken ist schon seit ein paar Tagen wieder ganz in Ordnung. Der Auslöser für die Erkältung bestand in der Zugluft im „Fleur" beim Frühstücken. Erkenntnis: Zugluft meiden und zu meiner Empfindlichkeit stehen.

Noch was: Tom und ich praktizieren täglich die Kurzform von Tai-Chi, meist abends, wir integrieren sie in den Tagesablauf. Es baut mich unglaublich auf. Vielleicht erwähnte ich es schon einmal, oder? Egal!

Noch was anderes: Ich habe mir immer einen Arzt gewünscht, wie Dr. Lu einer ist. Man bekommt immer das, was man intensiv denkt, immer! Im Positiven wie im Negativen.

Jetzt muss ich nur noch meinen inneren Schweinehund überwinden und mit dem Tippen fortfahren. Das Schreiben ins Tagebuch erlebe ich nicht als Problem, nur ich vertraue dem Computer nicht hundertprozentig. Werde ganz fuchsig, wenn etwas nicht klappt, beispielsweise eine Zeile unten auf der Seite nicht gedruckt wird.

Bin geschockt über das Bundestagswahlergebnis. Die AfD zieht in den Bundestag ein! Bin ganz aufgeregt. „Calm down", beruhigt mich mein Mann.

25.9.2017

Olanzapin 10 mg
Wache erst um 9.05 Uhr auf, sehr ungewöhnlich für mich, bin total fit.

Mein Tag heute: Ich brühe mir einen Kaffee auf, setze mich auf die Kuschelecke, lese in meinem Manuskript und schreibe dann weiter. Um 10 Uhr höre ich mir die Nachrichten an, danach dusche ich. Vor dem Brunch kaufe ich ein, wieder Top-Produkte, meist in Bio-Qualität. Nach dem Brunch spüle ich. 13.30 Uhr flotter Spaziergang in den Feldern. 15.15 Uhr messe ich meinen Blutdruck, zwischen 15 und 16 Uhr soll er laut meiner Tai-Chi-Lehrerin am höchsten sein. Er bewegt sich wie im Bilderbuch mit reduzierter Medikation. Stelle die 40-Grad-Wäsche an. Bevor sie fertig ist, hänge ich die bereits getrocknete Wäsche ab, lege sie zusammen und platziere Toms Sachen auf seine Betthälfte, meine räume ich in meinen Schrank ein.

Die Nachbarin der mittleren Wohnung ruft an, ob ich noch mehr getrocknete Pfefferminze für Tee haben wolle. Erst will ich nicht, doch ich überlege es mir anders und spreche ihr auf den AB. Sie kommt herunter und bringt mir ein Glas mit Teeblättern. Wir unterhalten uns ein bisschen und ich mache ihr den Vorschlag, doch im November gemeinsam den Garten winterfest zu machen. Sie entgegnet: „Ich will nicht zusammen mit dir im Garten arbeiten, ich will keinen Termin, sondern ich will gärtnern, wenn es mir Spaß macht und ich Lust dazu verspüre." Meine Reaktion: Schluck. „Es war nur ein Vorschlag." Sie reagiert total direkt und dazu äußerst ehrlich. Sie stößt mich zunächst vor den Kopf, ich kann aber dann damit umgehen. Wie unterschiedlich Menschen sind?!

Annelie und ich telefonieren. Sie ist genauso geschockt wie ich über den Ausgang der Bundestagswahl. Sie: „Es fühlt sich an wie nach einer schlechten Klassenarbeit." Wir tauschen uns noch zehn Minuten aus, dann muss sie weg zu einer Lesung. Annelie und ich verstehen uns gut. Ich freue mich auf unser verlängertes Wochenende bei ihr.

Setze mich immer wieder zwischendurch auf den Balkon in die Sonne.

Um 20.30 Uhr beende ich meinen heutigen Tagebucheintrag. Hinterher mache ich mich im Bad fürs Bett fertig, dann Kuschelecke. Hoffe, dass Tom auch bald eintrudelt. Bis dahin praktiziere ich noch eine Runde Progressive Muskelentspannung. Ein Supertag!!!

Denke ein bisschen an Dr. Lu!

27.9.2017

Olanzapin 10 mg

Gestern Abend telefonieren Ina und ich miteinander. Sie wird immer offener. Toll!!!

29.9.2017

Olanzapin 10 mg

Gestern Abend nach Tai-Chi schlafe ich sofort ein, bis heute früh 6.30 Uhr.

Endlich Reiseabfahrt nach Norddeutschland. Nach dem Aufstehen klappt alles wie am Schnürchen, Tom und ich sind ein eingespieltes Team. Wir frühstücken unterwegs und später legen wir noch eine Cappuccinopause ein. Ohne Stau kommen wir um 13.30 Uhr in Hagen an, wo wir im Hotel übernachten. Normalerweise hätten wir erst um 15 Uhr unser Zimmer beziehen können, doch wir dürfen schon vorher rein.

Es ist saugemütlich! Die Sonne strahlt und wir gehen zu Fuß in die Stadt Eisessen. Hinterher lege ich mich eine Stunde ins Bett, währenddessen Tom nochmals herausgeht. Heute Abend essen wir italienisch in einem uns schon bekannten Lokal in der Stadt.

Ist das Leben nicht wunderbar!!!

Freue mich sehr auf meine Schwester, ich rufe sie jetzt gleich mal an.

3.10.2017

Olanzapin 10 mg

Wir sind wieder zuhause nach unserem gelungenen Kurzurlaub. Einmal bekamen meine Schwester und ich uns in die Wolle. Beim Jeanskauf fragte ich die Verkäuferin, wie man die Hose wasche. Annelie fand das doof. Ich lerne, mich zu behaupten. Ohne zu streiten vertrat ich meinen Standpunkt und fühlte mich gut dabei. Wieder ein Stück weiter in der psychischen Entwicklung! Werde ich konfliktfähig? Annelie fand mich fröhlich und selbstbewusst.

Ich schreibe morgen weiter.

4.10.2017

Olanzapin 10 mg

Würde gern auf Abilify umsteigen. Was hält Dr. Lu davon? Olanzapin macht dick, habe ein schweres Körpergefühl. Mich stört mein Bauchfett!

5.10.2017

Olanzapin 10 mg

Gestern, im Tai-Chi, beginnen wir mit der Energiearbeit, es klappt hervorragend.

Mir wird der hinterste Zahn im Unterkiefer gezogen, ich fühle mich jetzt ganz frei im Mund. Das ist der Störenfried gewesen!

6.10.2017

Olanzapin 10 mg

Gespräch bei Dr. Lu. Er sieht aus, als ob er ein paar Nächte nicht geschlafen hat. Er hat's angeblich mit den Nebenhöhlen. Ich glaube, seiner Mutter geht es nicht so gut. Lese ihm den Tagebucheintrag vom 14.9. vor. Tom und ich haben Stress, ausgehend von einer Grenzüberschreitung meinerseits (Kaufladen unter der Treppe). Dr. Lu findet es gut, dass Tom mir immer wieder eine Brücke baut und wir uns letztendlich aufs Neue finden.

Lese noch den Tagebucheintrag vom 29.8. vor. Kurz: Tom und ich wollen im Januar einen Vortrag über Hochsensibilität besuchen. Ich fühle mich hochsensibel und hochempfindlich.

„Sie sind hochsensibel", bestätigt mich Dr. Lu. Er gibt mir ein Buch mit: „Wenn die Haut zu dünn ist: Hochsensibilität – vom Manko zum Plus" von Rolf Sellin. Ich lese es in zwei Tagen, kann mich jetzt besser verstehen. Sehe mein Leben in einem anderen Licht! Als Hochsensible nimmst du mehr Reize auf und intensiver wahr, und die Wahrnehmung ist differenzierter.

10.10.2017

Olanzapin 10 mg
Schlafe heute Morgen nur bis 5.30 Uhr.

Thema in meinem Bauch und Kopf: meine Hochsensibilität, eine andere Prämisse für meine psychische Entwicklung. Bin ich überhaupt bi-polar? Oder bedeutet es nur Identitätssuche? Oder werde ich es erst durch die Behandlung in der Psychiatrie?

Mein mich behandelnder Arzt in den Johannesanstalten in Mosbach vertritt 1986 die Auffassung, dass ich kein Lithium brauche. Er stellt mir schriftliche Fragen, die ich beantworten soll, an die Fragen erinnere ich mich nicht mehr. Er sagt, ich schaffe es nur, wenn ich Verantwortung für mein Leben übernehmen würde.

Jeden Morgen bei der Visite ist auch der Psychologe dabei, ich erhalte die beste Behandlung, die mir je in einer Psychiatrie zuteil wird. Den Stationsarzt treffe ich zufällig Jahre später in der Waldorfschule in Wieblingen bei einer Fortbildung. Ich erzähle ihm, dass ich mich als Fußpflegerin selbständig gemacht hätte, dass ich mit meinem Mann zusammen sei etc. Er hört mir ganz aufmerksam zu und bemerkt: „Machen Sie weiter so!"

Dr. Stern, mein langjähriger Psychotherapeut (mein erstes Buch „Dank Therapie an Leben gewonnen"), meint, ich sei keine Psychotikerin, wahrscheinlich auch nicht manisch-depressiv. Bin ich nur hochsensibel?

Als ich nach dem Abitur das Elternhaus verlasse, zunächst nach Reutlingen an die Pädagogische Hochschule, mache ich am Infotag auf dem Absatz kehrt. Die vielen Menschen bei dieser Studentenansammlung, die vielen Reize erschlagen mich.

Ich wechsle noch im ersten Semester an die Uni Stuttgart, wo ich Veronika (eine Schulfreundin) treffe, die ein Semester Biologie studiert, während sie auf einen Studienplatz in Medizin wartet. Wir beziehen zusammen zwei schöne Zimmer gleich hinter der Mensa. Wir verstehen uns sehr gut, es fällt nie ein böses Wort.

Mehrere Mitschüler studieren in Stuttgart und die Stadt gefällt mir. In kürzester Zeit bin ich relativ gut eingebunden. Heute sage ich mir, ich hätte es schaffen können mit einer guten therapeutischen Begleitung.

Ich schreibe mich für Romanistik und Sport ein und erreiche mein Semesterziel in beiden Fächern. Die Fächerkombination liegt mir. In französischer Phonetik erhalte ich eine 2, Französisch kann ich immer schon gut und spreche es auch gern. In der ersten Klausur, Übersetzung, schreibe ich eine 5-4. Ich bin geschockt und lerne kräftig, in der nächsten erhalte ich eine 1-2. In Sport schlage ich mich mit Problemen mit meinem rechten Handgelenk herum. Das Fach Sport entpuppt sich als sehr anstrengend, und das Sportinstitut liegt weit außerhalb. Mit dem Fahrrad gelange ich dorthin.

Es liegt hoher Schnee (WS 72/73). Komme an die Grenze meiner Belastbarkeit. Ich denke an meine Geburt.

Da gibt es noch so einen Sportdozenten, der mich immer wieder besucht. Einmal bringt er mir einen Apfel mit. Ich denke, ist der aber nett, aber im Endeffekt will er mich nur ins Bett kriegen, was er nicht schafft. Ich bin durcheinander. Dr. Lu: „Er objektiviert Sie."

Nachdem es mit Hendrik, meinem ersten richtigen Freund, aus ist, lerne ich Wilhelm, Ralphs besten Freund, bei einem Zelturlaub nach dem Abi in Heidelberg näher kennen. Ralph ist damals mit Anita befreundet.

Wilhelm streichelt mir über den Kopf und wir spielen Tischfußball auf dem Campingplatz. Es beginnt eine fatale on-and-off-Beziehung. Eigentlich lehnt er mich total ab und kritisiert nur an mir rum. Er studiert in Böblingen Mathematik. Irgendwie fliegt er durch die Prüfung und landet in Heidelberg, wo wir uns wiedersehen, jetzt studiert er Betriebswirtschaft.

Es passiert einiges, und 1974 ziehen Wilhelm, Anita und ich in eine Art Wohngemeinschaft. Ralph unkt: „Das geht nicht gut."

Ich bin inzwischen an der PH Heidelberg, konzentriere mich immer noch nicht aufs Studieren, alles andere betreibe ich intensiver. Beispielsweise spiele ich in einer Amateurtheatergruppe die Hauptrolle der Braut in dem Stück „Der Trauschein" von Ephraim Kishon. Der Regisseur holt mich für die Proben von der Wohnung in Eppelheim ab und bringt mich auch wieder zurück. Ein Semester lang bin ich voll ausgefüllt mit Proben und

Textlernen. Beurteilung des Regisseurs: „Du spielst wie eine junge Göttin." Wilhelm lässt kein gutes Haar an meinem Talent und der Spielleiter bemerkt: „Du hast den falschen Freund."

Am 1. November 1975, an seinem Geburtstag, endet die Beziehung endgültig, er schlägt mir ins Gesicht, wegen Wohnungsputzen. Ohne Liebe sollte man nie mit jemandem zusammen sein.

Mein rechtes Auge zuckt, ich glaube, für heute reicht's mit der Schreiberei. Ich brauche erstmal einen Kaffee.

12.10.2017

Olanzapin 10 mg
Schlafe sehr gut.

Anita ruft an, obwohl ich ihr immer wieder sage, keine Telefonate, ich melde mich, wenn ich soweit bin. Grenzüberschreitung!!! Ich glaube, sie ist hochgradig gestört, oder sie ignoriert, oder sie ist dumm.

13.10.2017

Olanzapin 10 mg

Lasse mich vom Hausarzt durchchecken. Der Blutdruck ist so gut, dass er vorschlägt, vier Wochen lang den Blutdrucksenker abzusetzen und dann weiter zu sehen. Nehme nur noch 10 mg Olanzapin ein, meine einzige Chemie! Muss das immer wieder betonen!

Ohne Lithium fühle ich mich viel selbstbewusster.

Unternehme mit Karen einen zweistündigen Spaziergang bei strahlendem Sonnenschein. Sie ist eine sehr gute Freundin, sie bedeutet mir viel.

Abends besuche ich zum ersten Mal den Singkreis mit Andrea. Wir singen querfeldein. Jeder darf sich der Reihe nach ein Lied wünschen. Ich schlage vor „How many roads". Bin nächsten Freitag auf alle Fälle wieder dabei.

14.10.2017

Olanzapin 10 mg

Hole meine reparierte Gitarre ab, bei einem Musiker gerade bei uns um die Ecke. Von unserem Balkon aus sehe ich ihn öfter auf seinem Balkon Gitarre spielen. Über Tom lernte ich ihn kennen, mein Mann reparierte irgendetwas an seinem Balkon im Rahmen des J. F. HausServices. Die beiden kamen miteinander ins Gespräch. Tom, überzeugt von ihm: „Bei ihm lernst du das Gitarrespielen richtig."

Ich erfahre erst heute, dass Tom als junger Mensch drei bis vier Jahre lang wöchentlich Konzerte besuchte, allein oder mit Freunden. Er bringt immer wieder Überraschungen!!

Letzten Donnerstag absolviere ich meine Probestunde, sie geht total daneben. Ich schlage zu kräftig auf die Saiten ein und er unterbricht: „Nein! Aus dem Handgelenk!" Wir wiederholen ein paarmal und es klappt nicht. Jedes Mal betont er: „Nein!" Ich schwitze. Frustriert gehe ich nach Hause. Dennoch spreche ich mit ihm: „Ich glaube, Sie sind etwas zu streng für mich, ich bin klosterschulgeschädigt." Ich bin ganz ehrlich. Wir unterhalten uns eine Zeitlang und ich verspüre, dass er mich gern als Schülerin annehmen würde.

Ich: „Vielleicht kommen wir doch noch zusammen, ich überlege es mir." Ich lasse ihn schmoren.

15.10.2017

Olanzapin 10 mg

Den ganzen Sonntag setze ich mich mit meiner Probestunde auseinander. Entdecke im Internet Gitarrengriffe für Anfänger, bin total begeistert. Manche Griffe kenne ich noch von früher. Mit zehn Jahren erhielt ich bei einer knöchrigen, älteren, adligen Dame Gitarrenunterricht. Manches muss ich nur auffrischen. Auf einmal verspüre ich richtig Lust, es doch mit dem Musiker zu versuchen. Morgen rufe ich ihn an!

16.10.2017

Olanzapin 10 mg
Sehr gut geschlafen!

Anita könnte an den Nordpol ziehen und es würde mir nichts ausmachen! Sie darf nicht erfahren, dass ich kein Lithium mehr nehme. Sie würde versuchen, mich in die alte, kranke Rolle reinzudrücken, mit den Worten: „Immer, wenn ich von Julia reduzieren höre, wird sie krank."Sie gibt mir keine Chance. Sie zwingt mich dazu, mich total von ihr abzugrenzen und noch einen Schritt weiterzugehen und den Kontakt mit ihr zunächst ganz einzustellen. Sogar Annelie empfiehlt: „Abgrenzen!" Tom lässt kein gutes Haar an Anita!

17.10.2017

Olanzapin 10 mg
Sehr guter Schlaf

Mache heute Morgen um 10 Uhr einen Spaziergang durch die Felder mit meiner englischen Freundin. Lebe ein wunderschönes Leben! Mein Wochenplan gestaltet sich vielseitig und interessant. Heute noch Yoga und morgen meine erste Gitarrenstunde.

Die Sonne strahlt, ich sitze auf dem Balkon und genieße die Wärme. Nach dem Gitarrenunterricht rufe ich Dr. Lu an!

18.10.2017

Olanzapin 10 mg
Sehr guter Schlaf

Meine erste Gitarrenstunde verläuft entspannter als die Probestunde, bin freudig eingestimmt. Bis Montag, meiner nächsten Stunde, übe ich fleißig schlagen, locker. Vor allem locker aus dem Handgelenk!

Mittags rufe ich Dr. Lu an. Er freut sich mit mir mit den Worten: „Gitarre passt zu Ihnen."

Dr. Lu wird mir immer vertrauter.

19.10.2017

Olanzapin 10 mg
Wieder sehr guter Schlaf

Erfahre von meinem Hausarzt die Ergebnisse meines Körperchecks. Alles in Ordnung, Leber, Niere, Cholesterin usw. trotz lebenslanger Medikamenteneinnahme, besonders Lithium (40 Jahre) und Olanzapin (20 Jahre). L-Thyoxin, das Schilddrüsenhormon, brauche ich nicht mehr, seit Absetzen des Lithiums. Olanzapin und das Bluthochdruckmittel sind aktuell meine einzige Chemie. Bin ganz stolz! Zu erwähnen wäre noch, dass Lithium über die Niere ausgeschieden wird.

20.10.2017

Olanzapin 10 mg
Sehr guter Schlaf

Ich vermute, dass sich mein Schlaf mit wachsendem Vertrauen in die therapeutische Beziehung stabilisiert. Seit einer Woche vor dem Portugalurlaub im Juni schlafe ich wie ein Murmeltier. Ich schreibe Dr. Lu eine E-Mail und er antwortet umgehend, das ist der Punkt. Das Leben fühlt sich ganz anders an! Ich kenne Dr. Lu aktuell zwei Jahre, ich lerne so viel – Therapie auf Augenhöhe mit einem männlichen Wesen.

Heute wieder Singkreis, so langsam komme ich bei mir und der Gruppe an. Treffe hier eine frühere Schülerin aus der Klosterschule, kurzer Austausch.

21.10.2017

Olanzapin 10 mg

Erlebe heute einen Supertag. 7 Uhr aufstehen. Von 8 bis 12 Uhr mit Tom einen Hinterhof von Brombeersträuchern befreien. Mit der Zeit kriege ich heraus, wie ich die Dinger anfassen muss, sodass die Dornen nicht elendig stechen, habe abends gesprenkelte Hände und drei Spreißel. Um 10 Uhr Tom: „Jetzt gönnen wir uns eine kleine Pause, kaufe bitte zwei Cappuccino im Netto!" Als ich zurückkomme, zaubert er für mich eine Brezel und für sich ein Käsezöpfchen hervor, im Fach der Seitentür eine Flasche Mineralwasser. So etwas kriegt nur Tom fertig! Ich komme mir vor wie die arbeitende Bevölkerung.

Den Kleinschnitt bringen wir zum Kompost! Um 12.30 Uhr brunchen wir genüsslich. Tom arbeitet anschließend in der Werkstatt und ich telefoniere ausgiebig mit Karen. Ich übe ein bisschen Gitarre, nicht zu viel, weil ich das rechte Handgelenk spüre, hatte damit schon mit zwanzig Probleme, besonders im Sportstudium. Wasche zwei Maschinen Wäsche, Tom kocht heute Abend, das bedeutet für mich so viel wie Feiertag. Nach dem Essen praktizieren wir gemeinsam die Kurzform von Tai-Chi. Der Abend klingt auf der Kuschelecke aus. Ich bin mit Tom sehr glücklich!

22.10.2017

Olanzapin 10 mg
Guter Schlaf

Heute besuchen wir das Theater im örtlichen Evangelischen Gemeindehaus. „La Vita" bringt mit „Die Welle" ein dramatisch-sozialkritisches Stück auf die Bühne, welches auf einer wahren Begebenheit beruht. Ein kalifornischer Lehrer macht ein Experiment, das zeigt, wie schnell Menschen bereit sind, ähnlich wie im Dritten Reich blind einer Autorität zu folgen und dabei eigene Moral- und Gerechtigkeitsmaßstäbe aufzugeben. Hochinteressant! Aktuell Türkei!

23.10.2017

Olanzapin 10 mg
Sehr guter Schlaf

Mein linkes Auge stört mich seit Sonntag kolossal, es fühlt sich an, als ob ein Körnchen drin wäre. Ungefähr fünf Jahre leide ich schon an trockenen Augen. Vielleicht sollte ich mal wieder richtig weinen! Bei Dr. Stern weinte ich viel. In der Therapie mit ihm setzte er bei mir viel Gefühl frei, wusste aber nicht, mich zu nehmen und damit adäquat umzugehen. Ich fühlte mich wie eine offene Wunde. Ich merke, ich bin aktuell stärker, muss nicht mehr so zwanghaft an Dr. Lu denken. Dr. Lu: eindeutig, emotionale Bedürftigkeit.

Ich verstehe nicht: Mein Blutdruck steigt rasant, der zweite Wert bewegt sich weit über 90. Muss mich auf mich besinnen, Ruhe bewahren und mich abgrenzen.

Vielleicht hängt es mit dem Telefongespräch mit Marianne zusammen. Wir sprechen über meine Beziehung zu Anita und über meinen Bruder, der einen Acker für 100.000 Euro verkaufen und das ganze Geld für sich behalten will. Das hat ein Gmäckle! Er ist arm dran, seine afrikanische Freundin fordert Geld. Er besitzt nur noch 13 ha Land von 30 ha. Ich sehe ihn verarmt und einsam später dahinvegetieren. Abgrenzen!!!

25.10.2017

Olanzapin 10 mg
Gut geschlafen

Bin heute viel ruhiger und der Blutdruck fällt. Bleibe ganz bei mir, lasse mich mittags bei der Kosmetikerin verschönern und übe eine halbe Stunde Gitarre. Abends dämpfe ich Kartoffeln und Karotten im Thermomix, dazu gibt's eine Rote-Linsen-Soße. Dieses Gericht schmeckt äußerst bekömmlich. Bevor ich ins Bad gehe, praktizieren Tom und ich gemeinsam die Kurzform von Tai-Chi. Meine Welt ruht und ist in Ordnung. Ich darf nur nicht an die Weltpolitik denken!

8.10.2017

Olanzapin 10 mg
Fantastischer Schlaf

Hautarzt: Meine Gesichtshaut spannt und ist gerötet. Er meint, ich überpflege sie am Mund und Kieferbereich, auch um die Augen. Überdenke meine gesamte Kosmetik. Der Arzt empfiehlt mir eine spezielle Creme für trockene Haut, schon nach einmaligen Auftragen verspüre ich Erleichterung. Benutze einen anderen Augen-Make-up-Entferner aus der Apotheke. Habe den Eindruck, die Augensäcke wirken nicht mehr so ausgeprägt. Ich finde meinen Hautarzt gut, vor einem Jahr schon half er mir bei meinem Haarausfall.

Meine Erkenntnis: Man muss alles in die eigene Hand nehmen und wenn notwendig, sich an den Fachmann wenden, daran glaube ich fest. Wofür gibt's denn die speziell geschulten Leute! Es fühlt sich gut an, daran zu glauben.

Alle Menschen sind mir wohl gesonnen, ich kenne keinen Feind, aktuell. In der Vergangenheit verhielt es sich nicht immer so. Als Feind stellte sich mein unmittelbarer Chef bei der Stadt Heidelberg heraus, damals im „Bunsenkeller". Seine Körpergröße sein größtes Problem! Für mich nie eins, einer meiner Freunde als Teenager ging mir auch nur bis zu den Augen. Ich bin doch nicht die Therapeutin meines Chefs! Dies kommt mir heute Abend, während ich auf der Kuschelecke Musik höre, auch ein gutes Gefühl. Überhaupt, das Leben gestaltet sich schön!

31.10.2017

Olanzapin 10 mg
Guter Schlaf

Lese zum zweiten Mal das Buch „Wenn die Haut zu dünn ist", sehr leicht zu lesen, kann einiges rausziehen. Es geht um die Wahrnehmung und Reizverarbeitung. Der Punkt: Hochsensible nehmen mehr und intensiver wahr als andere, das merke ich mir besonders.

2.11.2017

Olanzapin 10 mg

Heute Gitarrenstunde. Ich setze mich total unter Druck. Spreche morgen mit Dr. Lu darüber. Warum dieser Druck?

3.11.2017

Olanzapin 10 mg
Sehr guter Schlaf

Termin bei Dr. Lu: Unmittelbar nach dem Gespräch fährt er mit dem Auto nach Berlin. Er ist ein fantastischer Arzt. Ich sage ihm, dass es ohne ihn nicht gehe, dass ich ihn brauchen würde, dass wir ihn brauchen würden. „Das ist kein Problem", erwidert er.

Meine Frage an ihn, warum dieser Druck? Er: „Sie haben mit Musik wenig Erfahrung, nach fünf Jahren hört sich Gitarre gut an."

Besitze ich keine Frustrationstoleranz? In den ersten Klassen in der Klosterschule weine ich bei einer sehr schlechten Klassenarbeit, daran erinnere ich mich. In den frühen Kinderjahren erhalte ich bestimmt zu wenig Zuwendung, aber sonst bin ich eindeutig bevorzugt. Ich bekomme als junge Schülerin alles, was ich will, seien es Rollschuhe oder neue Hosen. Allerdings muss ich dafür immer weinen und betteln.

5.11.2017

Olanzapin 10 mg
Guter Schlaf

Lese mein Manuskript durch, fast von Anfang an. Verfolge meine interessante psychische Entwicklung, auch das Tief im Sommer, mit Dr. Lus Worten: „Im Sommer hatten Sie ein leichtes Tief." Angefangen hat's mit einer starken Sommergrippe.

Dr. Lu fliegt mit seiner Mutter eine Woche nach, ich glaube, Sizilien. Ich wünsche beiden eine gute Zeit. Für mich gestaltet sich sein Weggehen immer als schwierig. Erst wenn ich dies ohne größere Probleme, Verlassenheitsprobleme, überstehe, habe ich es geschafft.

Tom kocht, 19.30 Uhr, und er ruft mich bestimmt bald zum Essen.

6.11.2017

Olanzapin 10 mg

Brauche ewig, bis ich einschlafe, dann um 6 Uhr wache ich ganz verstört auf. Mich quält ein Alptraum: Tom verunglückt. Er stürzt beim Entrümpeln eines mehrstöckigen Hauses in die Tiefe, liegt mit dem Gesicht auf der Erde, mausetot ... Ich verliere mein Bewusstsein und komme in eine Reha-Klinik, wo ich mich Schritt für Schritt finde. Wir machen einen Film daraus und Dr. Lu hält im Hintergrund die Fäden in der Hand. Soweit der Traum.

Ich schlupfe zu Tom ins Bett und nehme seine Hand. Er: „Was ist los?" Ich erzähle ihm meinen Alptraum. Er nimmt mich fest in die Arme und drückt mich. Ich bitte ihn inständig, bei seiner Arbeit immer sehr aufzupassen, auch wenn er auf hohe Leitern steigt.

Heute Mittag bin ich zum Kaffeeklatsch nach Walldorf eingeladen, zusammen mit vier Frauen, alle ehemalige Sozialarbeiterinnen. Ich freue mich darauf, so etwas habe ich eigentlich selten vor.

Brauche heute nicht mehr ans Kochen zu denken, Tom sorgt für sich selbst, er als emanzipierter Mann, das schätze ich sehr an ihm.

7.11.2017

Olanzapin 10 mg

Nach einer guten Nacht brühe ich mir einen Kaffee auf. Frage Tom, wo er heute arbeitet.

„Hier, da und überall", antwortet er. Er will sich interessant machen. Wir nehmen uns fest in die Arme.

Mittags: Räderwechsel in unserer Autowerkstatt. Unterhalte mich lange mit dem Chef über Gott und die Welt.

8.11.2017

Olanzapin 10 mg
Schlafe gut bis 8 Uhr.

Ich denke zurück. – Sonntag auf Montag schlief ich kurz und schlecht mit Alptraum (6.11.2017). Am Sonntag telefonierte ich mit Mechthild, Annelie und meinem Bruder. Ich stelle fest: Zu viel Befassen mit der Herkunftsfamilie tut mir nicht gut, ich schlafe schlecht. Konsequenz: Telefonkontakt dosieren und abgrenzen!

Mein Bruder will seine Fee aus Kamerun heiraten, im Januar, später kirchlich in Afrika. Das Hochzeitskleid, reine Seide, mit Schleppe und Schleier lässt sie sich in Paris nähen wie damals Lady Di, und, wie er sagt, für sich auch ein Fräckle. Süß! Die Schleppe sei länger als unser Küchenboden in Mengen und der erstreckt sich beachtlich weit. Irgendwie finde ich das alles süß, beide sind über sechzig, doch verliebt wie junge Leute.

Liebe kennt kein Alter, diese Erfahrung darf ich in meinem Leben auch machen!

Als ich Tom kennenlerne, geht ebenfalls alles schnell. Besser ist es eigentlich, wenn man sich erstmal näher kennenlernt. Mein Bruder meint, es sei immer so kompliziert mit dem Visum und sie seien schon über sechzig, mit anderen Worten: „Worauf wollen wir noch warten?" Auch einleuchtend!

„Ihr kommt doch auch?" „Das ist noch nicht raus!", reagiere ich.

Irgendwie kann ich meinen Bruder gut leiden, er ist sehr gefühlsbetont, wie Papa, irgendwie ein „Schoofsseckel". Uns verbindet eine frühere, gemeinsame Schulzeit. Ein Tag vor der Mathearbeit verhielt er sich anständig mir gegenüber, weil ich ihm auf den letzten Drücker Nachhilfe gab. Immerhin ging er mit Mittlerer Reife vom Staatlichen Gymnasium ab, der faule und wilde Kerl. Seine Lehrer tun mir heute noch leid.

Man muss ihm sein Verhalten spiegeln. Er will das Geld vom verkauften Acker, immerhin 100.000 Euro, selbst verbraten und das hat, wie schon gesagt, ein „Gschmäckle".

Heute habe ich keine Extraverpflichtungen, grad mal tanken und Brot holen, ein schönes Gefühl. Vielleicht kann ich ein bisschen länger als 15 Minuten Gitarre üben. Bis jetzt hört sich mein Spielen schrecklich an. Mein Gitarrenlehrer: „Disziplin!" Ich weiß, was das heißt: ÜBEN! Tom nennt mein Singen „Gejaule", nimmt meinen Kopf in seine Hände und küsst mich zärtlich: „Ich weiß, du gibst dein Bestes, ich liebe dich!"

Dr. Lu bietet mir an, wenn ich ein bisschen was könne, solle ich die Gitarre mitbringen und ihm etwas vorspielen. Das dauert bestimmt noch lange!

Ich fühle mich aufgehoben und geliebt. Tom findet es gut, dass ich mit so viel Herzblut die Therapie mache, sonst würde es ja nicht funktionieren, meint er. Tom ist sehr klug und besitzt viel Gefühl!

9.11.2017

Olanzapin 10 mg
Guter Schlaf

Drohende Hungersnot im Jemen, kommt in den Nachrichten, bin berührt. Lasse mir heute Abend von Tom die dortigen politischen Zusammenhänge erklären. Er kennt sich in der Politik gut aus. Ich finde, die Welt ist klein!

Möchte eine Einladung geben zu meinem 65. Geburtstag im Februar nächsten Jahres, ich weiß nur noch nicht in welchem Rahmen. Vielleicht eine Bottle-Party?! Will mit Tom darüber sprechen. Vielleicht nur Frauen!? Bottle-Party von 10.30 bis 12.30 Uhr?! Gehe damit schwanger. Spreche mit Karen und Ursula. Ich glaube, Ursula besitzt diesbezüglich viel Erfahrung. Nach einiger Überlegung ist der Rahmen gesetzt: Samstag, den 24.2.2018, direkt an meinem Geburtstag, ab 11 Uhr Umtrunk mit Häppchen von Bella, Brezeln und Partybrötchen. Ich lade 25 Leute ein, auf jeden Fall Ina und Maditta, meine ältesten Nichten, Töchter von Mechthild, diese Erwähnung zum besseren Durchblick meiner Großfamilie.

10.11.2017

Olanzapin 10 mg

Die Uhr zeigt 3 Uhr und ich schlafe immer noch nicht. Die Vergangenheit holt mich ein, muss an meine Psychiatrieaufenthalte denken, besonders an meinen ersten 1974 in der Uni-Psychiatrie, im Frauen-Gartenhaus. Die junge Stationsärztin hämmert auf mich ein: „Sie sind manisch-depressiv, Sie sind manisch-depressiv, mit Lithium können Sie das in den Griff bekommen." Ich verstehe gar nicht, was sie meint. Der Oberarzt ruft bei Waltraud an, meiner zweitältesten Schwester, Bäuerin, meine Eltern besitzen noch kein Telefon, und fragt, ob es bei uns in der Familie läge. Ohne mich davon in Kenntnis zu setzen – eine Unverschämtheit.

Dr. Lu: „Das geht gar nicht!"

Auf dieser Station gab es eine ganz alte Psychiaterin, die sich später das Leben nahm, sie setzte sich in den Feldern bei Heidelberg einen Schuss. Ich will sie besuchen, man sagt mir, es gebe sie nicht mehr. Ich wusste sofort instinktiv Bescheid. Diese alte Ärztin ermutigte mich, den Oberarzt mit dieser Unverfrorenheit zu konfrontieren. Diesen Arzt gibt's noch, er befindet sich im Ruhestand, kein Verlust!

Die junge Stationsärztin, sie arbeitete wenige Jahre später schon als niedergelassene Psychotherapeutin in Neuenheim, bot mir nach dem stationären Aufenthalt wöchentlich eine ambulante Therapie an. Ich wiederholte mich immer, immer wieder: „Sie sind wie ein

Stein." Sie schrieb ständig nur auf, vielleicht war ich ein interessanter Fall, vielleicht für ihre Ausbildung. Zwischen ihr und Dr. Lu liegen Welten. 1977 besuchte ich sie in ihrer gehobenen Praxis, sie bot mir kalten Tee an.

Ich bin ein Opfer der Schulmedizin, das wird mir heute bewusst, mein Bruder hat recht. Er ist auch vom Fach, Heilpraktiker und sehr begabt. Doch ein Schulmediziner hilft mir aktuell, den ich auch noch in der gleichen Psychiatrie kennengelernt habe!

11.11.2017

Olanzapin 10 mg
Schlafe bis 8 Uhr wie ein Murmeltier.

Tom kauft für mich ein. Er bemerkt: „Du willst doch bei diesem ekligen Wetter nicht raus!?" Ich liebe ihn.

Rufe reihum die Gäste für meinen Geburtstag an. Ich habe schon lange nicht mehr gefeiert, zum letzten Mal an meinem Fünfzigsten. Ich lade andere Leute ein als damals, das gibt ein schönes Fest. Muss Sektgläser organisieren, erst letzten Monat gaben wir einen ganzen Schwung weg in die „Sonne", unserem veganen Lokal. Doch das dürfte kein Problem sein.

Hoffe, Dr. Lu verbringt eine schöne Zeit im Urlaub. Heute bildet er sich in Sinsheim fort, nächste Woche arbeitet er wieder in Erbach, vielleicht rufe ich ihn mal an.

Tom betätigt sich bis zum Brunch in der Werkstatt, ich genieße zwei Stunden Zeit für mich mit Schreiben, im Manuskript lesen, duschen, Brunch herrichten, lauter schönen Tätigkeiten.

Soll ich Annelie zu meinem Geburtstag einladen? Vielleicht mit ihrem Mann, eher Exmann? Vielleicht wäre ich dann leicht überfordert!?

Telefoniere eine halbe Stunde mit Ina und lade sie zu meinem Geburtstagsfest ein, von Bonn nach Heidelberg ist es nicht so weit. Wir haben den absoluten Draht zueinander und einige ähnliche Themen. Sie unterzieht sich einer Traumatherapie und öffnet sich immer mehr!

Nach der dritten Gitarrenstunde will ich nicht mehr hingehen. Mangelt es mir an Frustrationstoleranz? Ina bringt mich auf den Gedanken, man lernt halt nie aus.

Was anderes treibt mich noch um: Das Lithium stumpft mich ab, unsensibel Tom gegenüber im Bett und überhaupt. Bin sehr nachdenklich, habe unermesslich viel mitgemacht.

Beim Essen blute ich auf einmal aus der Nase. „Bluthochdruck?", deutet Dr. Lu.

12.11.2017

Olanzapin 10 mg

Schlafe relativ spät ein. Will in Zukunft darauf achten, dass ich auch wirklich müde bin, wenn ich mich hinlege. Dann schlafe ich sofort ein. Schlafhygiene!

13.11.2017

Olanzapin 10 mg
Gut geschlafen

Dr. Lu ist wieder da, ich kann ihn anrufen, das tue ich! Mir geht's schon viel besser.

14.11.2017

Olanzapin 10 mg

Trotz 24-Stunden-Blutdruckmessgerät schlafe ich nicht schlecht.

Heute Morgen erledige ich vieles: im Bioladen Kokosöl besorgen, im Aldi den üblichen Einkauf von Milch bis Schmand. Mittags gegen 15 Uhr erreiche ich Dr. Lu.

Meine Gedanken der letzten Tage: Einen Menschen kann man nicht ersetzen. Mein früherer Hausarzt, dreizehn Jahre lang, ist nicht zu ersetzen, über einen Blutstropfen konnte er beispielsweise eine verschleppte Grippe nachweisen. Er musste so vor zwei Jahren aus psychischen Gründen seine Praxis schließen. Ich trauere heute noch um ihn.

Und ich weiß ganz genau, für Dr. Lu gibt es keinen Ersatz und für Tom erst recht nicht. Ich will einfach niemanden mehr verlieren, das halte ich nicht mehr aus.

Bettina, die ich 1996 in der Psychiatrie in Heidelberg kennenlernte, stirbt an einer Hirnblutung, ein heftiger Schlag für mich. Freitags bringe ich ihr noch ein Buch vorbei, und die Woche drauf lese ich ihre Todesanzeige in der Zeitung. Gott sei Dank ruft mich ihre Tochter vorher an! Man sagt so leicht: Jeder Mensch ist zu ersetzen, ich glaube das nicht. Oder bin ich abhängig?

16.10.2017

Olanzapin 10 mg plus 10 mg

    Die zweite Tablette 10 mg Olanzapin stellt für mich eine Notfallmedikation dar, alle paar Wochen, wenn nicht Monate mal, ich schlafe dann in kürzester Zeit wie ein Murmeltier, heute Morgen bis 10 Uhr.

    Nach dem Vortrag im Naturheilverein gestern Abend über Zusatzstoffe in der Ernährung bin ich um 24 Uhr immer noch wach. Ich vermute nicht wegen des Vortrags, sondern wegen eines Schreibens der Barmer Ersatzkasse. Sie will einfach nicht loslassen, will mein Einkommen nachgewiesen haben, wo es keines gibt. Ich zahle den untersten Beitrag, weil wir mit dem J. F. Haus-Service aktuell ein Minusgeschäft einfahren. Wenn die Barmer den Monatsbeitrag erhöht, was sich dann gleich auf 200 Euro beläuft, müssen wir den Gürtel enger schnallen. Es wird einem nicht leicht gemacht, selbständig zu arbeiten. Das Finanzamt streicht viel ein. Ohne unsere Steuerberaterin wären wir aufgeschmissen, bei dem ganzen Wust blickt man ja nicht durch.

    Der Vortrag hochinteressant! Zusatzstoffe müssen mit Nummern, meist E-Nummern deklariert werden. Wir sind froh, dass wir kein Fleisch und keine Wurst mehr essen, da fällt eine große Belastung für den Körper schon mal weg. In nächster Zeit will ich mich mit dieser Thematik intensiver befassen. Nitrit in Nahrungsmitteln kann Krebs auslösen.

17.11.2017

Olanzapin 10 mg
Nach einem guten Schlaf wache ich um 6.30 Uhr auf.

Stelle mich auf die Waage, habe in den letzten vier Wochen zwei Kilo abgenommen. Fühle mich leicht – und das mit Olanzapin.

Wir essen zweimal am Tag, mittags Brunch, kalt, abends warm. Und für mich gibt's nur eine Portion. Unbewusst praktizieren wir Intervallfasten. Eine Frau im Tai-Chi ernährt sich voll bewusst, wir können uns gut austauschen. Jeden Tag ein paar Walnüsse tun ihr Gutes, das hörte ich gestern. Selen in Tablettenform, was Tom und ich kurmäßig zuführen, ist laut unserer Tai-Chi-Lehrerin nur notwendig bei Disharmonie der Schilddrüse. Wie schon erwähnt, arbeitet sie auch als Heilpraktikerin.

Am Mittwoch beim Zusatzstoffevortrag erfuhr ich, dass alle paar Tage ein Teelöffel Leinöl (Omega-3-Fettsäuren) voll ausreicht, besonders für den Darm und das Gehirn. Ferner erfahre ich, dass man mit Bio nicht zwangsläufig auf der sicheren Seite stehe; es komme auf die Inhaltsstoffe an. Unterm Strich: vielseitig ernähren mit wertigen Inhaltsstoffen. Überhaupt nicht schwierig.

Tom und ich wollen jedenfalls unsere gesamte Ernährung überdenken. Ich finde es toll, dass er so mitmacht!

Mama wurde neunzig bei geistiger und körperlicher Frische und Gesundheit mit acht Kindern und täglicher Schufterei, sie war keinen einzigen Tag bettlägrig. Erwähnenswert: Sie zählte bis ins hohe Alter das Marktgeld meines Bruders und rechnete die Löhne aus für die Angestellten!

Das Gemüse will ich in Zukunft in einem kleinen Lebensmittelgeschäft einkaufen, die Betreiberin holt die Sachen jeden Morgen frisch vom Markt in Mannheim. Nüsse bestellt unsere Tai-Chi-Lehrerin für uns mit, gleich ein Kilo. Tom: „Wir müssen sie kontrolliert essen!" „Das kriegen wir schon hin", meine ich.

Das Leben, hochinteressant!!!

In einer Woche Gespräch bei Dr. Lu. Der Turnus von drei Wochen erweist sich als optimal.

Heute Abend will ich mal wieder singen gehen, die letzten zwei Freitage war immer was anderes los. Achte genau darauf, wie unsere Singleaderin mit der Gitarre begleitet und wie sie schlägt.

Jetzt rufe ich Jule an. Sie erwähnte mal ein Buch über Vitamine und Co., in welchen Lebensmitteln sie stecken. So etwas brauche ich. Titel „Vitamine, Mineralstoffe und Spurenelemente" von einem Prof. Ziegler.

Ich wasche mich und fahre sofort zur Buchhandlung!

Für heute höre ich mit dem Schreiben auf, ich brauche zunächst mal einen Kaffee!

18.11.2017

Olanzapin 10 mg
Gut geschlafen

Karen und ich essen im Parkcafé in St.Ilgen. Wir können uns angeregt unterhalten, wir sind uns sehr vertraut. Ich spreche die Abhängigkeit von anderen Menschen an.

Karen: sie vertritt die Meinung, Menschen im privaten Bereich, und zu denen man eine intensive Beziehung pflegt, seien nicht zu ersetzen, doch in der Arbeitswelt leichter. Ja, das stimmt! Demnach liege ich richtig.

Träume in der Nacht von unserer Yogalehrerin. Irgendwie essen wir zusammen Mittag. Ich kriege den Traum nicht mehr zusammen, ist aber total positiv.

Kaufte mir gestern das Buch: „Die ganze Welt der Vitamine, Mineralstoffe und Enzyme", hochinteressant!!! Wir liegen gut mit unserer Essensgestaltung.

Mama würde heute 98 Jahre alt werden. Manchmal sehne ich mich nach ihr. Hätte noch viel mehr mit ihr sprechen sollen. Die letzten Jahre ihres Lebens pflegten wir sehr guten Kontakt. Tom und ich besuchten sie oft in Mengen. Mein Mann und meine Mutter besaßen den gleichen Humor, sie lachten viel miteinander, mehr als ich jemals zu lachen fähig war.

Seit ich kein Lithium mehr einnehme, immerhin zwei Jahre lang, und bei Dr. Lu bin, kann ich auch viel mehr lachen, das fällt Tom besonders auf, worüber er sich sehr freut.

20.11.2017

Olanzapin 10 mg

Nach einer guten Nacht lese ich gleich frühmorgens in meinem Vitaminbuch, sehr spannend. Bei Mangel an Vitamin A kann es zu Trockenheit der Augen führen. Damit befasse ich mich eingehend, weil es mich betrifft.

Heute kommen keine Terminverpflichtungen auf mich zu. Ich nutze dies, um den Brunch etwas anders zu gestalten, bereite Rührei mit Tomaten zu. Tom wird Augen machen! Ferner frage ich im Bioladen nach, woher ich eine gebrauchte Quetsche bekommen kann, für Braunhirse und Haferflocken. Verspüre Lust, etwas bewusster zu essen, nicht übertrieben, sondern wertig, soweit es überhaupt möglich ist. Mache mich schlau, ob Vitaminpräparate notwendig sind!?

Gratuliere meinem Bruder zu seinem 63. Geburtstag. Wir unterhalten uns eine halbe Stunde. So verkehrt ist er gar nicht! Ich lade ihn und seine zukünftige Frau herzlich zu uns ein!

22.11.2017

Olanzapin 10 mg

Die Uhr zeigt schon weit über 24 Uhr, bis ich einschlafe. Ich verzichte bewusst auf eine zweite Olanzapintablette. Irgendwann schlafe ich halt doch, mit mentaler Hilfe der Kurzform von Tai-Chi.

Ich denke an meinen Bruder, wie wir im Elternhaus als Jugendliche lebten. Jetzt möchte er uns unbedingt mit seiner Freundin besuchen, wir haben Verbindung.

Denke auch an die erste Zeit in Heidelberg mit Anita. Sie stellt für mich ein Trauma dar. Der Umgang mit meiner Kommilitonin Veronika in Stuttgart und später das Zusammenleben mit Anita, wie ein Kulturschock! Meine Schwester will mir anfangs helfen, ich bin sehr depressiv. Ich will sie nicht für meine ganze Misere schuldig sprechen, sie ist jedoch von den Geschwistern die allerletzte, die mir beistehen kann, nur blicke ich es damals nicht, meine Eltern nicht und sie auch nicht. Am Freitag habe ich Gespräch bei Dr. Lu, ich werde darüber sprechen!

Morgen Gitarrenstunde und ich darf nicht vergessen, meinem Arzt eine CD von Tim Pfau mitzubringen, Tom erhielt sie von meinem Gitarrenlehrer. Ich habe nicht viel Erfahrung mit Musik, doch ich bin dafür sehr empfänglich, spüre genau, was mir gefällt, das ist für mich das Wesentliche.

Heute brunchen wir Frischkornmüsli: 1 Apfel, ½ Banane, 1 Esslöffel Leinöl (Omega-3-Fettsäuren), 1 Joghurt und 2 Esslöffel Hafer, den ich mit unserer Mühle frisch hineinmahle. Bei Medikamenteneinnahme ist vitaminreiches Essen besonders wichtig. Medikamente wie auch Zucker bedeuten Vitaminräuber. Zucker und Krebs lieben sich, laut einer Teilnehmerin unserer Tai-Chi-Gruppe. Laut meinem Bruder soll Hafer extrem wertvoll sein mit einer besonderen Wirkungsbandbreite einschließlich gesundem Fett. Tom ist begeistert.

Bin ein bisschen müde. Da ich vormittags schon eine halbe Stunde in den Feldern flott gelaufen bin, gehe ich mittags nicht mehr raus. Meine Prioritäten heute: Gitarre üben, morgen erhalte ich Unterricht, und abends kochen, ein Kürbisgericht. Bin ganz bei mir! Vielleicht schlafe ich mittags ein bisschen, und um 15 Uhr messe ich meinen Blutdruck. Nach dem einstündigen Mittagsschlaf ist mein Blutdruck grenzwertig, 142-91, Puls 78 mit 4 mg Candesartan. Mal abwarten, wie er sich entwickelt, ich gebe mir zwei Wochen. Bluthochdruck wirkt sich fatal aus, kann die Augen, Nieren, überhaupt die Organe schädigen. Wenn schon Chemie, dann die richtige Dosierung!

Ich lege jetzt eine Schreibpause ein und genieße einen Kaffee!

23.11.2017

Olanzapin 10 mg

Nach einem guten Nachtschlaf wache ich um 7.30 Uhr erfrischt auf. Um 11 Uhr Gitarrenstunde, vorher will ich noch einen Joghurt im Bioladen kaufen, dass ich zum Brunch wieder ein leckeres Frischkornmüsli zubereiten kann. Äpfel liegen noch im Keller, auch eine halbe Banane. Der Aufwand ist gering. Kurz vor 10 Uhr ruft mein Gitarrenlehrer an, die Stunde könne nicht stattfinden, er habe einen Termin übersehen. Schnell telefoniere ich mit Karen, dass ich sie noch vor ihrem täglichen Spaziergang mit ihrem Hund erwische. Wir fahren nach Heidelberg zum Wolfsbrunnenweg, wo sie ihre Lehre gemacht hat. Sie zeigt mir genau die Ausbildungsstätte. Die Sonne strahlt und die Gegend mutet fantastisch an, viele große Herrenhäuser mit riesigen Gärten. Welch hohe Heizkosten ergeben sich da wohl? Ich bin nicht neidisch, ich fühle mich wohl in unserer 4-Zimmerwohnung. Ich bedanke mich bei Karen für den wundershönen Spaziergang!

Um 12 Uhr trudle ich zuhause ein, bis 12.30 Uhr ergibt sich genügend Zeit, den Brunch herzurichten.

Nicht vergessen: morgen das Versicherungskärtchen nach Erbach mitbringen!

24.11.2017

Olanzapin 10 mg
Nach Tai-Chi gestern Abend schlafe ich fest.

Heute Gespräch bei Dr. Lu. Ich darf auf keinen Fall vergessen, ihm mein Versicherungskärtchen zu geben.

Tom kommt um 15 Uhr nach Hause, sodass wir um 15.30 Uhr starten können. Ich kann mich auf Tom hundertprozentig verlassen.

Die Cafeteria im Kreiskrankenhaus ist bis 17 Uhr geöffnet. Wenn wir gut durchkommen, nicht hinter einem langsamen Lastwagen herfahren müssen, können wir noch einen Cappuccino genießen und Tom einen leckeren Kuchen. Ich sammle mich eine halbe Stunde.

Gespräch: Dr. Lu stellt mir in Aussicht, im neuen Jahr von 10 mg Olanzapin auf 7,5 mg reduzieren zu können, er ist zuversichtlich, ich auch. Ich könne jetzt gut Balance halten. Er: „Vor Weihnachten nicht mehr!"

Wir kommen auf die therapeutische Beziehung zu sprechen. In einem bestimmten Zusammenhang meint er: „Sie haben Gefühle." Ich: „Ohne Gefühle geht es nicht, funktioniert es nicht. Wir klären schon sehr früh unsere Beziehung." „Ja!", betont mein Arzt.

Ich fühle mich stark und ehrlich. Wir begegnen uns auf Augenhöhe. Er meint noch, es könne nicht so leicht sein für den Partner, wenn er liebt, dass er vielleicht eifersüchtig wird, weil wir in der Therapie auch über ganz persönliche Dinge sprechen.

Ich: „Ein ganz kleiner Tick Eifersucht schadet nicht!"

Dr. Lu stellt sich als mein optimaler Therapeut raus. Vermittle Tom, dass er, mein Mann, für mich der „vertraute Fuchs" (der Kleine Prinz von Saint-Exupery) unter acht Milliarden sei. Dr. Lu sei auch ein „vertrauter Fuchs", doch auf einer anderen Ebene.

25.11.2017

Olanzapin 10 mg

Samstagmorgen 7 Uhr. Guter Nachtschlaf. Tom macht mir einen Kaffee. Denke an meinen Bruder. Er ist sich nicht bewusst, dass Anita, Marianne und ich kein Erbe bekommen haben, jedem hätten 5.000 Euro zugestanden. Mutter änderte zwei Jahre vor ihrem Tod das 1984 von Papa und Mama gemeinsam erstellte Testament und ernannte meinen Bruder zum Alleinerben ohne weitere Zahlungsverpflichtungen an uns drei. Und das erfolgte wegen seiner Kreditwürdigkeit, er hat Schulden.

Dr. Lu: „Trotzdem. Familiensaga Thomas Mann!"

Meine Mutter meinte, wir seien verheiratet, versorgt und bräuchten das Geld nicht. Das eine hat mit dem anderen nichts zu tun, so meine Auffassung. Ich will eigentlich meinen Pflichtteil und ich bekomme ihn, dessen bin ich mir sicher, irgendwann. Von dem Erlös seines Ackerverkaufes von immerhin 100.000 Euro hätte er einen Teil abzweigen und uns auszahlen können. Mir ist schon klar, dass er jeden Cent zum Leben und für seine Flamme braucht. Sie finanziell verwöhnt, das Ganze hat wie schon gesagt ein „Gschmäckle."

Das ursprüngliche Testament besagte, dass bei Veräußerung von Land, innerhalb von 15 Jahren, sofern der Erlös nicht der Erhaltung des Hofes diene, durch sieben, außer Waltraud, geteilt werden solle.

Es muss viel renoviert werden in Mengen, die Scheune fällt wegen eines Konstruktionsfehlers zusammen, doch wird das Geld dafür verwendet? Ich glaube nicht. Von den 100.000 Euro fließen allein 42.000 Euro an das Finanzamt, so mein Bruder, es bleibt nicht viel und trotzdem! Ich gebe auf lange, vielleicht sehr lange Sicht, nicht auf.

Dr. Lu: Innere Balance bewahren, er ist zufrieden mit mir, besonders jetzt in dieser Angelegenheit.

Tom räumt in der Werkstatt auf und will für sein Kochen heute Abend einkaufen.

Höre mir die 10-Uhr-Nachrichten an und stehe dann auf. Will mit Marianne telefonieren, nochmals wegen des Erbes. Ich kann mich mit ihr gut austauschen.

Abends kocht Tom, ich entspanne mich bei Musik von Tim Pfau. Überlege, was ich morgen zum Brunch zaubere, auf alle Fälle Rührei, die Eier dafür besorge ich heute im Bioladen. Mich zieht's neuerlich mehr zum Bioladen hin, weg vom Aldi. Die Qualität macht's, nicht die Quantität. Ich überlege mir genau, was ich einkaufe, und wofür ich unser Geld ausgebe. Als wichtig erwäge ich: frisches Gemüse, das nicht schon tagelang in den Regalen liegt. Tiefgefrorenes enthält mitunter mehr Vitamine als Frisches, es wird nach der Ernte oft am gleichen Tag verarbeitet.

26.11.2017

Olanzapin 10 mg
Guter Schlaf

Mein Bruder und ich telefonieren miteinander. Mir wird klar, er braucht jeden Cent aus seinem Ackerverkauf, rein rechtlich steht uns nichts mehr zu.

Ich vermittle ihm noch etwas anderes: „Ich bin stolz auf dich, weil du so alternativ arbeitest." Mama isst jahrzehntelang vollwertig Bio, sie wird 91 bei geistiger und körperlicher Frische, das kann ich nie oft genug betonen und wiederholen. Sie zählt wie schon gesagt im hohen

Alter noch das Marktgeld und rechnet die Löhne aus. Mein Bruder verkauft seine Produkte von dem Biohof auf dem Wochenmarkt in verschiedenen Städten wie Überlingen und Sigmaringen. Er leistet unendlich viel, schon allein die frühe Aufsteherei. Überhaupt bin ich stolz auf solch ein Erbe. Mein Bruder: „Ich bin seit 40 Jahren einer der ersten Biobauern der Gegend." Ich: „Du warst leider zu dogmatisch, du hast Papa den Teller weggezogen, wenn er sein „Knöchele" essen wollte. Er: „Das ist lange her, das weiß ich gar nicht mehr."

Lasse mir von Marianne nochmals alles erklären, das mit dem ersten und zweiten Testament.

27.11.2017

Olanzapin 10 mg

Heute Morgen wache ich relativ früh auf. Tom bereitet mir einen Kaffee zu. Bin mit Mengen noch nicht ganz durch. Will unbedingt die Telefongespräche in Richtung Süden gut für mich dosieren, das schaffe ich. Nochmals: Bin stolz darauf, dass mein Bruder einer der ersten Biobauern der Gegend ist. Dass ich ohne Erbe ausgehe, finde ich allerdings deprimierend. Konzentriere mich ab jetzt auf mein „Hier und Jetzt."

Freue mich, auf meinen Gitarrenunterricht um 11 Uhr. Kann im Moment gut schreiben, bin klar, doch nicht vollkommen klar. Die Gitarrenstunde mit meinem Musiker funktioniert nicht richtig. Ich kritisiere seine Didaktik, er ist psychologisch und pädagogisch nicht geschult, das merke ich deutlich. Er hat bestimmt noch niemals was von „Operanter Konditionierung" gehört, was mir in der Erzieherschule vermittelt wurde. Er besitzt in dieser Beziehung keinerlei Schliff. Das Fröbel damals stellte sich in meinem Leben als eine sehr gute Schule heraus, unsere engagierte Didaktiklehrerin werde ich nie vergessen.

Ich bin hochsensibel und empfinde wie ein Kind, wenn er betont: „Falsch!", die Art und Weise, wie er es sagt. Eigentlich kann ich es, doch er reagiert so impulsiv und mimikstark, dass er mich damit verunsichert, und ich schlage erst recht falsch und greife daneben, eindeutig psychisch.

Tief in meinem Innern spüre ich, dass es mit ihm nicht klappt. Ich werde es nochmals mit einem anderen Lehrer versuchen. Ich will meinen Unterricht bei ihm beenden, ohne ihn zu verletzten. Er ist ein hochbegabter Musiker, doch mich packt er nicht richtig an.

Vereinbare einen Termin bei meinem Hautarzt in Heidelberg. Ich vertrage die Wimperntusche nicht mehr, auch keine Naturprodukte. Anfang Januar wird ein Allergietest durchgeführt, muss alle meine Kosmetika mitbringen und eine Woche täglich kommen, ein großer Aufwand, jedoch erforderlich. Dezent geschminkt sehe ich einfach besser aus.

Ich sitze auf der Kuschelecke, 19.30 Uhr und bin gut ausbalanciert. Gleich gehe ich ins Bad. Tom und ich befinden uns in äußerster Harmonie. Ich spüre, heute Nacht schlafe ich gut. Vielleicht praktiziere ich noch eine Runde „Progressive Muskelentspannung". Die Kurzform von Tai-Chi (7 min) führen wir gemeinsam vor dem Essen durch.

Jetzt sofort: Kaffeepause!

28.11.2017

Olanzapin 10 mg plus 10 mg

Liege mit wachem Kopf im Bett. Nehme eine weitere Olanzapintablette ein, weil ich fühle, dass ich nicht einschlafen kann. Dr. Lu gibt mir grünes Licht, bei Bedarf so zu verfahren. Schlafe bis 9 Uhr, ein bisschen benommen wache ich auf.

Die Gitarrenstunde geht doch tiefer in mich rein als ich zunächst vermute. Gestern spreche ich mit Karen darüber, was mir sehr gut tut. Fühle mich selbstbestimmt, auch das tut mir gut.

Trinke öfter abends ein Glas alkoholfreies Bier, seitdem genieße ich warme Füße im Bett. Bier enthält Vitamin B 12, das entnehme ich aus meinem Vitaminbuch. Dass so etwas gegen kalte Hände und Füße wirken kann, unglaublich! Habe vor, in der Apotheke nachzufragen, ob die gleichzeitige Einnahme von Olanzapin unbedenklich sei, denn auch alkoholfreies Bier weist noch Spuren von Alkohol auf. Gehe mit dieser Frage doch nicht in die Apotheke. Google: Olanzapin und Alkohol. Fazit: Dieser verstärkt die sedierende Wirkung von Olanzapin. Alles okay!

Im Internet erfährt man fast alles!

29.11.2017

Olanzapin 10 mg
Guter Schlaf

Mit einem freundlichen Telefongespräch beende ich den Gitarrenunterricht bei meinem Musiker.

Ich: „Ich will dir etwas sagen, es klappt nicht mit uns beiden. Der Grund, du bist für mich zu impulsiv und mimikstark in der Didaktik. Ich brauche einen ganz ruhigen Typ. Ich kann dich sehr gut leiden und du bist ein hervorragender Musiker, ein Vollblutmusiker, und Gitarrenlehrer, halt nicht für mich."

Er: „Wenn du das so siehst."

Ich: „Wenn deine CD im April fertig ist, ruf uns bitte an, wir wollen eine kaufen."

Er: „Wir werden uns doch bis dahin nochmals sehen!?"

Wir verabschieden uns. So einen zweiten Ludi gibt's halt nicht mehr!

Hierzu Dr. Lu: „Gibt's schon, müssen Sie nur finden."

Lerne aus dieser Sache viel. Erkenntnis: Ich spüre und weiß ganz genau, wer und was mir guttut, lerne dies in der Therapie. Das bestätigte mir Frau Dr. Jung auch in unserem letzten Gespräch, in dem es um eine Weiterbildung zur Podologin ging. Ich entschied mich damals dagegen, weil ich mit Lithium, ich nahm zu der Zeit noch dieses Salz, sehr schlecht etwas geistig aufnehmen konnte, kurz gesagt, mein Kurzzeitgedächtnis erwies sich als miserabel.

Meine Devise: Einsicht in Verhalten umsetzen!

In einer halben Stunde trudelt Tom zum Brunch ein, wir haben einander viel zu sagen. Das Müsli ist auch schon zubereitet, ich fühle mich ganz ausbalanciert. Demnach kann Dr. Lu mit mir zufrieden sein, ich auch. Tom, normalerweise ein ruhiger Typ, lässt nur beim Autofahren Dampf ab, da muss ich ihn bremsen, nicht, dass er noch hinterm Steuer einen Herzinfarkt kriegt.

Übrigens: Er findet es gut, man staune, er lobt mich, Engländer loben ganz spärlich, dass ich den Mut aufbrachte, mit meinem Musiker zu sprechen und ihm meinen Rückzug klarzulegen. Tom vertritt als langjähriger Jiu-Jitsu-Trainer (Schwarzgurt) von Kindern und Jugendlichen auch die Auffassung, dass Lehren sehr schwierig zu gestalten sein kann. Auch ich sammelte Erfahrung im Lehren, mir kommt es vor wie in einem anderen Leben, als ich auf Lehramt studierte. Man braucht ein gewisses Händchen!

Will am Wochenende meinen Bruder anrufen!

Heute Mittag kaufe ich bewusst im Bioladen ein, wie schon geklärt: Qualität statt Quantität!

Jetzt lege ich eine Schreibpause ein, will noch duschen und Haarewaschen. Vielleicht praktiziere ich noch eine Stunde „Yoga für den Rücken". Bin etwas verspannt! Fühle mich gut.

1.12.2017

Olanzapin 10 mg

Nach Tai-Chi und einer guten Nacht wache ich um 6.30 Uhr auf. Ich brühe mir einen Kaffee auf und widme mich meiner neuen Lektüre, „Buddenbrooks" von Thomas Mann, das ist Literatur. Es fängt gut an, in den ersten Seiten geht es um geforderte Erbschaft ...

Will das Korn fürs Müsli abends einweichen und ohne viel Milch, mehr mit Joghurt zubereiten, es schmeckt bekömmlicher. Erinnere mich, dass Mama es früher auch so gehandhabt hat. Bin bei weitem nicht perfekt in meiner Essenszubereitung, doch ich arbeite daran. Gestern Abend schenkte uns unsere Tai-Chi-Lehrerin Bio-Orangen, die ich heute im Müsli verarbeite.

Bin sehr dankbar, dass es uns so gut geht.

Gestern besuchte ich mit Karoline den Weihnachtsmarkt im Rehazentrum. Treffe wiederholt, erstmals bei der Augenärztin, meine frühere Chefin vom Rehazentrum, wo ich rund zwei Jahre, 1985-1987, als Erzieherin auf der Pädiatrie für Kinder, hauptsächlich mit Schädel-Hirntraumen, arbeitete. Das ist 30 Jahre her, wir können uns gut austauschen. Auf dem Markt treffe ich zufällig eine frühere Mitarbeiterin, Sozialpädagogin, bei der Stadt Heidelberg, Stadtjugendsekretariat und „Bunsenkeller". Frage sie, wie es ihr gehe. Sie: „Mir ging's jahrelang schlecht, jetzt fühle ich mich besser, ich werde sechzig und kaufe mir dann das Seniorenticket für die Bahn." Ich: „Wir werden älter, ich im Februar 65." Sie: „Super." Alles relativiert sich, mit dieser Kollegin kam ich damals gar nicht so gut aus.

Am Vormittag sprechen Maditta, meine Nichte, und ich telefonisch miteinander. Sie entwickelt sich mit ihrer Therapie sehr weit und offen. Ihre Versiertheit fällt mir

besonders auf. Sie übersetzt beim Fernsehsender Arte in Straßburg. Toll!!! Bin immer wieder erstaunt, wie weit es „meine drei Nichten" beruflich und privat bringen. Wir vereinbaren unseren nächsten Telefonkontakt auf Donnerstag 10 Uhr. Sie ruft pünktlich an und sagt am Ende des Gesprächs: „Es tut mir gut mit dir zu reden." Ich: „Danke, das können wir wieder mal tun." Sie: „Ja!"
Ich bin beseelt.

3.12.2017

Olanzapin 10 mg
Perfekter Nachtschlaf

Rufe mittags meinen Bruder an. Ich habe ein paar Fragen bezüglich „in Lohnarbeit sein".

Er: „Du lässt mit einem Mähdrescher deine Kornfelder mähen, also du hast keinen eigenen, und du zahlst dafür." Ich: „Das wurde schon zu Papas Zeiten so gehandhabt." Genauso wird beim Holzhacken verfahren. Mein Bruder erklärt es mir bereitwillig und es interessiert mich auch. Außer Hühnern besitzt er keine Viecher mehr, und die will er auch abschaffen. Er lebt hauptsächlich vom Käseverkauf, den er ein paarmal im Jahr direkt in Sardinien einkauft, er ist sozusagen Käsespezialist.

Ich frage ihn, ob er das Buch „Buddenbrooks" kenne. Bin erstaunt, dass er sogar den Film gesehen hat, in der tiefsten Provinz gibt es Kino, hi! Es gibt Parallelen zu unserer Familie, versuche ich ihm zu erklären.

4.12.2017

Olanzapin 10 mg
Sehr guter Schlaf

Termin beim Steuerberater. Ab 2018 läuft der J. F. HausService nicht mehr über mich, sondern wird auf Tom umgemeldet, was einige Vorteile in sich birgt. Bislang ist Tom bei mir angestellt, aus verschiedenen Gründen, die alle hier aufzudröseln mir müßig erscheint. Auf jeden Fall sparen wir viel Geld ein und der Steuerberater empfiehlt uns, mit Gesamtangeboten zu arbeiten. Tom ist hochmotivierter denn je, er brennt förmlich für seine Aufgabe, ich in Begleitung ebenso.

Ich will einfach, dass Tom sich seinem Wert entsprechend vergüten lässt. Er verrichtet exzellente Arbeit; alle Kunden sind durchweg zufrieden mit ihm. Er jedoch meint, er sei keine „gelernte" Fachkraft, deshalb verkauft er sich meines Erachtens unter Wert. Das hängt stark mit dem Selbstwertgefühl zusammen. Ich schätze Tom als klug ein, er lernt immer dazu. Sage ihm, er besitze ein „Angestelltengehirn". Es knallt!!!

Mittags: Blutdruck 125 zu 85, Puls 74 mit halber Dosis Bluthochdruckmittel.

Meine Gitarre lehnt in ihrer wunderschönen mittelblauen Hülle an unserem Wohnzimmerschrank. Seit der letzten Gitarrenstunde rühre ich sie nicht mehr an. Mein Lehrer versaute mir das Gitarrespielen kräftig, nur wegen seiner Didaktik, seiner „Schwarzen Pädagogik". Im neuen Jahr suche ich mir einen anderen Gitarrenlehrer.

Noch was anderes: Seit ich Frischkornmüsli esse, vorwiegend mit gemahlenem Hafer und Braunhirse (Zink und Biotin), verliere ich beim Haarewaschen vielleicht fünf Haare. Der geringe Aufwand an Zubereitung lohnt sich. Danke Mama, für dein Erbe!

Rufe Dr. Lu an und berichte ihm den neuesten Stand der Dinge. Er kapiert sehr schnell und sein Herz sitzt am richtigen Fleck, optimaler Therapeut. Seine abschließenden Worte: „Glückliche Zeit, bis dahin. Wir sehen uns noch vor Weihnachten!" Er besitzt Horizont, mein Bruder übrigens auch.

6.12.2017

Olanzapin 10 mg

Tom wird Chef unseres HausService, und er nimmt das sehr ernst. Heute schreibt er eine neue Preisliste für den D. F. Sports-Handel, über den er hauptsächlich Trainingsanzüge für Jiu-Jitsu verkauft. J. F. HausService und D. F. Sports legt er künftig zusammen, auf Vorschlag unseres Steuerberaters. Wir erfahren Aufwind und Tom noch mehr Motivation.

Heute Mittag weine ich ein bisschen. Ich singe mein selbstkomponiertes Lied vom „Sommerwind", das mich immer sehr rührt.

Meine Erinnerung: Mama, Annelie, ein paar andere Geschwister und ich arbeiten auf dem Rübenacker, Rübenhacken. Annelie bringt Mama schonend bei, dass

Mechthild ein Kind erwartet. Mama weint leise, nichts ist mehr wie vorher.

Ich bin gerade mal vierzehn, Papa kehrt ganz in sich. Ich versuche ihm beizustehen, doch er weist mich ab mit den Worten: „Lass mich in Ruhe!" Ich erfahre seine allererste Zurückweisung, was meine Person betrifft. „Du magst mich überhaupt nicht", weine ich, verlasse den Abendbrottisch, ziehe mich zurück und eile in unser „Häuschen".

Meine Entgleisung, beginnend mit dem sexuellen Missbrauch durch unseren Knecht, nimmt ihren weiteren Verlauf. Wie schon gesagt: Nichts ist mehr wie vorher!

7.12.2017

Olanzapin 10 mg

Nach einer guten Nacht wache ich um 7.30 Uhr auf. Tom bringt mir einen etwas stärkeren Kaffee ans Bett, weil mich ein bisschen Kopfweh plagt, das nach Genuss von Koffein weggeht. Bis zum Brunch kann ich mir überlegen, womit ich mich beschäftigen will. Genieße wie noch nie im Leben so viel bewusste Zeit.

Den Einkauf an Lebensmitteln erledigte ich gestern. Nutze die Zeit, im Manuskript zu lesen, die Wohnung aufzuräumen und mit Karen zu telefonieren. Ich surfe noch im Internet und informiere mich über Trumps neuesten Schlag: Jerusalem erkennt er als israelische Hauptstadt an. Werde mit Tom darüber sprechen, er erkennt politische Zusammenhänge, was mir manchmal abgeht. Gestern erklärt er mir, dass es bestimmt zu verschärften Problemen zwischen Israelis und Palästinensern kommen werde, die Friedensbemühungen seien gefährdet.

Übrigens: Unsere Weihnachtsannonce im Gemeindeblatt liest sich gut, nächstes Jahr allerdings setze ich sie in die Kleinannoncen, da fällt sie noch mehr auf. Der Wortlaut: „Eine gesegnete Weihnachtszeit und einen guten Rutsch ins Neue Jahr wünscht Ihnen von Herzen, Ihr J. F. HausService, Familie Golding" und dann die Telefonnummern. Werbung erweist sich als nötig. Die Leute müssen wissen, dass es uns noch gibt, denn seit Sommer schalten wir keine Annoncen mehr.

Wir beabsichtigen, unser Geschäft etwas auszubauen, Tom schuf die letzten dreieinhalb Jahre einen soliden Grundstock. Wie schon erwähnt führt er exzellente Arbeit durch und besitzt für seine Kundschaft ein gutes Händchen. Ich bin informiert über seine Arbeit und Vorgehensweise und kann am Telefon bei Fragen entsprechend reagieren. Alles zusammen bringt unseren Erfolg, ich bin zuversichtlich. Tom tut es sehr gut, dass er ab Januar 2018 auch auf dem Papier Chef sein wird, Dr. Lu und ich sind ebenfalls zuversichtlich.

Im Neuen Jahr kann ich voraussichtlich das Olanzapin von 10 mg auf 7,5 mg reduzieren. Mein Leben fühlt sich spannend an, ich selbst bin für mich meine größte Herausforderung.

Heute Mittag besuche ich Tom in der Werkstatt, er beschäftigt sich mit Sortieren und Aufräumen. Bei dieser Gelegenheit unternehme ich einen halbstündigen, flotten Spaziergang ins Tal hinein.

Heute Abend Tai-Chi, der Tag füllt sich auf natürliche Art und Weise. Hausarbeit und Essenszubereitung habe ich gut im Griff. Früher fühlte sich Tom für die Küche zuständig, ich dachte, ich könne das nicht. Heute gelingt die Übersicht über Abfallrausbringen oder Toilettenrollen besorgen, ganz einfach. Unser Deal – er draußen, ich drinnen plus Bank und Steuerberater – bewährt sich. Am Wochenende kocht Tom des Öfteren, er lässt sich nicht vollends aus der Küche vertreiben. Wie er mir vermittelt, entspannt er sich dabei.

Bevor ich zu Tom aufbreche, schlafe ich eine Stunde. Nach meinem Spaziergang lese ich in meinem Buch, bis Tom zum Tee heimkommt.

Mir wird bewusst, dass ich recht ungebildet bin, was Literatur betrifft, und überhaupt. Bekomme mich mit Annelie in die Wolle, weil sie äußert, es sei ein Armutszeugnis, dass ich noch nie etwas von Thomas Mann gelesen hätte, obwohl ich auf dem Gymnasium gewesen sei. Ich kontere: „Es gab auch keinen Austausch im Elternhaus, mittags ging es um die Landwirtschaft beziehungsweise Feldarbeit und nicht um geistige Themen. Und außerdem war ich damals psychisch angeknackst, klar ausgedrückt psychisch krank." Es gab zu viele Probleme innerhalb der Familie. Später hätte ich mit meinem Lithiumgehirn Thomas Mann sowieso nicht aufnehmen können, mit meinem miserablen Kurzzeitgedächtnis. Annelie: „Du bist nicht immer psychisch krank gewesen!"

Wo bleibt ihre Empathie? Ich finde es ja auch traurig, dass ich so wenig Ahnung habe. Sogar Tom als Engländer kennt dieses Buch. Er konnte als Jugendlicher seinen Interessen nachgehen. Mit 17 besuchte er wöchentlich, drei bis vier Jahre lang, Popkonzerte, ich glaube, ich erwähnte es schon einmal.

Von so etwas konnte ich nur träumen. So ab 16 besuchte ich die Disco, und da ging's hauptsächlich um männliche Wesen. Mit dem Vorbild der vier älteren Schwestern hattest du immer einen an der Backe, geistig motivierend war das nicht gerade. Ich war sehr verklemmt, nicht nur wegen der Klosterschule, auch wegen Papa, der uns einbläute, wir sollten uns ja nicht einlassen.

Jetzt nochmals zu Tom: Er ging nach der Mittleren Reife vom Gymnasium ab, er hasste Schule, und lernte bei der Post Telefontechniker. Eigentlich wollte er Kartograph werden, doch die Berufsberatung riet ihm davon ab, die Verdienstmöglichkeiten seien miserabel.

Kaffeepause!!!

9.12.2017

Olanzapin 10 mg

Nehme gestern Abend eine Aspirin, weil mich Erkältungskopfschmerz plagt. Schütze mal wieder nicht genügend meinen Kopf vor Regen. Eigentlich muss ich es wissen, bin selber schuld. Schlafe bis 6.30 Uhr.

Kann mich gut an meinen Traum erinnern: Wilhelm und Anita werden ein Liebespaar, er lernt Fußpfleger, und die beiden hängen bei Tom und mir rum. Sage zu Wilhelm: „Dich will ich nicht die ganze Zeit um mich haben", und zu Anita gerichtet: „Ich will dich nicht mehr sehen!" Dann wache ich auf.

Trotz Kopfweh gehe ich gestern Abend noch singen. Genau dieses Singen, jeder reihum darf sich ein Lied wünschen, hat mir bislang gefehlt. Es erfüllt mich!

Heute Morgen bin ich motiviert, weitere Strophen meines Liedes „Mein Sommerwind" zu verfassen.

Erste Strophe: „Der Sommerwind, der wehte mir die Sorgen fort, ich sagte ihm, ich sagte ihm nur ein einziges Wort. Ich sagte ihm, ich liebe ihn, solang' die Sterne sich dreh'n, und dazu sang mein Sommerwind."

Zweite Strophe: „Der Sommerwind, der weht geschwind über Berg und Tal, m m la la. Ich sagte ihm, ich liebe ihn ..."

Dritte Strophe: „Der Sommerwind, der sagte mir, ich hör dir zu ..."

Vierte Strophe: „Der Sommerwind, der sagte mir, ich geb' dich frei, la la mm, ich sagte ihm, ich liebe ihn ... m m la la", ausklingen lassen. Man kann immer was Neues einsetzen.

Bin zufrieden mit meiner Komposition!

11.12.2017

Olanzapin 10 mg
Schlafe gut, habe nur noch einen Tick Kopfweh.

Es ist Montag, 7.15 Uhr, ich brühe mir einen Kaffee auf. Mir geht es gut, freue mich heute schon auf die Singstunde am Freitag. Singe heute Morgen ein bisschen, leise, damit ich Tom nicht aufwecke. Will in zwei Wochen Dr. Lu mein Lied vorsingen. Werde ich mich trauen? Dr. Lu holt die günstigsten Eigenschaften aus mir heraus.

Tom erstellt digital ein Angebot für das Fällen eines Baumes. Er berechnet einen angemessenen Preis für einen Helfer und sich selbst. Ich bin zuversichtlich, was seine angemessene Vergütung betrifft.

Das Angebot wird heute angenommen, bis zum 28.2.2018 muss der Auftrag erledigt sein.

13.12.2017

Olanzapin 10 mg
Trotz einer guten Nacht plagt mich immer noch ein leichter Erkältungskopfschmerz.

Will heute Morgen mit meiner Schulfreundin Kontakt aufnehmen. Ohne sie hätte ich kein Abitur absolviert. Besuche sie sehr oft nachmittags, mit Führerschein kein Problem. Würde sie gern mal wieder sehen, vielleicht klappt es nächstes Jahr! Sie unterstützte mich und noch eine Freundin kräftig in Mathe. Sie konnte gut beibringen, dass ich es verstand und einmal sogar eine 2-3 schrieb, daran erinnere ich mich gut.

Übermittle ein paar früheren Fußpflegekunden telefonisch Weihnachtsgrüße, sie freuen sich sehr darüber.

Heute schmeckt der Brunch besonders gut: Frischkornmüsli (Hafer und Braunhirse) mit Blaubeeren, Apfel, Trockenpflaumen, gut für die Verdauung, Nüssen, 3 Esslöffeln Bio-Joghurt. Außerdem: ein wachsweiches Ei (Vitamin A) für Augen und Haut, Dinkelvollkornstange, Käse, Marmelade, Vollkorntoast, für Tom 1 Glas Tomatensaft, den ich nicht mag. Alles zusammen ein perfektes Frühstück. Schmatz!

Lese diesen Eintrag meinem Mann vor. Er kommentiert: „Wer will diesen Scheiß auch lesen!?" „Wart' mal", entgegne ich.

Gewinne 20 Euro bei der Bammentaler Weihnachtsverlosung. Ich freue mich!

14.12.2017

Olanzapin 10 mg

Wache nach einer guten Nacht um 7 Uhr auf. Tom bringt mir einen Kaffee.

Heute arbeitet er in Walldorf, will trotzdem um 12 Uhr zum Brunch heimkommen. Nehme mir vor, die ganze Wohnung zu saugen. Bei uns gibt es viel Staub, Tom und ich rätseln, wo dieser herrühren könnte. Auf jeden Fall ist Hausarbeit angesagt, empfinde Lust dazu. Sozusagen als Belohnung singe ich heute Abend im Singkreis, Tom übernimmt die Kocherei. Perfekt!

15.12.2017

Olanzapin 10 mg

Ich kann nicht einschlafen, die Uhr zeigt schon auf 2.30 Uhr. Die Vergangenheit holt mich ein. In meinem Geist lasse ich meine Psychiatrieaufenthalte Revue passieren. Im ZI in Mannheim geht es mir 1976 richtig elendig, vor allem wegen der starken Medikamente. Haldol, schrecklich, damals werde ich zum ersten Mal auf Lithium eingestellt. Ich fühle mich damit wie ein schwerer Sack.

Nach dem stationären Aufenthalt besuche ich die Tagesklinik in der Nähe des Heidelberger Schlosses. Ich wohne in einem Übergangswohnheim für psychisch Kranke in Heidelberg/Rohrbach. Es wird von Ralph, Anitas Exfreund, als Sozialarbeiter aufgebaut und geleitet. Er verhält sich mir gegenüber immer gut und professionell. Hauptsache, nicht mehr Anita! Distanziere mich mal wieder von ihr.

Wenn ich mich richtig erinnere, gibt es in der Tagesklinik Mittagessen und ich arbeite mit Holz. Wir stellen Enten her, eine rette ich bis heute über die vielen Umzüge hinweg, sie steht bei uns im Wohnzimmer. Jeden Morgen beginnt das Tagesprogramm mit Morgengymnastik, ich kann mich kaum bewegen. Ein paar Wochen beobachte ich mich in dieser Einrichtung und sage mir, so will ich nicht enden. Übers Telefonbuch suche ich mir eine Praktikumsstelle in einem Ziegelhäuser Kinderheim. In der Tagesklinik unken sie: „Das klappt nicht!"

Mit meinem Abiturzeugnis stelle ich mich an der Pforte vor. Dann geht alles ganz schnell. Ich werde in einer Gruppe mit altersgemischten Kindern und in der Hausaufgabenbetreuung eingesetzt. Mit meinem „Lithiumgehirn", meinem Kurzzeitgedächtnis, bin ich etwas gehandicapt, was niemand merkt. Mir ist die Ursache nicht bewusst, ich denke, ich bin halt so.

Die Gruppenleiterin, übrigens vom gleichen Orden der Franziskanerinnen wie auf der Klosterschule, unterstützt mich sehr. Wir sprechen viel miteinander und, wie schon erwähnt, bereitet sie den besten Grießbrei der Welt zu. Sie behandelt die Kinder sehr gut.

Mit einem exzellenten Zeugnis verlasse ich mein Vorpraktikum und beginne in der Fröbelschule in Mannheim meine Ausbildung zur staatlich anerkannten Erzieherin.

Zwischen Kinderheim und Schule lerne ich 1977 meinen Mann im Zelturlaub in Amsterdam kennen, bin mit meiner jüngsten Schwester Marianne unterwegs. Er zeltet neben uns, allein, mit einem Mini. Ich sehe ihn und denke: „Wow!" Am nächsten Morgen lade ich ihn zum Kaffee ein, mit den Worten: „Do you want to drink with us a cup of coffee?" Wir haben genau fünf Tage, im September fängt meine Ausbildung an. Ich lade ihn nach HD/Rohrbach ein. Wir küssen uns zurückhaltend und zärtlich. Er will noch Freunde in Dänemark besuchen und dann nach Deutschland kommen, so ereignet es sich. Das Lithium nehme ich schon eine Zeitlang nicht mehr, ich blühe auf. Mit meinem „Lithiumgehirn" hätte ich Tom nie kennengelernt. Ich verspreche, auf ihn zu warten.

Nach dem Urlaub fahre ich zu meinen Eltern nach Mengen. „Papa, ich habe mich verliebt!", bricht es aus mir heraus. „Wie lange wieder?", entgegnet er.

Papa und Tom werden die besten Freunde. Bei einem Gläschen Wein unterhalten sie sich mit Händen und Füßen, immer ein bisschen besser.

Wir beziehen sofort eine gemeinsame Wohnung, ich verlasse das Übergangswohnheim. Tom bekommt schnell eine Stelle als Fensterputzer beim Amerikanischen Hospital. Er steht morgens um 4.30 Uhr auf und ich fahre jeden Tag den weiten, anstrengenden Weg über die Autobahn, ich muss zweimal abbiegen, zur Fröbelschule nach Mannheim. Zu Anfang verfranse ich mich einmal dermaßen in Mannheim, dass ich gerade noch rechtzeitig zu einer Klausur eintreffe.

Nach ein paar Monaten erkranke ich erneut. Setzte im Herbst eigenmächtig das Lithium ab, abrupt, was auf keinen Fall erfolgen darf, es muss ausgeschlichen werden. Zusätzlicher Grund: Panik, die Ausbildung nicht zu schaffen. Ich kann trotzdem meine Ausbildung fortsetzen. Der Leiter der Schule und die Lehrer, außer der Psychologielehrerin, besonders die Klassenlehrerin, sind mir sehr gut gesonnen. Der Leiter fragt die Klasse, wer sich um mich kümmern möchte, es finden sich spontan zwei Mitschüler. Umsetzung von Theorie und Praxis! Nach der Fröbelschule, die ich mit meinem „Lithiumgehirn" mit 1,8 Notendurchschnitt, Erziehungspraktische Prüfung mit 1,5, abschließe, heiraten Tom und ich.

Mir ist klar, dass ich mich öfter wiederhole. Egal!

Seine Worte: „Vielleicht geht es dir dann besser."

Mein Anerkennungsjahr beginne ich bei der Stadt Heidelberg in einem Kinderhort in Neuenheim. Ich werde genommen, weil ich Abitur habe und in diesem Stadtteil die „Bessergestellten" wohnen. Vom Hort wechsle ich noch im Anerkennungsjahr in den Bunsenkeller, einer Freizeiteinrichtung für Kinder, darüber habe ich schon ausführlich geschrieben.

Es geht auf 10 Uhr zu und ich brauche einen Kaffee!!

17.12.2017

Olanzapin 10 mg
Sehr gute Nachtruhe

Mache aktuell eine erfolgreiche Therapie, mehr habe ich heute nicht zu sagen!

18.12.2017

Olanzapin 10 mg

Nach einer guten Nacht stehe ich um 7 Uhr auf.

Gratuliere Karoline zu ihrem 45. Geburtstag. Gehe noch auf die Bank, außer Kochen heute Abend bin ich an keine weiteren Verpflichtungen gebunden und Kochen bedeutet für mich nicht Arbeit, ich verrichte es gern.

19.12.2017

Olanzapin 10 mg
Guter Schlaf

Tom verspricht mir, dass wir zum 40. Hochzeitstag nach Amsterdam fahren, wo wir uns 1977 kennenlernten. Wir werden nicht zelten, sondern im Hotel übernachten.

Bin beseelt!

20.12.2017

Olanzapin 10 mg
Sehr guter Schlaf

Wünsche Anita schöne Weihnachten! Sie will mit unserem Bruder anfangen, wie er abwirtschaftet.

Ich sage ganz ruhig: „Ich will darüber nicht sprechen." Vermittle ihr, dass es Tom und mir super gehe. Ich fasse mich kurz und freundlich.

Tom findet es nicht gut, dass ich überhaupt anrufe. Es ist doch Weihnachten, Fest der Liebe, finde ich. Warum gibt es so viel Elend auf dieser Welt? Weil die Menschen nicht miteinander auskommen. Ich grenze mich gut ab, so kann mir nichts passieren. Irgendwie fühlt es sich auch spannend an, wie ich das hinkriege. Ihre Persönlichkeit schränkt sie etwas ein, sie kann nicht sehr gut nachfühlen, warum ich ihr gegenüber so vorsichtig bin und dementsprechend auf sie reagiere. Ich diskutiere nicht mit ihr, diesen Tipp gab mir Anfang des Jahres

Dr. Lu. Sie würde sowieso den Kürzeren ziehen, denn ich bin therapeutisch geschult, ich stecke sie ganz leicht in die Tasche. Nehme gewissermaßen die diplomatischen Beziehungen wieder auf. Sie schaffte es, mich über Monate nicht anzurufen, ich sagte ihr, ich melde mich. Da ging sie bei sich an die äußerste Grenze!!! Gülen und Erdogan waren ursprünglich Freunde und Anita ist meine Schwester, das bedeutet noch ein bisschen mehr.

Von den 20 Euro, die ich gewonnen habe, will ich mir eine klassische CD kaufen. Lasse mich von Dr. Lu beraten. Beethoven? Mozart? Bach? Oder?

23.12.2017

Olanzapin 7,5 mg

Dr. Lu erlaubt mir, das Olanzapin zu reduzieren, passe noch mehr auf mich auf.

Papa starb heute vor 33 Jahren. Ich liebe ihn.

Nach dem gestrigen Gespräch in Erbach geht es mir richtig gut. Singe Dr. Lu mein Sommerwindlied vor. Bin aufgeregt und liege mit meinem Gesang etwas hoch.

„Damit können Sie ein schönes Lied verfassen", kommentiert mein Arzt. „Man kann es auf dem Klavier begleiten."

Tom macht mich „genant" und äußert, als er mich singen hört: „Wie eine sterbende Katze."

Rufe laut nach Dr. Lu, er ist noch da, und beklage mich über meinen Mann.

Dr. Lu zu Tom: „Es ist ein Weihnachtsgeschenk." Ich fühle mich beschützt.

24.12.2017

Olanzapin 7,5 mg
Ich schlafe gut.

Wir feiern ab 18 Uhr mit einem Raclette-Essen Heiligabend.

Rufe mittags Mechthild an. Sie freut sich sehr. Sie fängt an: „Meine Kinder ..." Habe nicht vor, zu sehr in die Problematik einzutauchen. Ich sage nur: „Eure Kinder sind sehr intelligent, ihr kommt nicht mehr mit, sie alle machen eine Therapie." „Sie sind doch immer gekommen", meint meine Schwester. „Es ist etwas vorgefallen, die Kinder entwickeln sich", beende ich das Gespräch. Ja, sie sagt noch: „Mein Mann und ich haben uns auch entwickelt."

25.12.2017

Olanzapin 7,5 mg
Schlafe gut, doch etwas kürzer bis 6 Uhr.

Räume das Raclettegerät weg und richte den Brunch in der Küche her.

Tom streicht das Esszimmer. Sorgfältig klebt er Fensterrahmen und Elektrokabel ab. Bin stolz auf ihn. Immer wieder denke ich, wow!

Jetzt will ich noch erzählen wie ich Weihnachten als Kind in Mengen erlebte.

Der Christbaum mit der silbernen Spitze reicht bis zur Decke. Anita stellt ihn auf, und dann schmücken wir ihn gemeinsam, mit viel Lametta und natürlichen Kerzen und Kugeln in allen Farben.

Wir Kinder führen an Heiligabend den Eltern ein Krippenspiel vor, das Annelie mit uns einstudiert hat. Sogar mein Bruder macht mit als Erzengel Michael. Es geht ohne Streit ab. Feierlich betreten wir mit Kerzen in den Händen und dem Lied „Ihr Kinderlein kommet" das Wohnzimmer, total andächtig. Die Eltern in Sonntagskleidern lauschen aufmerksam. Zum Schluss sagen sie: „Das habt ihr schön gemacht." Ich lese die Weihnachtsgeschichte vor.

Unter dem Christbaum die Krippe mit Maria und Josef, den Schäfchen und den Heiligen Drei Königen, die Krippe mit Jesuskind, eine Krippe zum Anfassen! Unser wilder Bruder spielt mit den Schäfchen, bis alles wieder bis zum nächsten Jahr weggeräumt wird.

Geschenke gibt es eigentlich nur für die Kleinen, Annelie sorgt für Brigitte und mich. Später fragte ich sie einmal: „Und was bekamst du?" „Nichts!", erwiderte sie ein bisschen bitter. Mama kaufte nicht ein einziges Geschenk, sie hatte null Gefühl dafür. Irgendwie macht es mich für Annelie betroffen, weil ich mich an kein Weihnachten ohne Geschenke für die Kleinen, von denen ich die Älteste war, erinnern kann. Vielleicht kam ich doch nicht so schlecht weg! Ich fühlte mich immer reich beschert.

Aktuell feiere ich Heiligabend am liebsten zu zweit bei uns zuhause mit einem Raclette-Essen. Mit Annelie telefoniere ich gern an diesem Tag. Wir wollen sie Ende April in Norddeutschland besuchen!

Ja, ich erinnere mich noch, dass wir von unserem Patenonkel, er ist Patenonkel von allen acht Kindern, immer hochwertiges Spielzeug geschenkt bekommen, beispielsweise ein Kasperletheater, wir malen und werkeln dafür eine Kulisse. Wir üben Stücke ein, die wir Geschwister uns gegenseitig vorspielen. Oder einen Esbit-Herd mit Geschirr, man kann winzige Mengen real kochen.

Ich finde, Weihnachten verläuft immer ganz toll in Mengen. Irgendwie streiten wir da nicht so viel.

Annelie, für mich von klein auf eine wichtige Bezugsperson, fünf Jahre älter als ich, badet uns, bringt uns abends ins Bett. Ich darf mir den Popo nicht abtrocknen, daran erinnere ich mich. Sie erzählt uns selbst erdachte Geschichten und macht mit uns Abendsport. Sie jobbt in den Ferien und kauft von dem Geld Brigitte und mir Petticoats. Sowas vergisst man nie im Leben!

1976 feiere ich zum ersten Mal Heiligabend nicht in Mengen, sondern im Kinderheim. In meinem schwarzen Samthosenanzug sehe ich besonders chic aus. Im Übergangswohnheim steigt eine Fete mit mehreren Betreuungspersonen, ich beginne mich so langsam vom Elternhaus abzunabeln, und besonders von Anita.

Ich lege jetzt eine Schreibpause ein, bin etwas grippig und trinke einen Erkältungstee!

26.12.2017

Olanzapin 7,5 mg plus 10 mg

Fühle, dass ich nicht einschlafe, nehme 10 mg Olanzapin zusätzlich. Muss trotzdem nachts raus aufs Klo, bin heute Morgen etwas benommen. Alles Mögliche geht mir durch den Kopf, aber ich fühle mich psychisch gut. Die Sonne strahlt, wir wollen mittags spazieren gehen, in einer Streichpause, die Tom einlegt.

27.12.2017

Olanzapin 7,5 mg

Wache morgens etwas früher auf, so gegen 6 Uhr, ich merke die Reduktion von 10 mg Olanzapin auf 7,5 mg. Ich glaube und hoffe, dass sich dies mit der Zeit einspielt.

Denke ein bisschen an Dr. Lu, er ist ab heute wieder im Dienst.

28.12.2017

Olanzapin 7,5 mg

Wache erstmals um 3.30 Uhr auf, schlafe wieder ein bis 6.30 Uhr. Bin nicht ganz ausgeschlafen. Dr. Lu meint, ich würde gar nicht so wenig schlafen. Immerhin nehme ich ein Viertel weniger Olanzapin ein. Ja, es wird sich sicherlich einspielen.

Es ist unglaublich, bei einem Besuch bei unserer Bank erwähnt unser Berater ein vorhandenes Sparbuch mit fast 4.000 Euro. Wir haben das Geld total vergessen und sind hocherfreut. Wir können es gut brauchen.

30.12.2017

Olanzapin 7,5 mg

Wache schon um 3 Uhr auf, danach schlafe ich bis 7 Uhr, immer wieder aufwachend. Bin allerdings um 9.30 Uhr ins Bett. Vielleicht hat Dr. Lu doch damit recht, dass ich gar nicht so wenig schlafe. Fixiere mich zu sehr auf meine Schlafdauer!

31.12.2017

Olanzapin 7,5 mg

Um 0.30 Uhr wache ich auf, kann nicht mehr einschlafen. Schlupfe zu Tom ins Bett. Es dauert eine sehr lange Zeit, bis ich weiterschlafe. Da muss ich durch! Es ist nicht angenehm, komme jedoch relativ gut durch den Tag.

Wir feiern Silvester mit einem Raclette-Essen, weil es sich an Weihnachten so schön anfühlte.

Morgen schreibe ich Dr. Lu eine E-Mail über meine Schlafsituation, vielleicht kann er mir ein paar Tipps geben. Die E-Mail schicke ich doch nicht, ich denke, ich muss auch ein bisschen was aushalten!

Neujahr 2018

Olanzapin 7,5 mg

Bin so müde, dass ich glatt den Jahreswechsel verschlafe, Tom weckt mich nicht. Trotz eines beachtlich lauten Feuerwerks wache ich nicht auf. 2018 wird ein Superjahr!

Will mir einen Poncho stricken oder häkeln, eine Mitarbeiterin vom Bioladen hilft mir bestimmt. Ich überlege, in grün, in meiner Farbe, passend zu meinen grünen Augen. Dunkelgrün, am Halsausschnitt und unten mit einem hellgrünen Streifen. Stelle ihn mir schon fertig vor.

Tom will im neuen Jahr keine Werbung mehr für den J. F. HausService, keine Annonce mehr im Januar im Gemeindeblatt aufgeben. Wir haben Arbeit ohne Ende!

2.1.2018

Olanzapin 7,5 mg
Ich schlafe durch, das erste Mal, seit ich reduzierte.

Wünsche allen meinen Geschwistern telefonisch ein Gutes Neues Jahr. Gott sei Dank gibt es Flatrate!!

3.1.2018

Olanzapin 7,5 mg
Nach einem siebenstündigen Schlaf wache ich um 5 Uhr auf, die Schlafdauer liegt an der Grenze.

Brühe mir einen Kaffee auf und sage mir, ich kann mich heute Mittag eine Weile hinlegen, wenn ich müde bin. Eigentlich liebe ich diese Morgenstunden, die Welt ruht friedlich und ich bin ganz bei mir.

Gestern telefoniere ich mit Maditta, der Zweitältesten Mechthilds. Ich glaube herauszuhören, dass sie am meisten unter der Beziehungslosigkeit zu ihrer Mutter bzw. ihren Eltern leidet. Auch bedeutet für sie Therapie eine Chance, die sie nutzt. Ich versuche ihr zu vermitteln: „Papa, also dein Opa, war ein gefühlsbetonter, kluger Mann, sein Geist lebt in uns allen, auch in deiner Mutter. Lass 2018 vorbeigehen und du wirst sehen, es gibt eine Wende. 2018 wird ein gutes Jahr, für mich ein Superjahr!"

Ich lade sie zu meinem Geburtstagsfest ein. Freiburg und Heidelberg liegen nicht so weit auseinander. Habe richtig Lust, geselliger zu werden. Mengen bedeutete immer ein sehr offenes Haus, Gäste waren jederzeit willkommen. Früher, bei Opa, wurde aus dem Wohnzimmer die Ratsstube, wo unsere Eltern getraut wurden, Opa waltete als Bürgermeister dreißig Jahre lang. Ich kann mir lebhaft vorstellen, dass immer was los war.

Mich ergreift Angst, dass Anita an meinem Geburtstag auftaucht. Tom würde sie nicht reinlassen, sagt er vehement. Das wäre Abgrenzung pur!

Säume die Wohnzimmergardinen. Tom schneidet in der Länge ein Stück ab, und ich nähe sie mit der Nähmaschine um, empfinde richtig Lust dabei. Meine Husqvarna bekomme ich von meinen Eltern zum

18. Geburtstag. Nähmaschine und Führerschein kriegt jede. Ab mir gibt es nur noch die einfache Ausführung, ohne Stickmöglichkeit, weil das Geld in der Familie langsam abnimmt. Papa ist nicht mehr der Jüngste und nicht ganz gesund und ausgeschafft, er leidet immer wieder an Asthma. Erst mit 37 heiratete er und erbte dann den Hof, es folgten die acht Kinder und fast nur Mädchen, für einen Großbauern eigentlich das Todesurteil. Und er musste seine Geschwister auszahlen, sechs an der Zahl, zwei Brüder fielen im Krieg.

Tom darf mich berühren, ich genieße es, bei mir tut sich was!

4.1.2018

Olanzapin 7,5 mg
Wache erstmals um 3.30 Uhr auf nach fünfeinhalb Stunden, danach schlafe ich nur noch oberflächlich.

Zunächst um 10 Uhr Termin bei der Volksbank, die Bankgeschäfte erledigen wir mittlerweile profihaft. Komme, ohne mich mittags hinzulegen, gut durch den Tag.

Wir kaufen einen PVC-Boden für die Küche, braun mit dunkler Schrift, unser beider Geschmack. Tom will ihn in den nächsten Tagen verlegen. Bei OBI in Rohrbach gucken wir auch und trinken dort einen Cappuccino. Bin sehr gern mit Tom unterwegs, wir tauschen uns gut aus.

Mir geht es psychisch bestens, bin weder manisch noch depressiv. Schaffe mittags viel in der Wohnung, im Flur stellen wir Möbel um. Später spüle ich, reinige die Küche und koche. Tom bleibt die Spucke weg, wie ich hinlangen kann, an meinem Geburtstag soll alles schön sauber sein.

Bin dankbar für meinen klaren Kopf. Jetzt erst wird mir bewusst, was ich im Laufe meines Lebens mitgemacht habe. Am schlimmsten war der Verlust meines Intellekts, ich konnte nichts Anspruchsvolles lesen, bei einem langen Satz wurde es schwierig, am Satzende angekommen, hatte ich den Anfang vergessen, was in der Erzieherschule so richtig zum Problem wurde. Kurzzeitgedächtnis! Las deshalb Jugendbücher aus der Schulbibliothek. Trotzdem schnitt ich bei der Prüfung gut ab, wie schon erwähnt mit 1,8 Notendurchschnitt, bei der Erziehungspraktischen Prüfung mit 1,5. Irgendwie kann ich nicht so richtig stolz auf mich sein, weil es ja ursprünglich ein Universitätsstudium hätte sein sollen. Mit einer sehr guten therapeutischen Begleitung hätte ich mein Studium in Stuttgart gut geschafft, aber ich fasste nicht richtig Fuß, kam einfach nicht klar, mehr wegen des Drumherums.

Gestern ruft mich meine damalige Mitbewohnerin und Kommilitonin Veronika an, wir sprechen lange miteinander, es tut gut. Sie arbeitet als Hautärztin in eigener Praxis in Sigmaringen. Wir haben vor, uns im März zu viert zu treffen mit Tom und ihrem Freund. Er wohnt in Heidelberg. Wie Dr. Lu ist er Neurologe, ich glaube die beiden kennen sich. Bin sehr auf ihren Prof. gespannt. Sage zu Veronika: „Wir treffen uns ganz locker, entweder wir kommen rein nach Heidelberg oder ihr kommt raus zu uns, dein Freund soll sich nicht unter Druck fühlen."

5.1.2018

Olanzapin 7,5 mg plus 10 mg

Gestern Abend bin ich todmüde und kann trotzdem lange nicht einschlafen. Um 24 Uhr schlupfe ich zu Tom ins Bett, vor 2 Uhr schlafe ich bestimmt nicht ein. Wache um 8.45 Uhr auf, nach fast sieben Stunden!

Tom bruncht heute Morgen nicht zuhause, er frühstückt mit seinem englischen Freund in der Mantei in Heidelberg. Habe vor, meinen Tag ganz ruhig zu gestalten, umfassend bei mir zu bleiben und mittags einen kleinen Spaziergang zu unternehmen.

Was treibt nur Anita um? Ist sie womöglich psychisch krank? Eigentlich müsste sie meinen Rückzug verstehen. Spreche nächsten Freitag mit Dr. Lu darüber! Bin sehr froh, dass ich die Möglichkeit zu schreiben entdeckt habe und immer mehr schätze.

Will das Bad gründlich putzen, vor allem die Fliesen.

Muss Tom etwas stoppen, er möchte einen Schrank für's Büro kaufen. Wir besitzen genug Schränke, in der Garage stehen zwei brauchbare.

Rufe Anita an, sinngemäß: „Ich kann nicht verstehen, dass du es nicht verstehst, dass ich nur in der Distanz zu dir meinen Weg finden kann."

Sie: „Warum?"

Ich: „Ich bin im Moment nicht in der Lage, mich familiär auseinanderzusetzen, und wir blicken auf eine gemeinsame Vergangenheit zurück! Ich empfinde dich als psychisch krank. Du musstest in deinem Leben auch viel schlucken, beispielsweise, dass der Vater deines Sohnes nicht zu dir stand, als er von der Schwangerschaft erfuhr. Ich empfehle dir, eine gute Psychologin oder einen guten Psychologen zu suchen, sprich' dich aus. Ich kann dir nicht helfen."

Sie hört mir zu ohne mich zu unterbrechen, was bei ihr ungewöhnlich ist, und bemerkt: „So siehst du es."

Ich, abschließend, so ungefähr: „Ich feiere an meinem Geburtstag ein Fest, du bist nicht eingeladen, vielleicht bist du nächstes Jahr wieder dabei. Ich wünsche dir eine gute Zeit!"

I hope she got the message. Sie braucht eine deutliche Ansprache, sonst kapiert sie nicht.

Tom, empathisch: „Kein Wunder, dass du nicht schläfst."

Telefoniere mit Annelie, sie: „Das bedeutet ein Übergriff deinerseits!"

Ich: „Das ist eine Schwester-Pflicht."

Annelie: „Ich muss darüber nachdenken."

6.1.2018

Olanzapin 10 mg
Schlafe 7,5 Stunden bis 5.15 Uhr, bin damit zufrieden.

Gehe auf 10 mg Olanzapin zurück bis zu meinem Gespräch nächsten Freitag. Dr. Lu schläft auch nicht so viel, kommt mir in den Sinn. Brühe mir einen Kaffee auf.

Höre die 7-Uhr-Nachrichten. Bewusste Erkenntis: Politik bedeutet nichts Abstraktes, sie wird von Menschen gemacht, von Menschen aus Fleisch und Blut und ein bisschen Hirn. Brühe mir eine zweite Tasse Kaffee auf. Um 8 Uhr schlupfe ich zu Tom ins Bett. Er ist das Liebste, was ich hab' auf dieser Welt.

Ich muss immer wieder sagen, ich liebe diese Morgenstunden, die Welt ruht friedlich und frei und ich kann fließend schreiben.

Der Knackpunkt ist Anita!

Tom bleibt bis 10.30 Uhr liegen. Ich bereite Müsli und Brunch vor. Drei Freundinnen rufen an und wünschen mir ein Gutes Neues Jahr. Nach dem Brunch, die Uhr zeigt kurz nach 12 Uhr, schlafe ich noch ein bisschen. Ich wache um 14.30 Uhr auf, der Schlaf tut mir gut.

Tom will heute Abend kochen und ich gehe endlich ins Bad, duschen und Haare waschen. Heute ist ein schöner Tag.

Mir kommt in den Sinn, dass ich nie über meine Schwiegereltern schreibe. Beide leben nicht mehr, Mum stirbt 2013 und Dad schon 2002. Dass Tom nach Deutschland auswandert, verkraften sie nie. Dad hofft auf seine Rückkehr, mit oder ohne mich finde ich nicht heraus, Mum fühlt da realistischer. Dad liebt Mum abgöttisch, ich glaube, er bewegt sich in einer gewissen Abhängigkeit zu ihr.

Als ich 1982 so krank in Weinheim bin, feiert Tom Weihnachten bei seinen Eltern in England, sie bekommen einen Hoffnungsschimmer. Zu meinem Geburtstag, Februar 1983, erhalte ich keine Geburtstagskarte aus England, sonst jedes Jahr. Beim monatlichen Telefongespräch äußert Tom, dass ich eine Karte vermissen würde, er bleibt immer an meiner Seite.

Wir verbringen unsere Sommerurlaube fast ausschließlich in England, mindestens vierzehn Tage. Ich darf die Verwandtschaft nicht vergessen. Das ganze Jahr über fiebern sie uns entgegen. Wir unternehmen zusammen interessante Ausflüge, besuchen Castles usw. Wir gehen essen und ich berühre hautnah „The English way of life". Dad, ein sehr delikater Mensch, akzeptiert mich sehr, er meint nur: „You analyse to much!" Mum behandelt mich wie eine Tochter, sie nimmt kein Blatt vor den Mund. Einmal sagt sie zu mir: „Many actors and many actrices are bi-polar and take Lithium." Sie meint es gut und will mich mit meinem Schicksal versöhnen. Sie äußert aber auch ihrem Sohn gegenüber, ich hätte kein Kind kriegen können, ich sei ja so faul. Ja, Lithium macht mich phlegmatisch, was man leicht mit Bequemlichkeit verwechseln kann. Oder: „Enttäusche ihn nie, er hat alles für dich aufgegeben."

Da gibt's noch Toms Schwester, sie schafft nur Probleme, bis sie schwanger wird und den Vater ihres Kindes heiratet. Zuvor ist sie mit einem Schwarzen aus Nicaragua verheiratet, den sie auf einem Schiff kennenlernt, ein totaler Affront gegen ihre Eltern, besonders gegen ihren

Vater. Sie glaubt, Tom werde mehr geliebt und vorgezogen, was er bestreitet. Er behauptet, ihr seien viel früher mehr Freiheiten zugestanden worden als ihm. Es kristallisiert sich heraus, die Eltern lieben ihre Kinder sehr, vielleicht Tom besonders. Die Beziehung zu ihrer Tochter wächst ihnen über den Kopf und Mum äußert mal: „She is a born looser." Eine erschreckende Äußerung. Die englischen Eltern wollen wie unsere Eltern schulisch nur das Beste für ihre Kinder. Mein Mann hasst Schule, verlässt nach der Mittleren Reife das Gymnasium und lernt bei der Post in London Telefontechniker. Von da an besitzt er alle Freiheit, die er als Teenager vermisst, seine Freunde dürfen abends länger wegbleiben.

Wie er mir erzählte, sitzt er viel in seinem Zimmer und liest. Auch Tom kennt den „Kleinen Prinzen" und viele andere gute Bücher. Heute erkläre ich ihm wiederholt: „Du bist mein vertrauter Fuchs unter acht Milliarden Füchsen, Dr. Lu ist auch ein vertrauter Fuchs für mich, nur auf einer anderen Ebene. Tom versteht ganz genau, was ich ausdrücken will, er ist sehr sensibel, aber ein klitzekleiner Tick Eifersucht schadet nicht.

7.1.2018

Olanzapin 10 mg
Schlafe heute Nacht durch.

Das Olanzapin ist ein Teufelszeug, wirkt auf das Zentralnervensystem, lese ich irgendwo. Für das Reduzieren von 15 mg Olanzapin auf 10 mg brauchte ich ein Jahr, bis ich durchschlief. Tom meint: „Du schläfst nicht wegen Anita!" Bin gespannt, was Dr. Lu dazu sagt! Muss immer wieder an Anita denken. Ich hoffe, sie befolgt meinen Rat und tut was für sich. Ich glaube, sie befindet sich in einem absoluten Tief. Keiner der Herkunftsfamilie, außer Marianne und Waltraud, kann sie richtig leiden. Ihr Sohn zieht mit seiner Familie in die Schweiz, mit unserem Bruder überwirft sie sich und ich ziehe mich zurück. Sie ist ein armes Schwein! Es ist nicht mein Problem und doch berührt es mich. Hoffe, sie wird nicht suizidal, wie es Dr. Lu mal ausdrückt.

Bin dankbar, dass ich nochmals leben darf. Ilse findet, das sei gut ausgedrückt. Zwei Wochen lang versuche ich es mit 7,5 mg Olanzapin, es klappt nicht. Unternehme später einen weiteren Versuch. Vielleicht ist es doch „nur" meine Schwester!

Ich reagiere sehr sensibel auf Medikamente. Im Hochsensibilitätsbuch steht, dies könne oft der Fall sein bei hochsensiblen Menschen. Für die Reduziererei besitze ich alle Zeit dieser Welt, Olanzapin schränkt die Libido nicht ein im Gegensatz zu Lithium. Die sexuelle Energie muss freigesetzt werden, dies erklärte mir schon 1986 mein damaliger Neurologe Dr. Adam eindringlich. Wie lange brauche ich, bis ich seine Erkenntnis für mich umsetzen kann? Doch ich bin noch keine 65, habe noch viel Zeit, weil Tom und ich ein hohes Alter erreichen wollen, mindestens 90. Günstige Gene dafür besitzen wir. Toms Großeltern, mütterlicherseits wurden 96 und 97, und meine Mutter starb immerhin erst mit 91. Sie war nicht einen einzigen Tag bettlägerig, was ich immer wieder betonen will.

Fühle mich wohl in meiner Haut und bereite nun den Brunch vor, heute mit wachsweichem Ei und dem obligatorischen Müsli.

Annelie ruft an und will mit mir über Anita sprechen. Mir wird es aktuell zu viel darüber zu schreiben, will eigentlich einen Strich darunter ziehen. Anita bedeutet für mich ein Klotz am Bein, weil sie gar nichts versteht. In der Therapiestunde bei Dr. Lu äußerte ich, dass ich nie mehr in meinem Leben für irgendeinen Menschen ein Klotz am Bein sein wolle, auch nicht für meinen Therapeuten. Er: „Sie sind kein Klotz am Bein! Vielleicht sind Sie eine emotionale Belastung." Über diese Bemerkung denke ich lange nach.

Annelie meint, Anita würde mich immer noch als Kranke sehen, sich irgendwie über mich stellen und könne meine Entwicklung nicht nachvollziehen.

Telefoniere mit Marianne. Sie empfiehlt mir eindringlich, meinen Traum Wilhelm-Anita ernst zu nehmen bzw. mich sehr ernst dabei zu nehmen. Das sei wohl mit der Knackpunkt für unsere schwierige Beziehung. Will mit Dr. Lu darüber sprechen!

Für heute höre ich endgültig auf zu schreiben. Ich will loslassen und mich entspannen, dass ich heute Nacht schlafen kann. Bin mit Tom gut im Gespräch!

8.1.2018

Olanzapin 10 mg

Nach einer Runde „Progressive Muskelentspannung" schlafe ich sofort ein und durch bis heute Morgen, bin froh darüber. Genügend Schlaf erweist sich als Voraussetzung für meine gesunde Psyche. Anita ist „a pain in the neck", wie Tom es treffend ausdrückt. Sie stellt sich auf keiner Ebene in Frage.

Bedanke mich bei Marianne für das gestrige, aufschlussreiche Gespräch. Fühle mich von Annelie mit Anita im Stich gelassen, was ich ihr auch mitteile.

Jetzt gilt für mich erstmal Ruhe. Ein freier Tag liegt vor mir. Tom muss wegen Zahnschmerzen zum Zahnarzt, bereite zuvor den Brunch vor. Bin heute sehr sensitiv. Es geht mir gut. Freitag Gespräch bei Dr. Lu, ich kann es kaum erwarten. Erledige vorwiegend Hausarbeit, ich will das Bad etwas gründlicher putzen.

Unternehme einen halbstündigen flotten Spaziergang in den Feldern. Treffe Tom zufällig im Ort, er fragt: „Alles okay?"

Ich: „Ja, ich hab's aus dem System."

Gehe auf die Bank und bei der Gelegenheit noch in die Buchhandlung und bestelle eine CD von Tschaikowsky, morgen früh kann ich sie abholen.

Erlebe genügend Freiraum bis zum Kochen. Ich schreibe und lese in meinem Manuskript. Meine Welt ist in Ordnung.

Annelie ruft an, wir führen ein gutes Gespräch. Sie will Anita schon sagen, was andere Menschen an ihr abstößt. Sie will die Kritik so gestalten, dass sie diese auch annehmen kann und nicht zumacht. Zum Schluss, sie: „Du bist sehr sensibel." Ich: „Ja, das war ein gutes Gespräch, danke."

Tom kommt nach Hause und befiehlt mir, keine Telefonate und kein Kontakt mehr mit Anita, sonst würde ich Probleme mit ihm bekommen. Ich verspreche es kleinlaut.

Rufe bewusst Dr. Lu nicht an, weil ich denke, ich müsse damit ohne ihn klarkommen. Wenn er nach Berlin zurückkehrt, muss ich es auch mal allein schaffen. Ich glaube, er hat eine sehr innige Beziehung zu seiner Mutter.

9.1.2018

Olanzapin 10 mg

Nach einer guten Nacht brühe ich mir um 7 Uhr einen Kaffee auf und bereite Tom einen Tee zu.

Die Feiertage sind vorbei, der Alltag tritt ein. Tom geht arbeiten und kommt wie gewohnt um 12 Uhr zum Brunch heim.

Ich bin innerlich aufgeräumt und freue mich schon auf Tschaikowsky, ab 9.30 Uhr kann ich die CD abholen. Bei der Gelegenheit bringe ich die Kontoauszüge von der Bank mit.

Mache mir etwas Sorgen um Tom, er ist morgens öfter müde, obwohl er genügend schläft. Vielleicht befolgt er meinen Rat und lässt sich vom Internisten durchchecken.

Heute fängt Yoga wieder an, ich freue mich darauf. Morgen der Vortrag über Hochsensibilität, Tom geht mit, vielleicht auch Karen.

Rufe doch spontan Dr. Lu an. Es tut gut, noch vor Freitag mit ihm zu sprechen. Ich habe Glück, er geht gleich ans Telefon.

10.1.2018

Olanzapin 10 mg

Schlafe von 22 bis 7 Uhr neun Stunden fest durch, muss nicht mal auf's Klo zwischendurch. Brühe für Tom einen Tee und für mich einen Kaffee auf.

Ich bin nur noch ein bisschen angeschlagen. Freue mich auf unseren Vortrag heute Abend über Hochsensibilität, passt genau.

Lese Tom gerade diese Zeilen vor, und er sagt: „Super!"

Tom streicht Fenster und kommt um 12 Uhr wie gewohnt zum Brunch. Mein Leben fühlt sich wunderbar an. Ich spüre, wie ich mich selbst ernst nehme. Bin zuversichtlich über meine seelische Genesung und bereue es nicht, dass ich Anita so voll die Meinung gegeigt habe. Sie versteht nur den „direkten Weg". Dennoch bin ich mir meiner Anteile an dem chronischen Konflikt voll bewusst.

Überlege, wie ich meinen Vormittag gestalte. Erst messe ich meinen Blutdruck, gestern war er süpi, und dann trinke ich noch eine Tasse Kaffee. Mit 4 mg Candesartan ist er wieder süpi, bald werde ich ohne Blutdruckmittel auskommen, bin zuversichtlich.

Die sich immer wiederholende Erkenntnis: Ich muss schlafen! Kann als Kind immer schlafen, und wenn nicht, schlüpfe ich zu Papa ins Bett, der hat überhaupt keine pädophile Neigung. Ich ziehe Papa Mama vor, weil sie so ein unangenehm schwaches Bindegewebe hat.

Besorge in unserem Schreibwarengeschäft Tonpapier in rot und schwarz, 40 auf 50 cm. Will entweder auf rotem oder schwarzem Hintergrund, je nachdem was besser aussieht, eine Aufzeichnung „Eigenliebe" kleben, Dr. Lus Idee. Ich brauche dafür noch einen Rahmen, 30 auf 40 cm. Mache mich fertig und starte sofort zu einem Bilderrahmengeschäft im nächsten Ort.

Bei dieser Gelegenheit kaufe ich im Bioladen für's Essen heute Abend ein und spreche mit einer strickbegabten Angestellten: „Ich würde mir gerne einen Poncho häkeln oder stricken. Können wir vielleicht mal ins Gespräch kommen?" Sie: „Das ist ganz einfach, ich bringe dir die Anleitung mit." Ich freue mich, ich kann sie immer schon gut leiden.

Die Sonne scheint. Bevor ich für abends das Gemüse putze, unternehme ich einen halbstündigen flotten Spaziergang in den Feldern.

Annelie ruft gerade an, sie müsse immer an mich denken. Ich hätte schon so viel geschafft, mit einer Überreaktion könne ich in etwas hineingeraten. Dass Anita seelisch krank sein soll, findet sie etwas übertrieben.

Annelie: „Sag' nochmal, was du meinst?"

Ich: „Ich verstehe nicht, dass sie nicht versteht, dass ich Abstand brauche." Anita äußerte: „Ich verstehe es nicht, aber ich akzeptiere es." Diese Aussage finde ich himmelschreiend nach unserer fatalen gemeinsamen Vergangenheit. Tom: „Sie kann nett sein, ist aber a nasty person".

So, jetzt widme ich mich wieder der Küche. Sage zu Tom und Dr. Lu, dass ich einen Strich ziehe, und den ziehe ich jetzt auch.

11.1.2018

Olanzapin 10 mg
Schlafe gleich ein und durch bis 7 Uhr, mit einem Aufwachen zwischendurch.

Der Vortrag über Hochsensibilität erweist sich als hochinteressant! Ich bin definitiv hochsensibel. Hochsensibilität ist keine Krankheit, sondern eine Begabung. Ich wiederhole mich bewusst. Auf der Rückseite des Buches von Rolf Sellin „Wenn die Haut zu dünn ist" lese ich: „Etwa 15 bis 20 Prozent aller Menschen nehmen mehr Reize auf als andere – und das wesentlich intensiver. Die ausgeprägte Begabung, differenzierter und stärker wahrzunehmen, ist oftmals von Vorteil. Viele hochsensible Menschen leiden jedoch darunter: Sie sind verletzlicher, geraten schneller in Stress und kämpfen mit Selbstzweifeln. Mit vielen wirksamem Übungen hilft dieser Praxisratgeber, die eigene Wahrnehmung selbst zu steuern, um sich mental und energetisch besser zu schützen. So kann hohe Sensibilität wieder zu dem werden, was sie eigentlich ist: eine Begabung für großen inneren Reichtum." Interessant!

Tom streicht heute wieder Fenster und geht um 8 Uhr aus dem Haus, und ich habe den ganzen Vormittag für mich. Um 10 Uhr werde ich Mechthilds Jüngste anrufen. Sie lebt mit ihrer Familie in der Schweiz, den Anruf verspreche ich ihr vor kurzem. Sie arbeitet als Grafikdesignerin und nimmt sich donnerstags immer frei, das trifft sich gut. Mal hören, wie sich das Verhältnis zu ihrer Mutter entwickelt, auch zu ihrem Vater.

12.1.2018

Olanzapin 10 mg
Nach siebeneinhalb Stunden Schlaf wache ich um 6 Uhr auf.

Drehe das Radio an und brühe mir einen Kaffee auf. Mir geht es gut, heute Gespräch bei Dr. Lu, ich kann es wieder kaum erwarten. So langsam vertraue ich ihm. Friedlich in mir ruhend genieße ich die frühen Morgenstunden ... Am liebsten würde ich alle Menschen außer Anita zu meinem Fest einladen und nicht nur den engeren Kreis.

Heute trinke ich mal wieder was in der „Sonne", dem veganen Café. Ziehe mich etwas zurück, weil sich die Chefin auch deutlich zurückgezogen hat. Mitte Mai schließt das Lokal, zu viel Stress für eine alleinstehende Person, kann ich gut verstehen.

Empfinde deutlich, dass mich Tom seit dem Hochsensibilitätsvortrag besser versteht und adäquater mit mir umgeht, ich auch.

Gespräch um 17 Uhr bei Dr. Lu. Sein Fazit: „Anita hat in Ihrem Leben keinen Platz." – Bei der Reduziererei des Olanzapins könne ich eigenverantwortlich vorgehen, vielleicht täglich abwechselnd 10 mg und 7,5 mg. Bin einen großen Schritt weiter!

13.1.2018

Olanzapin 10 mg

Mein Schlafrhythmus ändert sich. Schlafe abends gleich ein, ich nehme Bachblüte Nr. 35, Empfehlung zur Unterstützung in Krisenstuationen der Referentin des Hochsensibilitätvortrags, und wache nach sieben bis acht Stunden auf. Damit kann ich leben. Dr. Lu ist der absolute Arzt, immer schon wünschte ich mir so einen. Er glaubt, das Schlimmste hätte ich überstanden, doch es werde noch einiges kommen. Ich nehme die Verantwortung für mein Leben in die eigene Hand. Dass ich dies müsse, vermittelte mir schon 1986 ein Arzt in der Klinik in Mosbach. Jetzt erst verstehe ich seine „Message".

Marianne ruft mich an, Anita sei wütend und würde nur um sich schlagen. Sie will einfach nicht den früheren Konflikt Anita-Julia anschauen. Marianne spricht dies bei ihrer Therapeutin an, die nicht glaubt, dass Anita aufarbeitet. Sie kann machen, was sie will, nur muss sie zu mir auf Distanz bleiben. Mir stinkt's, dass sie mich nicht in Ruhe lässt.

14.1.2018

Olanzapin 10 mg

Die Bachblütentropfen helfen mir einzuschlafen, wache jedoch gegen 5 Uhr auf, bin ein bisschen müde. Brühe mir einen Kaffee auf.

Will „Marcel Proust" googeln, Dr. Lu erwähnte ihn als hochsensibel. Hierfür bedeutet das Internet einen Segen, man kann alles erfahren.

Mir kommt Mengen in den Sinn, ein Paradies: eigene Bienen, Entchen, Hühner, Kaninchen, Geißen, Kälbchen, Kühe, ganz hinten im Stall die Bullen, vor denen ich besonderen Respekt habe. Die Sonne strahlt auf unseren Hof. Als Kind muss ich auf einer nicht eingezäunten Wiese Kühe hüten, ätzend langweilig. Am Sonntag gibt es Nachtisch. Ich besorge zwei Familienpackungen Eis in der Gastwirtschaft jenseits der Straße und teile es in zehn Portionen auf. Sonntags herrscht Frieden in unserer Familie. Mittags, wenn kein Besuch kommt, schließen unsere Eltern ihr Schlafzimmer ab, sie wollen für sich sein. Alles hat seine Ordnung!

16.1.2018

Olanzapin 10 mg

Wache nach fast sieben Stunden Schlaf um 4.30 Uhr auf. Brühe mir einen Kaffee auf. Schlafe in der Regel so sechs bis acht Stunden. Dr. Lu und meine ältere Freundin Jule schlafen auch nicht mehr. Ich glaube, der längere Schlaf tritt bei mir wieder ein. Esse manchmal nachts eine Banane oder einen Apfel, ein Tipp einer früheren Fußpflegekundin.

Meine wiederkehrende Erkenntnis: Ich muss schlafen. Hauptsache, ich bin an meinem Geburtstagsfest in fünf Wochen ausgeschlafen. Nehme ordentlich Bachblüten Nr. 35 und Nr. 10, sie schlagen bei mir gut an.

17.1.2018

Olanzapin 10 mg
Wache erst um 7 Uhr auf, bin glücklich und ausgeschlafen.

Tom schlupft zu mir ins Bett.

Nach dem Hochsensibilitätsvortrag mein etwas modifiziertes Gedicht:

FÜR MEINEN MANN

Ich liebe Dich mehr als
ich denken kann
hier und jetzt.
Mich kümmert NICHT
was morgen mit uns sein wird.
Du gibst mir heute das Gefühl
mit Dir
einen gemeinsamen Weg zu gehen
und dabei sagen zu können:
Ich bin Ich und
Du bist Du

Ich (2018)

Ich bin erlöst.

Am Ende meines ersten Buches steht dieses Gedicht:

FÜR MEINEN MANN

Ich liebe Dich
Mehr als ich denken kann.
Hier und jetzt.
Mich kümmert NICHT MEHR SO viel
Was Morgen mit uns sein wird.
DU GIBST MIR heute das Gefühl
Mit Dir
Einen gemeinsamen Weg zu gehen
Und dabei sagen zu können:
Ich bin Ich und
Du bist Du.

Ich (2009)

Und hier mein Ursprungsgedicht:

FÜR MEINEN MANN

Ich liebe Dich
Mehr als ich denken kann.
Hier und jetzt.
Mich kümmert viel
Was morgen mit uns sein wird.
Gib mir heute das Gefühl
Mit Dir
Einen gemeinsamen Weg zu gehen
Und dabei sagen zu können:
Ich bin Ich und
Du bist Du.

Ich (1985)

Ganz deutlich sehe ich die Entwicklung unserer Beziehung, ja!

Dr. Lu: „Es gibt Abstufungen der Hochsensibilität." Muss unbedingt näher nachfragen!

Am Montag schließe ich mit einer kinesiologischen Behandlung die Ablösung von Anita bzw. die gegenseitige Ablösung ab. Es geht aufwärts, bin zuversichtlich!

18.1.2018

Olanzapin 10 mg

Schlafe bis 4.30 Uhr, um 21 Uhr bin ich gestern ins Bett. Brühe mir einen Kaffee auf.

Lese das Buch „Leben mit Hochsensibilität", hochinteressant!

Mit meiner Schreiberei bin ich schon relativ weit. Noch drei Ringbücher, neun habe ich bereits, dann hätte ich mein Buch, meint mein Arzt im letzten Gespräch. Titel: „Tagebuch einer Heilung". Bin zuversichtlich! Prüfe alle meine Lebensbereiche und Ebenen, alles bestens. Schreibe fast ausschließlich im Bett sitzend, Marcel Proust übrigens auch. Mir graut es jetzt schon vor dem weiteren Abtippen in den Computer, doch mit Disziplin an einer Sache zu bleiben, das ist meine Stärke, lerne dies als Erzieherin und später als medizinische Fußpflegerin. Und außerdem begleitet mich Dr. Lu dabei, alle drei Wochen Gespräch, süpi. Bewege mich auf der Sonnenseite des Lebens! Ich liebe das Leben!

20.1.2018

Olanzapin 10 mg
Ich schlafe ich bis 7.30 Uhr.

Gestern Abend nach der wöchentlichen Singstunde und dem köstlich zubereiteten Essen von Tom liege ich hellwach im Bett, mein Kopf ist voll mit meinem ersten Psychiatrieaufenthalt, ganz im Detail, ohne jeglichen inneren Abstand (1974).

Ich erinnere mich, dass ich neben einem blinden Mädchen liege, das sich ein paar Monate zuvor im Drogenrausch die Augen eindrückte. Nach ihrem Mittagschlaf bekommt sie immer Besuch von ihren Eltern, die sie dann mit einem Joghurt füttern, ganz liebevoll, was mich sehr berührt. Gegenüber eine magersüchtige junge Frau mit Kanülen in der Nase. Entweder liegen wir zu sechst oder zu acht im Zimmer, ich weiß es nicht mehr.

Zunächst bin ich ganz hinten in einem Einzelzimmer untergebracht. Total depressiv stehe ich überhaupt nicht mehr auf, bis man mich in dieses Mehrbettzimmer umlegt, das ist sehr klug. Eine junge, mich betreuende Ärztin drückt mir ganz schnell den Stempel „manisch-depressiv" auf. Sie nimmt mich in Einzeltherapie, ich empfinde sie als kalt und unnahbar. Während der Therapiestunde ist sie immer nur am Schreiben. Aktuell würde ich sie gern mal damit konfrontieren!

„Nehmen Sie Lithium, Sie sind manisch-depressiv, Sie können das in den Griff bekommen", äußert sie immer wieder vehement. Ich bin sehr jung, gerade mal 21. Ich bin schwer depressiv, doch nicht manisch.

Der Psychologe testet mich, ich schließe süpi ab. Die junge Ärztin empfiehlt mir, weiter zu studieren.

Ja, diese Ärztin ist mein Verderben. Da gibt es noch eine ganz alte Ärztin, die mich eigentlich gut erkennt. Sie meint, meine Probleme rührten von der Pubertät her. Sie nimmt sich später das Leben. Sie stirbt im Neuenheimer Feld an einer Überdosis, ich weiß nicht wovon.

Der Oberarzt, wie in alten Filmen, ruft bei Waltraud an, ob „das" bei uns in der Familie liegen würde, ohne meine Erlaubnis, eine Unverschämtheit!

Dr. Lu: „Das geht ja gar nicht!"

Ich konfrontiere diesen Oberarzt telefonisch, impulsiv. Daraufhin fühlt er sich bestimmt in seiner Diagnose bestätigt. Mir ist bewusst, dass ich mich wiederhole, aber ich finde sein Vorgehen himmelschreiend!

So, jetzt brühe ich mir einen Kaffee auf. Ich freue mich, dass meine Nichte Maditta auf mein Geburtstagsfest kommt. Sie sagt zu, Freiburg – Heidelberg ist keine Entfernung.

Heute mache ich einen längeren Mittagsschlaf, es tut mir gut. Lese mein Hochsensibilitätsbuch von Marletta Hart fertig. Hochsensibilität bedeutet Herausforderung und Gabe!

21.1.2018

Olanzapin 10 mg

Schlafensgehzeit um 21.30 Uhr, wache um 4.30 Uhr auf. Versuche, noch bis 6 Uhr im Bett zu bleiben, was mir nicht gelingt.

Brühe mir einen Kaffee auf, schalte das Radio an and listen to the music. Das Buch „Leben mit Hochsensibilität" ist der Schlüssel für meine Welt. Ich empfehle es gestern meiner Freundin Jule, auch wegen ihrer psychisch kranken Tochter. Sie will es lesen und dann wollen wir darüber sprechen. Ich schicke das Buch meiner Schwester Brigitte, die es an Marianne weitergeben soll. Es eignet sich auch für Mechthild, es passt für jeden. Auf der Beziehungsebene kann ich das Buch weit verbreiten. Das Leben fühlt sich spannend an!

„Falschfahrer auf der Autobahn" kommt in den 7-Uhr-Nachrichten. Mir ist es schleierhaft, wie so etwas passieren kann. Ich jedenfalls fahre nicht Autobahn wegen der Medikamente, und ich stehe dazu.

Freue mich jetzt schon auf den Brunch, besonders auf das wachsweiche Ei. In Mengen frühstücke ich am Wochenende und in den Ferien immer mit meinen Eltern nach der Stallarbeit um 8 Uhr, meist sind wir nur zu dritt. Ich suche immer die Nähe meiner Eltern.

Bin dankbar für die köstlichen Mahlzeiten, wir mussten noch nie hungern.

Frage Tom, ob er mit mir mal in einen Sexshop gehen würde?

Sonntagabend: 19.45 Uhr. Ich bin sehr müde und seit 4.30 Uhr wach. Versuche heute Abend bis 10.30 Uhr aufzubleiben, das ist Toms Vorschlag, damit ich länger in den Morgen reinschlafe. Unter Schafstörungen leide ich wieder seit Weihnachten, seit dem Reduzieren des Olanzapins von 10 auf 7,5 mg und den erneuten Problemen mit Anita. Ich wache nach sechs bis sieben Stunden auf, die Schlafdauer ist für mich viel zu kurz.

Dr. Lu beim letzten Gespräch: „Wenn Sie auch ein paar Nächte nicht schlafen, Sie haben das Schlimmste überstanden." Das beruhigt mich.

22.1.2018

Olanzapin 10 mg

Kann keinen noch so grübelnden Gedanken fassen, um 22.15 Uhr Augen zu und weg. So soll es sein. Meine sich wiederholende Erkenntnis: Ich muss schlafen.

Träume, ich würde eine perfekte podologische Behandlung durchführen mit abschließendem Eincremen und auf 25 Euro erhöhen, und ich stehe dazu. Dann wache ich auf.

Ich hatte nämlich früher das gleiche Problem wie Tom, mich wertentsprechend bezahlen zu lassen ... Jede Fußpflegerin darf erhöhen, nur Frau Golding nicht, was mit der persönlichen Beziehung zusammenhing.

Brühe mir meinen zweiten Kaffee auf. Morgens habe ich immer mal wieder etwas Kopfschmerzen, die mit Koffein weggehen. Durch das Fenster sehe ich auf dem gegenüberliegenden Dach, dass es schneit. Tom erledigt heute Morgen in aller Frühe seinen Rundgang zu den vielen Schneedienststellen. Hinterher legt er sich noch etwas neben mich auf die Kuschelecke und schließt die Augen ein paar Minuten.

Ich liebe ihn mit jeder Faser meines Herzens. Am meisten beseelt mich der Augenblick, wenn wir uns nach dem Aufwachen begegnen. Liebevoll nehmen wir uns in die Arme. „Good morning!" und er streichelt zärtlich über meinen Kopf. Fühle mich sehr geliebt und geborgen.

Heute müssen wir früher brunchen als sonst, da Tom um die Mittagszeit eine Öllieferung in Meckesheim entgegennehmen soll. Der Öllieferant ruft zwischen 12 und

14 Uhr an. Tom muss irgendwelche Leitern aufstellen und noch den Schlüssel bei der Immobilienfima abholen. Er wird für das Ganze bezahlt, nach Stundenlohn. Bin stolz auf meinen Mann, weil er so zuverlässig ist!

Kinesiologie um 14 Uhr in Sinsheim bei meiner Heilpraktikerin und Tai-Chi-Lehrerin. Will damit den Konflikt mit Anita kinesiologisch austesten und endlich abschließen. Wir kriegen dies optimal hin. Beim abschließenden Muskeltest mit dem Satz „Ich entscheide" bewegt sich mein linker Arm keinen Millimeter. Ich bezahle die Behandlungsgebühr gerne!

Beschwingt fahre ich nach Hause, wo ich zunächst meine Batik, Motiv Segelschiff, hergestellt mit 18 Jahren im Werkunterricht in der Klosterschule, aufhänge. Damals meint mein Werklehrer, man würde sehen, dass ich unter Komplexen leide. Das kann schon sein, doch ich überwinde sie im Laufe meines Lebens.

In der kinesiologischen Bearbeitung ging's um ein Segelschiff. Wenn wir mit dem Auto nach England fahren, überqueren wir den Ärmelkanal mit einer Fähre. Das Schiff lässt mich die Grenzen des Minidorfes Mengen mit seinen 100 Einwohnern überschreiten, mein Horizont erweitert sich. Meine späteren Schwiegereltern nehmen mich warmherzig auf, obwohl ich bei der ersten Begegnung noch sehr gehemmt bin.

So, jetzt lege ich eine Schreibpause ein und trinke einen Kaffee!

23.1.2018

Olanzapin 10 mg

Es ist 3.45 Uhr und ich bin schon eine halbe Stunde wach. Habe ein Kratzen im Hals, ich vermute vom Singen am Freitag.

„It's all happening perfectly."

Diese Affirmation schreibe ich mir vor Jahren auf, sie stammt nicht von mir, hilft mir aber, wenn ich unsicher bin, das nur mal so.

Heute, 11.30 Uhr Termin bei Frau Dr. Jung. Sie sagt mir, dass ich all die Jahre (seit 2000) nie psychotisch gewesen sei. Sie lässt sich von mir den Aufenthalt in Weinheim (1982) nochmals genau erklären, auch, weil ich damals die Diagnose „Schizoaffektive Psychose" erhielt. Ich erwähne meine Hochsensibilität, ich fühle mich verstanden. Habe vor, ihr das Buch darüber zu schicken.

Hoffe, ich kann heute Nacht etwas länger schlafen, ich bin ganz schön kaputt. Tom äußert, ich sei mager im Gesicht. Ich sehe zur Zeit überhaupt nicht gut aus mit meiner Mundrose, die von der Überpflege der Haut herrührt. Ich darf mich nicht eincremen, bis der Ausschlag ganz weg ist, also null Creme ins Gesicht!

24.1.2018

Olanzapin 10 mg
Schlafe von 10.30 bis 6.15 Uhr, optimal.

Habe vor, den Tag sehr ruhig zu gestalten, ich konzentriere mich auf's Wesentliche, d.h. das Buch über Hochsensibilität im Buchladen bestellen, dass ich es noch diese Woche Frau Dr. Jung zukommen lassen kann. Sie ist eine tolle Therapeutin.

Für mich finde ich so langsam meine Bestimmung auf dieser Welt. Ich will seelisch kranken Menschen beistehen und das Phänomen „Hochsensibilität" verbreiten. Das fällt mir sehr leicht, es geschieht ganz natürlich im Kontakt mit anderen Menschen. Wichtig erscheint mir, mein Buch bald abzuschließen und dann die Vergangenheit verarbeitet zu wissen. Wie schon gesagt, ich brauche meinen Schlaf. Im Moment bin ich voller Gedanken. Bachblüte Nr. 35 verhilft mir, etwas Abstand zu gewinnen.

Will mit Annelie telefonieren, sie erdet mich. Sie ist erheblich rationaler als ich, ich bin eher ein emotionaler Typ. Sehr klug holt sie mich auf den Boden der Realität, relativiert Dinge. Mein Umfeld gestaltet sich zurzeit optimal, jeder Mensch in meinem Leben nimmt seinen richtigen Platz ein, bin sehr glücklich.

Brühe mir die zweite Tasse Kaffee auf. Merke gerade, dass ich ein neues Notizheft brauche, Nr. 10. Wie schon erwähnt, Dr. Lu sagt, mit Nr. 12 hätte ich mein Buch.

Bis 11 Uhr erledige ich alle Besorgungen außer Haus: das Heft, Aldi, Bioladen, Wirsing und Äpfel im kleinen Feinkostladen bei der Mutter unseres Nachbarn, der Umzüge organisiert und durchführt. Ich kann ihm auch zwei Aufträge vermitteln. Wenn doch nicht alle eingeladenen 25 Gäste kommen sollten, lade ich diesen Nachbarn samt Frau zu meinem Fest ein.

Gestern Abend sprechen Tom und ich über unser Event, er hat essensmäßig konkrete Vorstellungen. Ich lasse ihn gerne walten, denn ich weiß, dass gefüllte Champions und Spinatrolle seine Stärken sind, lecker!

Heute bin ich ausgeschlafen und meine Welt ist in Ordnung. Bis Tom zum Brunch heimkommt, bleibt mir genau noch eine Stunde. Ich rufe Annelie an, lese und schreibe in meinem Manuskript, vielleicht telefoniere ich kurz mit Dr. Lu.

Habe vor, mittags eine halbe Stunde flott spazieren zu gehen. Gestern schwänze ich Yoga, ich verspüre keinen Bock, nochmals aus dem Haus zu gehen, was ich der Yogalehrerin telefonisch mitteile. „Ich entscheide", den Kernsatz der kinesiologischen Sitzung, setze ich in die Praxis um, er ist goldwert.

Nach dem Brunch schlafe ich ein bisschen.

Abends koche ich ein neues Gericht, „Wirsing, schlank und schön" mit dem Thermomix, das ist ein tolles Gerät. Das Gemüse wird schonend gedämpft, alle Vitamine bleiben drin, auch die Pellkartoffeln aus dem Bioladen. Ich esse bewusst etwas mehr Kartoffeln, weil Tom meint, ich hätte ein mageres Gesicht, er sagt sogar, es sei richtig eingefallen. Wenn ich meine Mundrose überwunden habe, kann ich mich auch wieder pflegen, doch ich muss aufpassen, dass ich mich nicht überpflege. Die geeignete Gesichtscreme, ohne Fett, besorge ich mir schon mal beim Hautarzt. Ich krieg' mich irgendwie wieder hin, bin zuversichtlich.

25.1.2018

Olanzapin 10 mg
Schlafe von 22.15 bis 4.50 Uhr, etwa sechs Stunden, ein bisschen wenig. Vielleicht reduziert sich mein Schlafbedürfnis.

Mal sehen, wie ich heute durch den Tag komme. Abends Tai-Chi, wir sind erst nach 21 Uhr zuhause. Brühe mir einen Kaffee auf and listen to the radio. Frage mich, was Trump für ein Gehirn hat, er wirbelt die ganze Welt auf. Jeder Mensch muss auf seinen Platz verwiesen werden. Die Karten werden neu gemischt und das „Mensch-ärgere-dich-Spiel" beginnt von vorne. Schummeln gilt nicht! Politik ist nichts Abstraktes, sondern wird von Menschen gemacht. Man könnte sozusagen eine Aufstellung machen, das wäre interessant. Trump, Putin und Erdogan als Steine! Hi! Ich selbst machte 2.000 eine Aufstellung, da gab's noch die DM. 500 DM löhne ich damals, ganz schön viel. Mein Vater sollte mir keinen Heiligenschein geben, blieb mir im Gedächtnis. Ich verstehe immer noch nicht ganz genau, wie so eine Aufstellung funktioniert, das geht beyond meine Vorstellungskraft.

Mir kommt etwas anderes in den Sinn. An meinem 65. Geburtstag werde ich ein Jahr alt. Mein Leben fängt von vorne an, mit dem Geburtstagsfest als Auftakt.

Bin ein bisschen müde. Tom brüht mir meinen zweiten Kaffee auf, die Uhr zeigt 7.15 Uhr. Er beschwert sich mal wieder, ich würde die Tür nicht leise genug zumachen. Ich bin ihm morgens zu laut, das ist Mengen, da ging alles etwas geräuschvoller zu. Verspreche Tom, dass ich in Zukunft mehr darauf achten werde, ich hätte ja auch gelernt, nach dem Pinkeln den Klodeckel zu schließen. Mein Mann und ich ergänzen uns optimal, wir befruchten uns sozusagen gegenseitig.

Es kann sein, dass wir heute nicht zusammen brunchen können, denn Tom muss endlich bei der Öllieferung vor Ort sein; vor ein paar Tagen klappte es nicht und mittags zwischen 11 und 13 Uhr wird er erst benachrichtigt, wann es so weit ist. Ich bin um 13 Uhr im veganen Café verabredet. Das Müsli bereite ich auf jeden Fall für ihn vor. Tom ist in der Lage, mal allein zu brunchen. Er ist sehr selbständig, ein emanzipierter Mann, das vor allem schätze ich an ihm.

Habe einen brennenden Wunsch: Dr. Lu nimmt mich einmal mit auf seine Station, ich will nur gucken.

Höre mir die 8-Uhr-Nachrichten an, unglaublich wer wieder mit wem streitet, ganz ehrlich, ich blicke da nicht ganz durch. Bin froh, dass wir keinen Fernseher besitzen, dass ich das Elend nicht auch noch visuell aufnehmen muss. Ich will halt so ungefähr informiert sein. Wenn ich was nicht kapiere, lasse ich mir die Zusammenhänge von Tom erklären, er verfolgt die Politik.

Trinke noch einen Caro-Kaffee und stehe dann auf, 8.15 Uhr. Habe den ganzen Tag für mich frei zur Verfügung. Ist das Leben nicht wunderbar?

Fange heute noch das Ringbuchheft Nr. 10 an. Nr. 9 beinhaltet einen Monat. Also nach Dr. Lu noch drei Hefte, dann schließe ich ab. Das ist spannend und aufregend! Wie gesagt, jeder Mensch hat aktuell in meinem Leben den richtigen Platz! Süpi!

Das Gespräch bei Frau Dr. Jung wirkt nach. Vor allem hört sie mir ganz genau zu, als ich ihr vom Psychiatrieaufenthalt in Weinheim, 1982, berichte. Ich kann mich ruhig und gesammelt artikulieren, einmal zwischendurch schluckt sie. Ich werde damals uninformiert zwangsgespritzt, weil ich tage- und nächtelang nicht schlafen kann. Vom Bereitschaftsarzt vernehme ich nur diese Worte: Da kann man nichts mehr machen. Weder randaliere ich, noch bin ich irgendwie laut, der Übergriff geschieht abends. Auf jeden Fall weiß ich nicht, warum sie mich spritzen. Als ich noch lange angebunden im Bad liege, kümmert sich keiner um mich. Ich friere und bin nicht zugedeckt. Angstbesetzt dauert es ewig, bis ich einschlafe. Gegen Mittag des nächsten Tages wache ich auf. Ich bin nicht in der Lage eigenständig zu essen, aufs Klo zu gehen, geschweige denn zu duschen. Das ist nicht alles. Ich werde zusätzlich wöchentlich gespritzt. Daraufhin diese körperlichen Schmerzen im Liegen, im Sitzen und im Stehen, immer, pausenlos. Ich heule wie ein Wolf, in der Psychiatrie darf ich ja verrückt sein, und ich gebe meinem Schmerz vollsten Ausdruck. Mich hört man zwei Blöcke weiter, woraufhin die Oberärztin an mein Bett kommt und sagt: „Es ist ja schrecklich, wie Sie schreien, wenn Sie aufhören, binden wir Sie los." (Siehe mein erstes Buch: Dank Therapie an Leben gewonnen.) Ich glaube, Frau Dr. Jung erlöst mich von meinem Trauma, soweit dies überhaupt jemals möglich ist. Ich fühle mich von ihr jedenfalls emotional erreicht. Und noch was: Weihnachten 1982 allein in Weinheim, niemand holt mich nach Mengen. Ich bekomme ein Päckchen mit einem Stollen, sechs Kerzchen und einem Buch, niederschmetternd. Man hatte mich mit der Zeit vergessen, dessen bin ich mir sicher. Ja, eine Tochter von Fischers lebt in der Anstalt, sie ist nicht ganz richtig im Kopf, da kann man nichts machen, das sind meine quälenden Gedanken. Mama und Annelie rufen oftmals an, doch ich erhalte keinen einzigen Besuch von der Familie in diesen sieben Monaten, nur einmal von Anita. Ohne Tom, endlose Verlassenheit! Es will bei mir nicht aufwärts gehen und in meiner Verzweiflung sage ich zu ihm: „Such' dir eine andere Frau, mit mir wird's nicht mehr." Er: „Such' dir einen anderen Mann." Das alles nachzufühlen ist kaum mehr möglich.

Nächstes Jahr sind wir 40 Jahre verheiratet und leben eine tiefe, innige Liebe.

So, für heute will ich mit dem Schreiben aufhören, weil gleich die Frau vom Bioladen kommt, sie will mir beim Stricken meines Ponchos helfen. Es fühlt sich gut an, wieder aus der Vergangenheit aufzutauchen, ins Hier und Jetzt, das sehr glücklich ist.

26.1.2018

Olanzapin 10 mg
Schlafe von 22.30 bis 5.45 Uhr, 7 Stunden und 15 Minuten. Es geht, gut für mich sind 8 bis 9 Stunden.

Stelle jedoch fest, ich kann besser schreiben, wenn ich nicht so viel schlafe. Alles ergibt einen Sinn.

Tai-Chi gestern war wieder süpi und Marie eine sehr gute Lehrerin. Wir sind mit ihr zu sechst, zwei Lehrerinnen und zwei Erzieherinnen (mit mir) sowie Tom, der Hahn im Korb. Ich denke verstärkt an Dr. Lu, bin noch nicht dahintergekommen, warum gerade beim Tai-Chi. Die Beziehung zu ihm gestaltet sich ganz natürlich, immer schon wünschte ich mir so einen Arzt, und jetzt geht's in Erfüllung, ein hochsensibler Mensch. „It's all happening perfectly" in meinem Leben.

Es ist 7 Uhr, ich höre mir die Nachrichten an, nur Mist. Weltwirtschaftsforum in Davos. Trump wirbt für die USA, er hält eine Rede. Tom soll das für mich heute Abend zusammenfassen, er kennt sich besser aus als ich. Brühe einen zweiten Kaffee auf und freue mich des Lebens. Heute Abend Singen. Überlege mir jetzt schon, welches Lied ich mir wünsche. Treffe dort eine Frau aus Sigmaringen, sie war sechs Klassen unter mir in der Klosterschule, singen kann sie gut. Ich genieße wieder die morgendlichen Stunden nach dem Motto „Morgenstund' hat Gold im Mund".

Marianne kommt am Sonntag aus Amerika zurück, mein Bruder lernt gerade die Familie seiner zukünftigen

Frau in Afrika kennen und mein Schwager, Mariannes Mann, hält sich beruflich in China auf. Ich kann nur sagen: „International!"

Tom sagt, es gibt ungefähr acht Milliarden Menschen auf der Welt, die alle unter einen Hut zu bringen, kann ganz schön schwierig und anstrengend sein.

Unsere kleine Welt spielt sich in einem Sechsfamilienhaus ab, in dem die unmittelbare Nachbarin nicht ihre Flurwoche alle zwei Wochen und auch nicht die Kehrwoche alle sechs Wochen um das Haus einhalten will und sogar noch unverschämt wird. Dabei könnte sie alles von uns bekommen, wenn sie nur die Spielregeln einhalten und ihre Pflicht erfüllen würde. Ich bin unerbittlich! Unser Hausbesitzer, ein sehr kluger, emotionaler Mann, steht samt Ehefrau voll hinter uns und erklärt Tom zum Hausmeister. Es klappt, wenn alle mitmachen!

Tom kann ein Lied davon singen, wie es manchmal zugeht bei Nachbarschaftsstreitigkeiten. Er wird als Streitschlichter im Rahmen des J. F. HausService eingesetzt, wenn es im wahrsten Sinne des Wortes um Grenzen im Garten geht, manchmal dreht es sich nur um Zentimeter.

Das Leben spiegelt die Vielschichtigkeit der Menschen wider, hochinteressant!

Ich höre keinen Pieps von Tom, es ist schon 8 Uhr. Ich glaube, ich mache ihm mal einen Tee und küsse ihn heftig auf die linke Wange.

Mein Wunschlied für heute Abend steht fest: „Bunt sind schon die Wälder" – das sangen wir Schwestern mehrstimmig beim Spülen in Mengen, Anita war auch dabei.

Mir kommt gerade in den Sinn: Ohne Klosterschule hätte ich vermutlich kein Abitur. Sie entspricht meiner erzkatholischen Welt zuhause und die Klosterschwestern, außer der Direktorin, mögen mich, obwohl ich extrem kurze Miniröcke trage. Mit den Jahren gehe ich diesbezüglich mit deren Empfinden für Anständigkeit immer kecker um. Veronika und ich lachen heute darüber. Ab März wollen wir uns zu viert treffen. Endlich werde ich ihren „süßen Prof" kennenlernen, bin sehr gespannt. Wie schon erwähnt, Dr. Lu und er kennen sich, er ist auch Neurologe und hat sogar in Japan zu tun, sehr exotisch. Ich jedenfalls freue mich, wenn ich nicht all zu oft verreisen muss. Mir reichen die vierzehn Tage Sommerurlaub am Meer in Portugal und ab und zu Norddeutschland, wenn wir Annelie besuchen.

In unserem Wohnort fühle ich mich sehr wohl, seit 1986 wohnen wir hier in der gleichen Wohnung, wir haben Wurzeln geschlagen.

Für meinen Poncho will ich heute Wolle kaufen, vielleicht bekomme ich sie sogar im Ort, habe keine Lust in die Stadt zu fahren. Mittags würden wir nach Meckesheim fahren, eröffnet mir Tom. Nach den 9-Uhr-Nachrichten stehe ich auf.

Um die Mittagszeit ruft mein Musiker an, seine CD sei fertig und er werde sie vorbeibringen, ist ja grad um die Ecke. Hauptgrund seines Anrufes, er braucht Hilfe beim Übersetzen eines deutschen Satzes ins Englische.

Tom: „Du kannst mich immer anrufen, wenn du Hilfe brauchst." Mein Musiker arbeitet nicht nur als Gitarrenlehrer, sondern ist auch Songwriter und Sänger, eben ein Vollblutmusiker.

Nach Meckesheim schlafe ich eine Stunde fest und bin abends so fit, dass ich mich in der Singstunde voll entfalten kann.

27.1.2018

Olanzapin 10 mg
Schlafdauer: 22.30 bis 6 Uhr, süpi. Bin ausgeruht, es geht aufwärts.

Ina und Jule feiern heute Geburtstag, Ina wird 50 und Jule 85, beide sehr wichtige Menschen für mich. Freue mich, dass ich mal wieder einen Grund habe, Ina anzurufen. Sie meldet sich nie, das macht mich inzwischen zurückhaltender. Sie wird ihren Grund haben und sie ist frei, mental sind wir miteinander verbunden, die Hauptsache.

Seit dem Hochsensibilitätsvortrag begegnet mir Tom auffallend empathischer. Wenn ich mal etwas lauter werde, reagiert er nicht auch noch aggressiv.

Dr. Lu: „Er zog aus dem Vortrag was raus."

Erkenne in meinem Leben ein neues Bezugssystem: Tom, Dr. Lu, Annelie, Marianne, Jule, überhaupt nahe Menschen, Anita entziehe ich mich, zum Schutz. Ich entscheide, womit und mit wem.

Brühe mir eine zweite Tasse Kaffee auf.

Listen to the radio. „Politik ist ein schmutziges Geschäft", sagte Papa des Öfteren. Er musste es wissen. Sein Vater war 30 Jahre Bürgermeister und Kreisrat und Papa selbst Mitglied des Gemeinderats. Einmal kam er mit einem „Veilchen" nach Hause. In einer Sitzung lehnte er sich zu weit aus dem Fenster und bekam von einem Kollegen einen Schlag aufs Auge. Papa verhielt sich mutig, er stand zu seinen Werten, bin stolz auf ihn. Eigentlich wollte er Berufsschullehrer werden, doch sein Bruder, Onkel Erwin, der für den Hof vorgesehen war, fiel im Krieg, so erbte Papa den Hof. Man sagt so leichthin „dummer Bauer", doch das traf auf ihn nicht zu. Er war sehr klug. Ein paar Therapiestunden hätten ihm zwar gutgetan, aber die gab es früher einfach nicht.

„Du musst wissen, wem du gehörst", das äußerte er gern, wenn seine Kinder aus dem Haus gingen. Und ich nahm mir das als Hochsensible besonders zu Herzen.

Ich stand Papa sehr bei, besonders am Schreibtisch mit seinem heillosen Durcheinander. Er verzweifelte fast, wenn er bestimmte Kontoauszüge nicht fand. Einmal entdeckte ich sogar eine Pistole in seinem Sekretär.

Während meines Studiums erhielt ich BAföG, es war mühselig, dafür rechtzeitig alle Unterlagen von ihm zu erhalten, was mich sehr mitnahm, was mich sogar belastete. Das Studium hätte ich schon geschafft, aber das Drumherum ... Veronika eröffnete für sich und mich ein Konto. Sie war ziemlich aufgeräumt, ist es auch heute noch, sonst könnte sie ja nicht Venen operieren.

In der Schulzeit hatten wir viel miteinander zu tun, wir besuchten zusammen die wöchentliche Gruppenstunde bei Grete Schnitzer, einer Grundschullehrerin, das war eine schöne Zeit. Einmal fuhren wir auf Freizeit und dort trafen wir eine männliche Jugendgruppe, ich sang zum ersten Mal das Lied: „How many roads" ... Am Ende dieser Freizeit schluchzte ich hemmungslos, ich kann mich erinnern, dass ich mich kaum beruhigte. Früher weinte ich überhaupt viel, vielleicht habe ich das von Mama, bei ihr flossen wegen jedem „Scheiß" die Tränen, meistens leise. Sie weinte ihr ganzes Leben ihrer Mutter nach, die sie mit drei Jahren verloren hatte. Mit sechs verlor sie für mehrere Tage das Bewusstsein, als ihr Vater, mein Opa, ihr dermaßen ins Gesicht schlug, weil sie nicht rechtzeitig vom Milchholen heimgekommen war. Mama meinte, davon rühre her, dass sie heute nicht ganz so gescheit sei. Unsere Mutter versohlte ihren Kindern eher den Hintern, als dass sie ihnen ins Gesicht schlug, wahrscheinlich wegen ihrer kindlichen Erfahrung. Ich bekam nie Schläge, auch nicht auf den Po, ich entwischte immer rechtzeitig. Brigitte musste da schon mehr aushalten, vielleicht besitzt sie deshalb heute mehr Frustrationstoleranz als ich. Ich war wie die „Prinzessin auf der Erbse" und doch mithelfende Bauerntochter in vielen Bereichen.

Im Moment ist es 8.30 Uhr, Zeit für die Bluthochdrucktablette. Bei dieser Gelegenheit bereite ich mir einen Caro-Kaffee zu. Tom setzt sich gemütlich zu mir auf die Kuschelecke mit einem Tee und liest den Aldi-

Prospekt. Wir besprechen kurz, was heute anfällt. Um 13 Uhr: Möbelumziehen mit unserem Arbeitsbus für eine Kundin. Auf jeden Fall brunchen wir um 12 Uhr miteinander, ansonsten Samstagshaushalt, das Bad ist mal wieder dran. Ich erkläre Karen: „Ich kann nur putzen, wenn es ein bisschen dreckig ist." Das rührt von Mengen her, da lohnte sich das Putzen zunächst, doch die Sauberkeit hielt nicht lange an, eine Sisyphosarbeit und eine deprimierende Tätigkeit.

Daher liebe ich den Zweipersonenhaushalt, der Schmutz hält sich in Grenzen und ich habe Kapazität frei für die schönen Dinge im Leben wie Schreiben, Radiohören, mit Tom reden und Tee trinken.

Ich will eine Liste schreiben, was alles bis zum Geburtstagsfest erledigt sein muss: Uhr im Esszimmer 20 cm weiter links aufhängen, PVC-Küchenboden legen und noch ein paar Kleinigkeiten. Tom kann das alles, er ist sehr geschickt.

28.1.2018

Olanzapin 10 mg
Es ist schon 6.50 Uhr als ich aufwache, habe seit 22.15 Uhr geschlafen. Bin heute Morgen gut ausgeruht.

Ich stricke eine Reihe an meinem Poncho, mir tut das rechte Handgelenk weh, immer dann, wenn ich eine ungewohnte Bewegung ausführe.

Brühe mir zunächst die zweite Tasse Kaffee auf. Meine Mutter sagte nicht „Bohnenkaffee" wie in unserer Gegend üblich, sondern sprach das O offen aus. Sie sprach auch verschiedene andere Wörter anders aus als die Leute in Mengen, obwohl sie nur eine halbe Stunde mit dem Auto von hier entfernt aufwuchs.

Es ist wunderbar, wenn wir als Kinder sonntags mit den Eltern Mamas Bruder, Onkel Sepp, auf einem Aussiedlerhof besuchen. Er ist mit Tante Klara verheiratet. Wir nennen sie „Klara unten". Es gibt noch eine „Klara oben", damit meinen wir Mamas Schwester, meine und auch Anitas Patentante. Zu Weihnachten bekommen wir von ihr Bettwäsche, eine Sofakissenhülle oder sonst etwas Nützliches, total altmodisch. Bei „Klara unten" essen wir Weißbrot, nur wir Kleinen sind dabei, Brigitte, ich und mein Bruder. Wir spielen mit unseren Cousinen Versteck, eine davon wird später Diätassistentin, was mich sehr beeindruckt, sie hat Augensäcke wie ich.

Auf dem Weg kommen wir an einem kleinen Stausee vorbei, wir gucken aus dem Autofenster und rufen jedes Mal entzückt: „Ein See!" Bei diesen Sonntagsfahrten gibt es nie Streit, alles verläuft harmonisch wie im Bilderbuch. Auf der Heimfahrt kehren wir für gewöhnlich noch im „Schützen" zum Abendessen ein. Wir Kinder bekommen Salzstangen und Sinalco. Rechtzeitig geht's nach Hause, denn der Stall muss auch sonntags gemacht werden. Wie gesagt, alles spielt sich in äußerster Harmonie ab, kein Gequengel von Seiten der Kinder oder Spannung bei den Eltern.

Meine Mama, mutterlos aufgewachsen, hat vier Geschwister. Onkel Anton, ihr Halbbruder und uneheliches Kind der Oma, lebt ganz in der Nähe von Mengen. Seine Schwiegermutter strickt einmal mit der Strickmaschine für mich ein Kostüm, süpi. Ich trage es jahrelang, es ist unverwüstlich und supermini. Ich will sagen, meine Eltern, vor allem meine Mutter, sind sehr familienorientiert, sonntags kommt Mama dabei voll auf ihre Kosten. Sie ist eine glückliche Frau.

Gestern besucht mich meine englische Freundin mit ihrem Hund. Zunächst ist sie ein bisschen zurückhaltend, doch im Laufe des Gesprächs blüht sie auf. Bei unserem nächsten Treffen wollen wir zusammen im Supermarkt einkaufen. Ich mag sie sehr gern, sie kommt auch zu meinem Fest. So langsam müssen wir uns damit befassen! Die Hauptgäste, Ina und Maditta, sagen gestern zu, sie können bleiben, solange sie wollen.

29.1.2018

Olanzapin 10 mg
Wache so um 5 Uhr auf.

Stricke zunächst eine Runde. Ich schlage 60 Maschen an und soll laut der Frau vom Schuhladen, bei der ich die Wolle kaufe, 1,60 m hochstricken, nicht abketten! Und vorbeikommen! Ich komme bei der Strickerei schon mal auf 62 Maschen auf der Nadel, schummle ein bisschen und stricke einfach gefühlsmäßig zwei Maschen zusammen, das merkt kein Schwein!

In der Grundschule fand einmal in der Woche Handarbeitsunterricht statt. Die Lehrerin läuft von Pfullingen zu uns nach Mengen (6 km), genauer gesagt ins Nachbardorf Hausen, wo sich unsere Zwergschule befindet. Wir lernen alles: häkeln, stricken, sticken usw.

Wir Mitschülerinnen arbeiten um die Wette. Wer ist die Schnellste? Ich liege immer gut im Rennen. Ich erinnere mich an eine rosarote Ausfahrgarnitur mit Mützchen für ein Baby. Kann mich sehr gut an meine Kindheit erinnern, male sie nicht mehr ganz so schwarz wie noch vor ein paar Jahren.

Überhaupt will ich meinen Jahrgang mal wieder sehen, wir sind zu viert. Beim nächsten Klassentreffen bin ich dabei, das letzte Mal kniff ich, es wurde nach mir gefragt. Würde gern Gerda wiedersehen, ihr muss ein Bein amputiert werden, den genaueren Grund weiß man nicht. Jedenfalls sind sie und ich als Grundschüler mit dem Fahrrad ineinandergefahren, sie stürzte und hat seitdem Probleme mit einem Knie. Monatelang muss sie das Bein schonen und im Bett liegen. Als Kind kommt sie mit Krücken in die Schule. Bei diesem Anblick zieht es mir den Bauch zusammen, ich fühle mich schuldig. Gerdas Vater spricht Papa auf den Unfall an, dass es „seitdem" sei. Papa reagiert: „Jetzt komm!" Er steht immer hinter seinen Kindern, er ist ein guter Vater.

Listen to the radio. Höre mir die 7-Uhr-Nachrichten an. Zuvor sprach ein Pfarrer der katholischen Kirche Rottenburg. Es ging um die sieben Säulen der Achtsamkeit: 1. nicht urteilen, 2. Geduld usw. Nicht schlecht, denke ich, und das von einem katholischen Pfarrer. Trat vor 20 Jahren aus der katholischen Kirche aus, weil ich da nicht mehr mitmachen konnte. Schon als Kind scheiße ich im Gottesdienst in die Hose, ich scheiße auf diese Art des Glaubens, diese Enge, diesen Zinnober, endlos bleibe ich klein.

Weitere Nachrichten: Koalitionsverhandlungen zwischen CDU und SPD. Sie diskutieren die halbe Nacht, Respekt! Zwistigkeiten gibt es vor allem bei der Flüchtlingspolitik. Muss nochmals genau hinhören, auf jeden Fall herrscht in Deutschland Demokratie und Frau Merkel steigt bislang in keinen Krieg ein! Das ist was wert. Ich glaube, man müsste Putin und auch Erdogan mal sagen: „Du bist ein toller Hecht!" Das würde einiges lösen. Hauptsächlich geht es um Macht und Eitelkeiten.

Nach den 8-Uhr-Nachrichten stehe ich auf. Bis zum Brunch habe ich Verschiedenes zu tun: Bank, wegen der Strickerei in den Schuhladen, muss wissen, ob ich es richtig mache; will auf keinen Fall 1,60 m stricken und dann alles wieder aufziehen müssen, was mich an Sisyphosarbeit erinnern würde. Heute Abend Fußpflege, ich genieße es, mir die Füße machen zu lassen.

30.1.2018

Olanzapin 10 mg
Schlafe gestern Abend wieder sofort ein.

Jetzt ist es 7.30 Uhr, und ich trinke zunächst einen Kaffee. I turn the radio on. Mein Mann arbeitet schon, er putzt den ganzen Tag Fenster bei unserem Steuerberater. Respekt! 11 Uhr: mein Friseurtermin, damit die

Haare an meinem Geburtstag gut liegen. Wenn alle kommen, sind es 28 Gäste, Verwandtschaft, Freunde und Bekannte!

31.1.2018

Olanzapin 10 mg

Schlafe fünf bis sechs Stunden fest, dann nur noch leicht, das sei so, besonders wenn man älter sei, steht in der Broschüre der Barmer Ersatzkasse. Gegen 6.30 Uhr brühe ich mir einen Kaffee auf und bereite für Tom einen Tee vor.

Die nächsten drei Tage entrümpelt Tom mit einem Kumpel zusammen ein Haus in Waldhilsbach. Ich könnte das nicht leisten.

Bei mir ist heute Putztag, vor allem will ich die Fliesen im Bad reinigen, sie haben einen leichten Grauschimmer. Der Tag gestaltet sich schön, weil ich nicht durch Außentermine besetzt bin. Auf jeden Fall möchte ich mit Marianne telefonieren, sie kam gestern aus Amerika zurück. Bin gespannt!

Höre mir die 8-Uhr-Nachrichten an und stehe dann auf. Freitag: Erbach! Noch zweimal schlafen.

Mir kommt in den Sinn: Kognitive Schulung vor 12 Jahren in der Gedächtnisambulanz der Uni Heidelberg. Eine relativ junge, sympathische, sehr kompetente Psychologin führte sie mit mir durch. Die ärztliche Leiterin dieser Einrichtung betreute mich in der Ambulanz so ungefähr ein Jahr lang (2007).

Heute rufe ich sie an. Sie kennt mich auf Anhieb. Wir unterhalten uns ein bisschen und ich frage sie, ob ich über meine Erfahrungen in ihrer Abteilung schreiben dürfe. Sie bejaht, halt nicht mit Namen. Erzähle ihr, dass ich mit Dr. Lu nach Erbach gegangen sei, kein Lithium mehr nehme und meine kognitiven Probleme überwunden habe. Ich würde nicht mehr als Fußpflegerin arbeiten und jetzt „mein Buch" schreiben. Ihr Kommentar: „Das hört sich gut an." Sie ist inzwischen Professorin und immer noch sehr den Patienten zugewandt. 2009 kaufte sie auch mein erstes Buch und beurteilte es mit folgenden Worten: „Das ist Ihre Abrechnung!"

In meinem Schreibtisch finde ich den Abschlussbericht kognitives Training (12.12. 2007). Ich zitiere direkt aus dem Text, denn besser kann ich es nicht zusammenfassen und erklären:

Diagnose: Gemischte schizoaffektive Störung.

Frau ... nahm in der Zeit vom 9.8.2007 bis 12.12.2007 am individuellen kognitiven Training in der Psychiatrischen Ambulanz für kognitives Training teil. Aufgrund der selbstberichteten Konzentrationsprobleme beim Lesen von Texten und Hören von Vorträgen sowie objektivierbaren Defizite im neuropsychologischen Befund wurde ein individualisiertes kognitives Training (8 Sitzungen à 45 Minuten) für Frau ... konzipiert. Da sie eine Weiterbildung im Bereich Nahrungsergänzungsmittel und Heilpraxis mache, müsse sie viel lesen und sich das Gelesene auch merken. Als Trainingsziel wurde demnach die Verbesserung der Informationsaufnahme und

Speicherung vereinbart. Zu Beginn des Trainings wurde deutlich, dass es Frau ... schwerfällt, das Wesentliche in Texten zu erfassen und somit die Informationsmenge zu reduzieren. Durch gezielte Übungen und Anleitung gelang es Frau ... jedoch im Laufe der Zeit Strategien zu entwickeln, um diese Fähigkeit zu verbessern. Des Weiteren trainierte Frau ... ihre Informationsverarbeitungsgeschwindigkeit durch gezielte Übungen (CogPack/ Sudoku). In den Sitzungen war Frau ... stets freundlich und kooperativ und erledigte auch besprochene Hausaufgaben zuverlässig.

Anhand der Testergebnisse der letzten Stunde sowie der Beobachtungen von Patientin und Übungsleiter ist eine Verbesserung im divergenten Denken zu verzeichnen. Frau ... ging neue Texte strukturierter an und fand kreative Ideen, um die Information hilfreich zusammenzufassen (bildliches Vorstellen/Notieren von wichtigen Fremdwörtern in einem Adressbuch). Weiterhin problematisch war jedoch das schnelle Erfassen von akustischer Information. Es wurden hierzu Kompensationsstrategien besprochen, wie zum Beispiel nach einem Vortrag mit jemandem die Inhalte nachzubesprechen oder sich mit Hilfe von Texten vorzubereiten.

Rückblickend zeigte sich Frau ... zufrieden mit dem Training, als besonders hilfreich empfand sie die Übungen zur visuellen Verknüpfung von Informationen und das Gliedern von Texten mit Hilfe von Tabellen. Gemeinsam wurde besprochen, das Training zu pausieren, um dann in ca. drei Monaten eine Auffrischung zu machen. Frau ... wird gegebenenfalls auch noch zum Einzeltraining kommen, wenn es bei der Ausbildung zu Problemen kommt.

Durch diesen Abschlussbericht erkenne ich heute, was ich damals mit dem Lithium mitmachte und was ich überwinden durfte. Es ist ein Wunder!

Vor 10 Jahren wandte ich mich nochmals an die Gedächtnisambulanz, doch die Psychologin war nicht mehr da, sie eröffnete eine eigene Praxis. Mit ihr machte es mir so viel Spaß zu arbeiten, dass ich mich immer auf das Training freute. Der Erfolg hängt sehr stark von der therapeutischen Beziehung ab und die war süpi! Ich würde jedem mit kognitiven Problemen so ein Training empfehlen, es gestaltet sich hochinteressant!

Irgendwann werde ich meine damalige Psychologin in ihrer Praxis in der Weststadt besuchen, sie bedeutet ein Steinchen auf meinem Weg zur Gesundung.

2.2.2018

Olanzapin 10 mg
Wache nach genau sieben Stunden auf.

Mache mir einen Kaffee, Tom setzt sich mit seinem Tee zu mir auf die Kuschelecke. Wir bilden eine Einheit, total.

Höre mir die 7-Uhr-Nachrichten an. Es wird viel geschafft in unserem Land. Heute Termin in Erbach! Wasche ich meine Haare? Ja oder nein? Wahrscheinlich ja. Habe wieder Kruste auf der Kopfhaut, die juckt. Vielleicht vertrage ich irgendein Lebensmittel nicht. Werde dem nachgehen! Listen to the 8-Uhr-Nachrichten, dann stehe ich auf, dusche und wasche die Haare. Es soll mehr Geld (8 Milliarden Euro) für Bildung und Forschung ausgegeben, gut! Man rettete 900 Kumpel aus einer Grube in Afrika, 32 Stunden waren sie verschüttet, keiner ist verletzt, ein Wunder!

3.2.2018

Olanzapin 10 mg
Schlafe genau acht Stunden, überschreite damit die Sieben-Stunden-Grenze, süpi.

Es ist 6.15 Uhr, ich brühe mir einen Kaffee auf.

Lasse die gestrige Stunde bei Dr. Lu Revue passieren. Alles ist gut, alles in Ordnung. Mein Leben gibt Sinn, meine Depressionen sind überwunden.

Lege mich nach dem Brunch nochmals hin und schlafe zwei Stunden. Hinterher erledige ich die Flurwoche, mein Mann geht in die Werkstatt. Tom will heute Abend kochen, dafür kauft er auch ein, süpi.

Abends telefonieren Annelie und ich ausgiebig, wir haben den absoluten Draht zueinander. Arbeite ein bisschen weiter an meinem Poncho, so langsam gibt's ein Stück. Alles fügt sich gut. It's all happening perfectly!

4.2.2018

Olanzapin 10 mg
I listen to the radio, wir haben 7.30 Uhr.
Es geht um die Genitalverstümmelung bei Mädchen. Man kann sich das gar nicht vorstellen! Schrecklich! Dass es heute noch so etwas gibt. Es sei Tradition, wird von der Hilfsorganisation „Terre des hommes" berichtet.
Höre die 8-Uhr-Nachrichten, brühe mir eine zweite Tasse Kaffee auf.
Um 14 Uhr sind wir mit unserer Agentin von der DVAG in Ludwigshafen verabredet. Wir müssen einiges besprechen wie zum Beispiel Toms Privatkrankenversicherung und unsere Berufshaftpflicht. Wir befinden uns bei ihr in guten Händen, sie arbeitet sehr gewissenhaft, und die Arbeit bereitet ihr sichtlich Spaß, das kommt rüber.
Jetzt weiß ich auch, warum mich Tom nach Erbach begleitet. Er will signalisieren dass er der Mann an meiner Seite ist!

5.2.2018

Olanzapin 10 mg
Mein Schlaf pendelt sich auf sieben Stunden ein, das ist die Grenze.
Tom bringt mir gerade eine Tasse Kaffee. Es ist 7.15 Uhr und ein ganzer Tag liegt vor mir.
Um 14 Uhr: Termin mit meiner englischen Freundin, wir praktizieren zusammen Yoga in unserem Esszimmer.

Ich finde in meinem Bücherschrank ein nützliches Buch: „Yoga immer und überall", daraus können wir Übungen entnehmen. Ich denke, sie und ich leiten uns gegenseitig und abwechselnd an. Sie macht Rückenschule, von daher kennt sie sich auch aus. Beim Praktizieren dürfen wir auf keinen Fall die Atmung vernachlässigen, sehr wichtig! Das kriegen wir hin, und ich freue mich.

Träume heute Nacht einen Traum, an den ich mich gut erinnern kann: Ich träume von einer Frau, die als Kind in den Ferien ihre Verwandten in Mengen besucht. Sie führen das einzige Gasthaus im Dorf. Die Freundin und ich unternehmen die schönsten Sachen wie Pilze sammeln auf einer Kuhwiese, die wir hinterher auch frisch zubereiten und essen, oder wir spielen Tischfußball. Die Freundin ist für mich eine große Bereicherung, sie hat immer neue Ideen. Ich helfe in der Gastwirtschaft beim Bierzapfen, hochinteressant. Einmal wird die Wirtschaft total umgebaut, der Giebel wird gedreht, was ich faszinierend finde. Die Wirtin erbt viel Geld, sie stammt vom Bodensee. Wir verstehen uns immer gut. Der einzige Sohn ist psychisch krank. Wir sind weitläufig verwandt, Opa kommt vom „Sternen". Muss mich mal von Waltraud aufklären lassen, sie weiß über die Verwandtschaftsverhältnisse bestens Bescheid.

Wir haben gleich 8 Uhr. Ich überlege, was ich heute Vormittag machen will. Auf jeden Fall höre ich mir die 8-Uhr-Nachrichten an: Heute vor 28 Jahren und 3 Monaten fiel die Mauer, das ist genau so lang, wie sie stand, interessant!

Gestern unterhalten wir uns mit der Agentin von der DVAG und ihrem Mann über die ehemalige DDR, sie berichten nur Positives. Das Soziale hätte besser funktioniert, auch die Grundbedürfnisse, Wohnen und Essen, wären besser geregelt gewesen. Ich kenne mich da nicht so gut aus.

Dr. Lu kommt auch vom Osten, er geriet ganz gut. Würde gern ein Wochenende lang seine Station testen. Vielleicht würde ich dann den Horror vor der Psychiatrie überwinden, eine Nacht, das würde genügen! Ich glaube, das wäre Konfrontationstherapie.

6.2.2018

Olanzapin 10 mg
Bin seit 5 Uhr wach und ausgeschlafen.

Tom fällt heute Morgen mit einem Kumpel zusammen einen kaputten Kirschbaum in der Hauptstraße.

Ich habe den ganzen Tag keine Außentermine, ich kann mich ausgiebig damit auseinandersetzen, was ich heute Abend koche.

Überhaupt ist aktuell meine Woche jeden Tag mit einem festen Termin strukturiert:

Mo 15 Uhr: Yoga/Rückenschule mit meiner englischen Freundin in unserem Esszimmer

Di 16.45 Uhr: Yoga im Familienzentrum

Mi Hausarbeit

Do 19 Uhr: Tai-Chi mit Tom gemeinsam in Sinsheim

Fr 18 Uhr: Singen

Alle drei Wochen: Termin in Erbach, freitags 17 Uhr.
All is happening perfectly!

7.2.2018

Olanzapin 10 mg
Schlafe gut, meine sieben Stunden.

Toms birthday today, er wird 64.

Wir müssen heute Morgen unseren Arbeitsbus in Reparatur geben. Bei dieser Gelegenheit frühstücken wir irgendwo.

Ich hänge so meinen Gedanken nach. Erkenntnis: Wir brauchen einen neuen Zeitgeist, besser ausgedrückt, wir haben ihn schon. Im psychiatrischen Bereich erfahren wir eine Entwicklung, besonders mit Dr. Lu in Erbach. Der Bürgerkreis in Sinsheim ist seiner Zeit weit voraus, mit Leitung und Mitarbeitern. Meine erste Lesung mit dem neuen Buch gilt dieser Einrichtung.

Gerade erfahre ich von Tom, dass unser Arbeitsbus heute nicht mehr fertig wird, die Autowerkstatt muss einen Schlauch bestellen. Tom: „Stell' dir vor, ein Marder hat ihn durchgebissen."

Das erinnert mich an Mengen, als meine Mutter irgendwie amüsiert sagte: „Der Fuchs war da und hat Hühner geholt." Wie im Märchen. Mama war immer sehr ursprünglich und echt, auch das erbten wir von ihr.

Marianne ruft an. Sie ist zurück aus Amerika, sie käme „würdig" zurück, wie sie sagt. Ich erhalte auch meine Würde zurück, durch Dr. Lu. Hoffentlich bleibt er für immer in der Gegend, für mich erreichbar. Ich brauche ihn, wir brauchen ihn.

Ich weiß jetzt auch, warum meine Gefühle für Tom zwischendurch abflauten, besonders in der Bunsenkellerzeit. Damals schufte ich mich fast zu Tode und er macht sich einen faulen Lenz bei den Amis, nie eine Fortbildung oder Entsprechendes. Ich glaube, Tom ist mir nicht tüchtig genug. Außerdem mache ich Therapie ohne Ende und er flippert im „Schluckspecht", seiner Stammkeipe, in der Unteren Straße. Irgendwie gehen wir nicht den gleichen Weg. Einmal, bei einem Spaziergang am Neckar, sage ich zu ihm: „Ich glaube, wir passen doch nicht so gut zusammen."

Er: „Ich verändere mich so lange, bis ich zu dir passe." Im Juli sind wir 40 Jahre verheiratet. Mit der Selbständigkeit macht er seinen größten Entwicklungssprung, eigentlich ist er nicht wiederzuerkennen. Motiviert und enthusiastic packt er jede Aufgabe an, im Umgang mit Kunden beweist er höchste Sensibilität.

Meine Veränderung erziele ich besonders mit dem Absetzen des Lithiums und den Gesprächen bei Dr. Lu. Für meine Disziplin werde ich reichlich belohnt, meine Lebendigkeit kommt zurück. Ich kann es gar nicht richtig beschreiben, ich habe das Gefühl, an meinem 65. Geburtstag ein Jahr alt zu werden, eine neue Zeit beginnt für mich, ein neues Zeitalter.

8.2.2018

Olanzapin 10 mg
Brauche ein bisschen, um einzuschlafen, doch ich komme so auf sechs Stunden.

Tom bringt mir eine Tasse Kaffee. Er ist the love of my life, dearest on earth!

Am Ort stellt sich eine Frau zur Bürgermeisterwahl; ich glaube, sie ist die Richtige. All is happening perfectly, diese Aussage klebt an meinem Sekretär.

Habe ein bisschen Kopfweh. Mama warnte uns früher schon davor, mit frisch gewaschenen Haaren rauszugehen. In diesem Punkt lerne ich nie dazu. In zwei Tagen muss ich fit sein, denn Tom und ich wollen den Garten frühlingsfest machen. Wir wollen die Trockenperiode ausnutzen, vielleicht kann ich noch ein paar Mitbewohner dafür begeistern!!??

10.2.2018

Olanzapin 10 mg
Schlafe gute acht Stunden, süpi.

Entdecke in meinem Bücherregal das Buch mit dem Titel: „Indigo-Erwachsene. Wegbereiter einer neuen Gesellschaft", hochinteressant! Werde es Dr. Lu empfehlen.

Tom kocht. Ich spiele nach sehr langer Zeit mal wieder Flöte, mit Begeisterung. Wenn ich Flöte spiele, geht es mir gut, ich liege in meiner Mitte.

Mit den behinderten Kindern im Rehazentrum sang ich viel und spielte Flöte, fast jeden Tag. Ich liebte diese Kinder. Auf der Pädiatrie gab es viele Unfallopfer, beispielsweise eine Behinderung durch einen Schlittenunfall oder ein Kind, das beim Faschingsumzug von einem Pferd getreten worden war und schwerste Verletzungen erlitten hatte. Ich fühle ganz rührselig, wenn ich zurückdenke! Die Reha-Einrichtung gibt's nicht mehr, ich weiß nicht genau warum, doch es ist gut so. Ich finde, die Kinder waren dort nicht gut versorgt, manche hospitalisierten sogar.

Heute ist es so weit, wir machen den Garten frühlingsfest, ein Hausbewohner über uns hilft. Wir können uns dabei gut austauschen. Mama tauschte sich mit meinen Freunden immer gut aus, die ich durchweg mit heimbringen durfte. Obwohl Tom kein Wort Deutsch sprach beim seinem ersten Besuch, am 70. Geburtstag meines Vaters, fühlte er sich sehr willkommen. Mengen war ein Traum von Gastfreundschaft!

11.2.2018

Olanzapin 10 mg
Schlafe so sieben Stunden.

Freitagabend Singen: Ich wünschte mir das Lied „Ein bisschen Frieden", heute am Sonntag noch mein Ohrwurm, bin beseelt.

Im Radio 7.18 Uhr: Jüdischer Friedhof in Jerusalem mit 170.000 Gräbern, aus Platzmangel wird ein Untergrundfriedhof gebaut, so etwas höre ich zum ersten Mal.

Die Uhr zeigt auf 8 Uhr. Es schneit, der Schnee bleibt nicht liegen. Tom fährt zu seinen vier Schneediensstellen, um zu kontrollieren. Er ist so zuverlässig, ich bin stolz auf ihn!

12.2.2018

Olanzapin 10 mg

Bin um 4 Uhr schon wach. Versuche noch ein bisschen zu schlafen.

Überlege, wie man die Gesellschaft ändern könnte. Eine Welle der Liebe wäre meine Idee. In Spechbach organisiert eine Freundin eine Gemeinschaft, deren Mitglieder sich gegenseitig unterstützen. Das ist doch schon mal was.

Um 6.45 Uhr brühe ich mir die zweite Tasse Kaffee auf. Vielleicht brauche ich gar nicht so viel Schlaf?!

Kurz vor 15 Uhr ruft Dr. Lu zurück. Ich sage, die Welt sei im Aufbruch. Er äußert quasi, ich solle schauen, dass ich schlafe, vielleicht ein Stündchen länger, die Situation sei nicht beängstigend. Ich bin beruhigt.

13.2.2018

Olanzapin 15 mg, erhöhe von mir aus auf 15 mg.

„Ich glaube, ich schlafe nicht wegen dem Fest, ich will es verschieben", erkläre ich Tom.

Er: „Das würde ich nicht machen, es ist nicht viel zu tun, es sind nur ein paar Stunden."

Ich wäge ab, er hat recht. Seit dem Hochsensibilitätsvortrag versteht er mich einfach besser.

Bin im intensiven Austausch mit Dr. Lu! Sein Kommentar: „Nach dem Fest können Sie gut auf 10 mg Olanzapin zurückgehen!" Bin von allen Seiten gut beraten!

14.2.2018

Olanzapin 15 mg
Schlafe mit dieser Dosis acht Stunden.

Brühe mir um 5.30 Uhr einen Kaffee auf.

Heute Valentinstag: Ich krame wieder den Zettel von Tom hervor: „Jeder Tag mit dir ist ein Valentinstag." Ich freue mich, dass ich ihn aufgehoben habe, und lege ihn zurück auf den sicheren Platz. Mamas Meinung zu diesem Tag: Alles nur Geldmacherei, sie ist sehr bodenständig und grundehrlich.

Höre mir die 7-Uhr-Nachrichten an. Prinz Hendrik von Dänemark ist tot. Alle müssen sterben, auch Tom und ich. Wenn es ein nächstes Leben gibt, wollen wir wieder zusammen sein, ich wünsche mir dann drei Kinder, zwei Buben und ein Mädchen. Wir werden gute Eltern, weil wir uns entwickeln und dazulernen.

Mein Bruder ist zurück aus Afrika, sie haben dort traditionell geheiratet. Er sagt, das Leben in Kamerun sei traurig, das Klima drückend, er könne dort kaum atmen. Bei Gelegenheit wollen wir uns über seine Erfahrung intensiver unterhalten.

Frau Kraft, die liebe Krankenschwester aus der Tagesklinik, kommt auch auf mein Fest, süpi.

16.2.2018

Olanzapin 15 mg
Schlafe acht Stunden.

Erhalte eine E-Mail von Anita, die ich erst einmal sacken lassen muss. Sie besitzt keinerlei Selbstreflexion. Der Wortlaut beweist, dass wir uns überhaupt nicht verstehen, wir bewegen uns in verschiedenen Welten. Jetzt lässt sie mich los, endlich! Ich glaube, die kinesiologische Bearbeitung bewirkt dies. Ganz traue ich ihr nicht!

Erkenne, dass ich ohne Weiteres krank werden kann, ich muss nur lange genug nicht schlafen können, mit einem schier unlösbaren Problem, Anita! Ich weiß, wovon ich spreche, mache alles mit!

Höre mir die 8-Uhr-Nachrichten an. Die SPD befindet sich mit 13% im Tiefstand. Papa sagte schon immer, Politik sei ein schmutziges Geschäft, er bekam es bei Opa hautnah mit.

Mama bemerkte mal, Opa habe es mit den Nerven. Vielleicht war er auch nur hochsensibel!? Jedenfalls spielte er Trompete und war mit dem Pfarrer befreundet. Auf dem Speicher finde ich diesbezügliche Notenhefte. Will mir Opa noch näher anschauen! Ich hörte mal, er sei dem Alkohol nicht abgeneigt gewesen, was ich nicht so sympathisch fand. Ich schätze Alkohol negativ ein, er stößt mich sogar ab, wenn Menschen nur damit lustig sein können. Früher konnte Tom mit ein paar Bier auch besser deutsch sprechen, Alkohol enthemmt. Drogen überhaupt finde ich abstoßend, ausgeschlossen davon sind lebenswichtige Medikamente oder vorübergehend Psychopharmaka. Ich jedenfalls bewahre gern einen klaren Kopf. Die jahrzehntelange Lithiumeinnahme kommt mir vor wie eine langandauernde Vergewaltigung. Es ist unglaublich!

An meinem Geburtstag trinke ich ein Glas Sekt-Orange, meine Grenze.

Toll, wenn man ausgeschlafen ist, was ich mit 15 mg schaffe. Ideal für mich sind die acht Stunden.

Will heute noch den Cappuccino in einem neueröffneten Café im Ort testen, um 8.30 Uhr stehe ich auf!

17.2.2018

Olanzapin 15 mg
Wache um 5.55 Uhr auf, nach acht Stunden Schlaf.

Brühe mir eine Tasse Kaffee auf und höre die 6-Uhr-Nachrichten an. Wieder ein Geisterfahrer, ich kann es mir nicht erklären, wie man in falscher Richtung auf die Autobahn fahren kann!

Tom ist heute Morgen sehr genervt, er hört um 6.30 Uhr die Nachbarn über uns, wir haben Sonntag, sein einziger freier Tag. Müde setzt er sich auf die Kuschelecke und liest. Ich genieße seine Anwesenheit.

Mittags unternehmen wir einen kleinen Ausflug nach Heidelberg. Ich wünsche mir heute nicht den Wald, sondern will unter Leute, wohin er mich ausführe, sei mir egal. Wir spazieren am Neckar entlang, von einer Brücke zur anderen. Ich denke einen kurzen Moment an Dr. Lu, inzwischen entspannter und nicht mehr so zwanghaft. So langsam fasse ich Vertrauen zu ihm!

Hinterher lege ich mich eine Stunde ins Bett, dann wasche ich die Küchenschränke und Schubladen aus. Karen hilft uns beim Fest und sie ist supersauber! Sie leiht mir Kaffeetassen für's Fest. Sie und ihr Mann kommen heute aus Hamburg zurück. Sie genossen ihren Kurzurlaub sehr. Nächstes Jahr fahren wir nach Amsterdam zu unserem 40. Hochzeitstag. Von der Stadt bekamen wir damals nicht viel mit, wir waren zu sehr ineinander vertieft. Amsterdam soll sehr schön sein!

20.2.2018

Olanzapin 15 mg

Schlafe seit zwei Nächten im Ehebett, Tom wünscht es sich so sehr. Ich lasse mich darauf ein, obwohl er schnarcht.

Wir wachen beide um 4 Uhr auf, schlafen nochmals ein. Tom will erst um 7 Uhr mit dem Wecker aufstehen.

Ich mache mir Gedanken bezüglich meines Geburtstagfestes. Ich habe vor, 50 Partybrötchen, Laugenstangen und einen Zopf zu bestellen, das müsste genügen.

Freue mich inzwischen sehr auf Samstag. Das Fest zu organisieren, fällt mir sehr leicht, ich kann mich als Erzieherin ausgiebig darin üben. Und ich werde von Tom unterstützt, ich kann mich hundertprozentig auf ihn verlassen. Ich bin mir sicher, dass er für unsere Gäste den besten Käse auswählt. I am happy!

Tom brüht mir die zweite Tasse Kaffee auf, es ist 7.30 Uhr und ein schöner Tag liegt vor uns.

Mir kommt in den Sinn: Psychisch kranke Menschen können auch arbeiten, leichte Arbeit ausführen, sie darf nur nicht belastend sein. In Weinheim gibt es ein Restaurant, das hauptsächlich mit seelisch Kranken läuft. Dass sie dafür nicht entsprechend bezahlt werden, finde ich eine Sauerei. Menschen mit seelischer Behinderung gewinnen mit adäquater Arbeit zunehmend an Stabilität, das weiß ich aus eigener Erfahrung. Ich arbeitete immer. Als Erzieherin war ich wegen der Reizüberflutung, große Gruppen und enormer Lärmpegel, überfordert. Als Kinderspieltherapeutin (Reha-Spielgruppe) in einer überschaubaren Gruppe und dann in Zusammenarbeit mit dem Psychologen konnte ich meine Fähigkeiten besser einsetzen und kompetent arbeiten.

Aktuell verstehe ich mein berufliches Leben mehr und bin auch in der Lage, mich besser einzuschätzen.

„Sie definieren sich über den Beruf", äußert mal ein Neurologe in der Psychiatrischen Ambulanz. Er hat recht, und doch stimmt es nicht mehr ganz. Ich definiere mich zusätzlich übers Private, besonders über die Beziehung zu meinem Mann und über die Menschen in meiner Welt. Ich glaube, ich bin dabei zu lernen, richtig hinzuhören, aktiv zuzuhören, und das ist der Schlüssel für soziale Kompetenz.

Besonders geschult darin wurde ich während meiner Tätigkeit als mobile Fußpflegerin. 25 Jahre arbeitete ich selbständig mit hauptsächlich älteren Menschen, denen ich ihre meist problematischen Füße pflegte, unterm Strich eine gute und lehrreiche Zeit. Als Fußpflegerin, besonders als mobile, lernst du die Menschen kennen; im Positiven wie im Negativen. Ohne Lithium hätte ich diese Arbeit nicht durchgehalten. Sie war wichtig für mich, von meiner Verhaltenstherapeutin wurde ich kompetent begleitet.

Das Leben ist hochinteressant!

22.2.2018

Olanzapin 15 mg

Wache nach sieben Stunden Schlaf auf, trotz der erhöhten Dosis Olanzapin, lege mich heute Mittag ein bisschen hin. Bin etwas angespannt wegen meines Festes!

Brühe mir eine Tasse Kaffee auf, Bio-Kaffee fairtrade vom Aldi, echt gut.

Es ist sehr gemütlich auf der Kuschelecke im Wohnzimmer, der Raum warm, ich brauche die Wärme. Im Radio kommt das Lied „Countryroad", bin rundherum glücklich. Ich genieße die Wärme von Tom, auch von Dr. Lu, Annelie, Karen und meiner englischen Freundin. Denke an meine Mutter, eine bemerkenswerte Frau. So einen Menschen gibt es nur ein Mal auf dieser Welt, so fleißig, da kann ich mir eine Scheibe abschneiden.

Termin bei meiner Kosmetikerin, 10.30 Uhr, freue mich sehr darauf!

Entscheide mich für eine zweite Tasse Kaffee, könnte den ganzen Tag Kaffee saufen! Mama braucht noch im hohen Alter mittags ihren Kaffee, halb-halb, instant coffee.

Ich sehne mich nach Mama, die letzten Jahre ihres Lebens war sie süpi, so richtig von Herzen, sehr authentisch. Tom und sie besaßen den gleichen Humor, sie lachten viel zusammen, mehr als Tom und ich. Wie schon gesagt, bezüglich Gastfreundschaft kann man Mengen nicht übertreffen, Mama setzte sich gern mit Außenseitern auseinander. Einmal brachte ich eine Mitpatientin mit heim, kennengelernt bei meinem ersten Aufenthalt in der Psychiatrie in Heidelberg (1974). Die Menschen fühlten sich durchweg wohl bei ihr.

Nachrichten um 7 Uhr: Die gesetzlichen Krankenkassen erwirtschaften einen enormen Überschuss, auch meine Krankenkasse, die Barmer. Sie zahlt mir alle meine Therapien seit dem 20. Lebensjahr, worüber ich sehr froh bin. Für sie bedeute ich ein Verlustgeschäft. Aktuell läuft meine Krankenversicherung auf freiwilliger Basis, ich zahle den niedrigsten Beitrag. Als Rentnerin wird er dann über die Rente definiert, 15% der Rente, und die ist mini. Ich mache Gewinn, sozusagen ein Positivgeschäft, laut unserem Steuerberater. Tom lässt sich vor Jahren bei der Central privat versichern, er zahlt viel, für mich mit. Ich brauche kein schlechtes Gewissen zu haben!

Tai-Chi um 19 Uhr, ich freue mich sehr darauf. In der Zeitschrift „Naturarzt" lese ich, dass sich laut einer Studie bereits durch ein halbstündiges Tai-Chi-Training pro Woche nach einem Vierteljahr das Stürzen von Senioren um 13 % verringert, das ist beachtlich. Nach dem Training fühlt sich das Leben so schön an, erstens, weil wir es gemeinsam praktizieren, und zweitens essen wir dann Pizza und ich manchmal die dunklen, gesunden Cornflakes.

Tai-Chi kann man ein Leben lang praktizieren, sogar im Bett im Altersheim. Außerdem gestaltet es sich als ein perfektes Gehirnjogging, ich löse noch nie gern Kreuzworträtsel.

Überlege, was ich noch alles für das Fest brauche! Um 8 Uhr stehe ich auf!

23.2.2018

Olanzapin 15 mg
Gut geschlafen!
    Endspurt vor dem Fest!

24.2.2018

Olanzapin 15 mg
Nach acht Stunden Schlaf bin ich voller Energie! Endlich mein Geburtstag!

Das Fest gestaltet sich als ein Traum, alle eingeladenen Gäste kommen. Für eine Weile habe ich genug Honig, Marmelade, Hafer und anderes aus dem Bioladen, ganz nach meinem Geschmack. Bin sehr stolz auf meine Nichten, Ina und Maditta. Ina schenkt mir eine Karte, die mich sehr berührt. Auf ihr steht: „Die Welt ist schön, weil du mit drauf bist." I am happy!

25.2.2018

Olanzapin 15 mg
Wache nach sechs Stunden Schlaf auf. Lasse mein Fest Revue passieren.

Bin so erfüllt, muss am Montag unbedingt Dr. Lu anrufen! Es wird kein zweites Fest in dieser Form geben, doch kleinere Einladungen bis zu vier Leuten nehme ich mir vor.

Jetzt bin ich eine Seniorin mit 65 und ich fühle mich sehr gut dabei. Übrigens, Tom hält sich sehr gut auf dem Fest. Wieder einmal stelle ich fest, dass wir uns absolut ergänzen. Gemeinsam gehen wir unseren Weg.

Nochmals mein Gedicht in der Endfassung:

FÜR MEINEN MANN

Ich liebe Dich
Mehr als ich denken kann
Hier und Jetzt.
Mich kümmert nicht mehr,
Was Morgen mit uns sein wird.
Du gibst mir heute die GEWISSHEIT,
Mit Dir
Einen gemeinsamen Weg zu gehen
Und dabei sagen zu können:
Ich bin Ich und
Du bist Du.

Ich, 25.2.2018

Jule, auch Gast auf meinem Fest, kommentiert: „Du bist gesund und fit!" Ein schöneres Kompliment kann sie mir nicht machen.

Reduziere schon mal das Olanzapin auf 12,5 mg bis zu meinem nächsten Gesprächstermin am Freitag. Allmählich werde ich mein eigener Arzt. Ob es einmal ganz ohne geht, dessen bin ich mir nicht sicher, habe sehr viel mitgemacht! Ich weiß nicht!? Will mit Dr. Lu darüber sprechen!

26.2.2018

Olanzapin 12,5 mg

Gründe am 24.2.2018 das „Netzwerk 2018"!!! Habe dafür genug Kontakte.

Tom und ich müssen uns morgens besser arrangieren. Ich spreche ihm zu viel, er will seine Ruhe, der Morgenmuffel. In Zukunft stehe ich nicht vor 7.30 Uhr auf, allerdings muss er sich dann seinen Tee selbst machen.

Alle Geburtstagskarten auf dem Fenstersims lachen mich an, und alles läuft rund.

Um 15 Uhr will meine englische Freundin mit mir Yoga praktizieren! It's all happening perfectly!

1.3.2018

Olanzapin 12,5 mg
Schlafe siebeneinhalb Stunden

Lese das Buch „Weizenwampe" von Dr. med William Davis. Es geht vor allem darum, warum Weizen dick und krank macht. Das Buch ist revolutionär.

Bringe Tom um 8 Uhr doch einen Tee ans Bett. Er ist kaputt und will sich ausruhen, von der Arbeit tun ihm alle Knochen weh. Er darf sich auch nicht übernehmen!

2.3.2018

Olanzapin 12,5 mg
Wache um 4.30 Uhr nach sechseinhalb Stunden Schlaf auf, bin wach und aufgeräumt.

Brühe mir eine Tasse Kaffee auf und stricke ein paar Reihen an meinem Poncho.

Das Leben ist wunderbar.

Heute Termin in Erbach, habe viel zu besprechen.

Ich muss schmunzeln. Tom hegt die Befürchtung, dass er bald nichts mehr essen darf und nur noch vor einem

Glas Mineralwasser sitzen wird. Ich liebe ihn! Das Buch „Weizenwampe" öffnet mir die Augen, was die Ernährung mit Weizen auf sich hat. Ich empfehle das Buch jedem!

Heute Morgen besorge ich mir im Bioladen Zuckerhut und Schwarzrettich, Empfehlung meines Bruders, würde köstlich schmecken.

Lade ihn und seine Frau erneut zu uns ein!

3.3.2018

Olanzapin 10 mg

Schlafe neun Stunden, die Schlafdauer hängt nicht immer mit der Olanzapindosis zusammen, stelle ich fest.

Tom liest auch die „Weizenwampe". Wir wollen mit der Freundin darüber diskutieren, die schon weitgehend auf Weizen verzichtet.

Und noch was: Gestern im Gespräch mit Dr. Lu: Ich sage zu ihm, mit Lithium könne ich meinen Geist nicht einsetzen, würde aber auch von der schrecklichen Welt nicht so viel mitkriegen, und er antwortet: „Man kann sich dann aber auch nicht entwickeln." Das setzt mir ganz schön zu!

11.3.2018

Olanzapin 10 mg

Schlafe acht Stunden, das ist gut so.

Vor 9 Uhr brechen wir zu einem einstündigen Spaziergang um den Neckar auf, das heißt von Brücke zu

Brücke. Danach Frühstück, hinterher schlafe ich eine Runde und rufe Maditta an. Man merkt halt sofort, wenn jemand therapieerfahren ist, man bewegt sich auf dem gleichen Level. Das Leben gestaltet sich wunderbar!

Kardinal Lehmann gestorben, kommt gerade im Radio, ein Katholik mit Profil!

12.3.2018

Olanzapin 10 mg
Ohne zwischendurch aufzuwachen, schlafe ich acht Stunden, optimal.

Um 9.30 Uhr: Termin bei der Rentenberatung in Heidelberg. Es regnet in Strömen und wir suchen einen Parkplatz, Stress pur.

Wir beide sind glücklich, nicht mehr in der Stadt zu wohnen, obwohl Tom Städter ist. Wir leben gern in unserem kleinen Städtchen mit den netten Leuten, die du überall kennenlernen kannst, besonders beim Singkreis oder in der Yogagruppe.

Der Rentenberater in Heidelberg empfiehlt mir einen ehrenamtlichen Berater in unserem Ort, der sogar in der gleichen Straße wohnt wie wir. Ich frage ihn, warum er das Ehrenamt mache? Er erklärt mir, dass ein Hirnforscher, Professor Spitzer, ein Ehrenamt gegen Einsamkeit empfehle, also irgendetwas für die Gesellschaft zu tun, ohne Gegenleistung. Ich sage ihm, dass ich diesen Professor persönlich kenne, verrate aber nicht woher.

Um nochmals auf's Durchschlafen zurückzukommen, meine Erkenntnis: Zu viele Reize während des Tages lassen mich in der Nacht aufwachen und schwer wieder einschlafen. Bin gespannt, Heidelberg ist mir heute auch zu viel!

13.3.2018

Olanzapin 10 mg
Schlafe wieder acht Stunden, süpi.
Sortiere zunächst alles, was ich heute erledigen will.
Ein neuer Yogakurs beginnt, ich freue mich. Achte gut auf eine Balance, Aktivität – Ruhe, Voraussetzung für eine gute Nachtruhe.

14.3.2018

Olanzapin 10 mg
Nach meinen acht Stunden Schlaf wache ich um 6 Uhr auf.
Gegen Abend: Theateraufführung von der PIA (Psychiatrische Instituts Ambulanz). Karoline lädt mich dazu ein.
Ich treffe dort meine allererste Neurologin der Ambulanz. Sie sagt, sie freue sich, dass ich mich so gut entwickelt habe. Teile ihr mit, dass ich kein Lithium mehr brauche, seit zweieinhalb Jahren.
„Dann haben Sie es überstanden, das erste Jahr ist kritisch", kommentiert sie freundlich. Sie weiß auch, dass Dr. Lu mich weiterbehandelt. Treffe noch zwei Krankenschwestern, die mir 20 Jahre Blut zur Lithiumkontrolle

abgenommen haben. Sie boten mehr Kontinuität als die Ärzte, die alle paar Jahre wechseln.

Damals ging ich immer gern in die Ambulanz, vielleicht deshalb, weil es eine willkommene Abwechslung bedeutete und Tom und ich den Termin mit einem Essen im „Red" verbanden.

15.3.2018

Olanzapin 10 mg
Schlafe wieder acht Stunden, süpi.

Stricke zwei Runden an meinem Poncho, bis ich weiß, wie ich meinen Vormittag gestalten will. Habe mehrere Optionen:

Erste: Ich kann mit Karen spazieren gehen.

Zweite: Ich gehe mit meiner Rewe-Freundin in die „Sonne" zum Quatschen.

Dritte: Ich trinke in der Eisdiele einen Cappuccino.

Vierte: Ich bleibe zuhause und erledige Hausarbeit.

Fünfte: Besuch bei der englischen Freundin und wir gehen im Wald spazieren.

Mal sehen … Zunächst trinke ich ein großes Glas stilles Mineralwasser!

Das Leben ist wunderbar!

Ich entscheide mich für die Hausarbeit, gekoppelt mit ein paar Telefonaten.

Sorge heute wieder für eine gute Balance, Umweltreize – Ruhe, besonders wegen einer guten Nachtruhe, des Rätsels Lösung. Danke Dr. Lu!

Ich setze Prioritäten. Hierzu mein eigener entsprechender Spruch: „Zeit haben hängt von der Fähigkeit ab, Prioritäten zu setzen."

Meine nächste Priorität: Bad, es ist fast 11 Uhr.

Nach meinem Mittagsschlaf trinke ich mit Tom Tee. Er ist nicht so gut drauf, weil ein früherer Sportkamerad an Krebs erkrankt und wahrscheinlich bald sterben muss.

Abends: Tai-Chi mit Tom zusammen in Sinsheim. Bevor wir aufbrechen, laufe ich noch flott eine halbe Stunde in den Feldern und schäle Kartoffeln für's Essen nach Tai-Chi.

So, jetzt muss ich mich sputen!

16.3.2018

Olanzapin 10 mg
Schlafe gegen 11 Uhr ein bis 5.30 Uhr.

Brühe mir einen Kaffee auf und höre die 6-Uhr-Nachrichten an.

Will mich aus dem familiären Geschehen wieder etwas zurückziehen, dann bin ich entspannter. Eigentlich gehen mich die Probleme in Mechthilds Familie gar nichts an, lasse mich immer noch zu sehr hineinziehen. Zum Beispiel telefonieren wir heute sehr lange miteinander, ich glaube, sie kann am besten mit mir sprechen. Sie ist sehr offen und ehrlich. Ich empfehle ihr professionelle Hilfe.

Tai-Chi gestern Abend, süpi, rundherum, in einer tollen Gruppe!

Stricke ein paar Runden an meinem Poncho und überlege dabei, was heute an Arbeit anfällt. Erwarte einen Anruf einer früheren 90-jährigen Fußpflegekundin. Sie will mir eine Osterkerze herstellen, ich könne sie bei ihr abholen. Ich freue mich sehr!

Ich sitze im warmen Esszimmer and listen to the radio. Heute, Weltschlaftag, kommt gerade. Die meisten Erwachsenen brauchen sieben bis neun Stunden Schlaf, um ausgeruht zu sein, ich liege voll im Trend mit meinen durchschnittlich siebeneinhalb bis acht Stunden. Vielleicht benötige ich ein bisschen mehr. Annelie meint, ich mache zu viel „Gschiss" ums Schlafen, was mich ärgert.

Am Wochenende: Kälteeinbruch mit starkem nordöstlichem Wind. Klirr! Gott sei Dank leben wir in einer warmen Wohnung!

Um 8 Uhr stehe ich auf!

21.3.2018

Olanzapin 10 mg

Schlafe gut acht Stunden und bleibe bis 7.30 Uhr genüsslich im warmen Bett liegen, das ist neu seit vielen Monaten.

Vortrag um 19 Uhr in der Augenklinik im Neuenheimer Feld in Heidelberg zusammen mit Karen und ihrem Mann. Es ist ein sehr schönes Gefühl, mit Freunden eine Veranstaltung zu besuchen!

24.3.2018

Olanzapin 10 mg plus 10 mg

Mit der zweiten Ration Olanzapin schlafe ich weit bis nach 6 Uhr. Nach dem Gespräch bei Dr. Lu ist mein Kopf immer voll und ich denke viel nach.

Gestern berichte ich meinem Arzt von meinem Wendepunkt: Ich rufe ein paar meiner Geschwister an und teile ihnen mit, dass ich mich in Zukunft etwas mehr aus dem Familiengeschehen zurückziehen werde, weil mir die Probleme zu sehr unter die Haut gingen. Will mich noch bewusster von Anita abgrenzen. Alles im Lot, alles im Fluss. Ich erkenne meine Aufgaben: Schreiben und Kochen. Dr. Lu wie auch Tom meinen, das genüge. Ich finde das auch.

Mein Buch geht so langsam dem Ende zu, was ich kurz Annelie mitteile. Sie meint, ich wäre noch nicht ganz abgenabelt. Ich erkenne, noch nicht ganz von meinen Geschwistern. Ich freue mich sehr, wenn wir Annelie Ende April besuchen. Bis dahin will ich vollends abgenabelt sein, genau wissen, wo ich stehe.

In meinem Leben geht es aufwärts. Wir essen weitgehend keinen Zucker mehr und ich werde meine Aufopferungsbereitschaft besonders für die Familie Mechthilds kommenden Donnerstag kinesiologisch bearbeiten, ebenso meine Beziehung zu meinem Arzt, das ist angebracht. Mein Problem, was ihn betrifft: Ich kann nicht loslassen, ich klebe an ihm.

Am Esstisch fordert mich Tom heraus: „Raus damit! Du hast Probleme mit Ludi!?", stellt er mehr fragend fest.

„Ja!", antworte ich, „ich hatte noch nie so einen guten Therapeuten, ich habe Angst, er geht nach Berlin zurück. Wenn er doch wenigstens in der Gegend, für mich erreichbar bleiben würde."

Tom meint, vielleicht die beiden Problemstellungen in der kinesiologischen Sitzung zu kombinieren. Ich muss schmunzeln, Tom ist Meister der Kombination, er verbindet und kombiniert, das zeichnet ihn aus!

28.3.2018

Olanzapin 10 mg
Schlafe gut acht Stunden.

Heute fällt der Ostereinkauf an. Ab Donnerstag arbeiten wir in Neuenheim, Tapezieren und Streichen eines Flurs und nur Streichen einer Küche mit einer delikaten Decke, Altbau, 3,30 m hoch. Bin wieder einmal froh über unsere unkomplizierte Wohnung.

Tom hilft mir bei der Einkaufsliste. Wir müssen einmal für drei Tage und dann nochmals für zwei Tage planen, für Ostersonntag und Ostermontag. Alles klappt, wir sind ein gutes Team!

31.3.2018

Olanzapin 10 mg
Schlafe wieder acht Stunden.

Die letzten beiden Tage im Rahmen des ‚J. F. HausService' erweisen sich als sehr anstrengend.

Am Gründonnerstag abwaschbare Tapete in einem Flur entfernen, den ganzen Tag und am Karfreitag tapezieren. Wir arbeiten gestern von 8.30 bis 19 Uhr mit einer Minipause um die Mittagszeit, in der wir unsere Käsebrote verzehren. Tom ist abends fix und fertig, ich auch. Tom wärmt Essen auf, ich gehe ins Bad und dann sofort ins Bett. Ich schlafe gleich ein. Bin übrigens im Moment zufrieden mit meinem Schlaf!

Heute, Samstag, begleite ich Tom nicht nach Neuenheim, bei uns zuhause fällt Hausarbeit an und ich bin mit der Flurwoche dran. Genieße viel Energie, nach einer guten Nachtruhe, wasche Wäsche und denke gut darüber nach, was Tom mir empfiehlt: Ich soll nicht überall rumrennen, gestern sei es doch ein bisschen viel für mich gewesen. Er kennt mich sehr gut! Erinnere mich an Dr. Lus Worte: „Achten Sie auf eine nötige Balance!"

Ich werde den ganzen Tag langsam angehen lassen, mit einem Mittagsschlaf zwischendurch, vielleicht gehe ich noch eine Stunde spazieren. Wenn Karen keine Zeit dafür hat, werde ich im Bioladen einkaufen gehen für unser Lieblingsgericht, Karotten, Kartoffeln mit einer Rote-Linsen-Soße.

Morgen gestaltet sich Toms Tag wieder anstrengend, ich weiß nicht, wie er das schafft und aushält. Er muss sehr gesund und belastbar sein. Doch nach dem Tapezieren gestern sagt er zu mir, er wisse nicht, ob er so einen Auftrag nochmals annehmen würde, mit den Worten:

„It goes beyond my limits!" Es ist gut, dass ich ihn öfter begleite, ich kann dann besser einschätzen, welche Kraft seine Arbeit von ihm abverlangt, so gelange ich zu mehr Verständnis.

Erfahre viel Inspiration durch ein Bild meiner neuen Freundin Marianne. Von meinem Platz am Esszimmertisch kann ich darauf blicken, bin begeistert! Das Bild ist in rot gehalten mit einer Tür. Danke Marianne! Es wirkt immer ein bisschen anders, je nach der Intensität des Lichts, das auf die Rückseite des Bildes fällt, es steht auf dem Fenstersims. So etwas erfahre ich zum ersten Mal, bin ganz erfüllt!

Ostersonntag, 1.4.2018

Olanzapin 10 mg

Stehe um 5.30 Uhr auf und trinke einen Kaffee. Hinterher lege ich mich wieder ins Bett, wir schlafen bis 10 Uhr.

Heute absoluter Faulenzertag. Morgen bin ich den ganzen Tag ohne Tom, er streicht in Neuenheim weiter. Er meint, es gebe für mich nicht viel Arbeit. Werde morgen auf jeden Fall an die Luft gehen. Nur durch Rausgehen bei jedem Wetter kann ich mein Immunsystem stärken, laut Karen. Bin sehr empfindlich, doch selbst schuld.

2.4.2018

Olanzapin 10 mg
Ein Wunder geschieht, ich schlafe bis 7.30 Uhr.

Besorge vier Urkornbrötchen, dass Tom heute Mittag etwas zu essen hat. Er bereitet sich Käsebrötchen vor. Er sorgt gut für sich, er ist ein sehr emanzipierter Mann, das schätze ich besonders an ihm. Um 9 Uhr fährt er los.

Ich gehe zurück ins Bett, denn ich bin leicht angeschlagen. Karen hat schon recht, dass ich eine miserable Immunabwehr habe. Sie fragt sich, ob es von der jahrzehntelangen Lithiumtherapie herrühren könne. Vielleicht stimmt's!? Ich spreche Dr. Lu daraufhin an!

Putze erstmals die Zähne, bevor ich es mir so richtig gemütlich im Bett mache. Ich friere. Dr. Lu würde mir jetzt empfehlen, mich zu schonen. Er ist ein sehr guter Mensch und ein sehr guter Psychiater. Tom meint, er habe Gefühl.

Aktuell werde ich für meine lebenslange Arbeit an mir selbst belohnt. Mein Buch kann ich vor 2019 nicht herausgeben, denn dafür muss ich sehr stark sein, weil ich dann keine Ruhe mehr haben werde. Ich werde im Rampenlicht stehen und sehr gefragt sein. Ich werde Sprachrohr für psychisch kranke Menschen werden. Ich bin eine Frau der Praxis, ich weiß, wovon ich spreche. 40 Jahre Lithiumtherapie unbeschadet zu überstehen, das ist eine Kunst. In trinke in dieser Zeit kaum Alkohol und sehr viel Mineralwasser und ernähre mich gut.

Tom empfiehlt mir, den heutigen Tag ruhig anzugehen, um 12 Uhr wollen wir miteinander telefonieren.

Jetzt schlafe ich erstmals eine Runde! Gute Nacht!

3.4.2018

Olanzapin 10 mg

So langsam neigt sich mein Buch dem Ende zu, Anfang und Ende sind besonders wichtig. Die Uhr zeigt auf 10.30 Uhr und ich brühe mir eine weitere Tasse Kaffee auf. Bin innerlich gut aufgeräumt, für unseren Brunch habe ich alles im Haus. Wir müssen nicht hungern, ich brauche nur den Tisch zu decken. Danke!

Die Sonne strahlt und es ist frühlingshaft warm. Das Leben fühlt sich gut an.

Heute Mittag räume ich meine Kleiderschränke auf, „Magic Cleaning" ist angebracht.

Tom kommt erst um 19 Uhr nach Hause. Er arbeitet in einem Garten und will das gute Wetter ausnützen. Verfüge über viel Zeit, doch ich habe auch viel zu tun. Jetzt will ich drangehen!

4.4.2018

Olanzapin 10 mg

Gehe um 22 Uhr ins Bett, schlafe gleich ein und wache um 3.30 Uhr mit Übelkeit auf. Vielleicht steckt in mir doch ein Virus! Bereite mir eine Bouillon zu, die mir sehr gut tut. Die Beschwerden gehen zurück und ich verspüre sogar Lust auf Kaffee. Später versuche ich, wieder zu schlafen, ich habe ja die Umstände dafür. Hausfrauen können sich das Leben doch sehr gut gestalten, wenn sie es richtig anpacken. Ich hätte mir nie träumen lassen, dass ich so gut zurechtkomme ohne Arbeit im Beruf und mich so um Haus und Herd kümmern würde.

Gerate heute früh fast in Streit mit meinem Mann, weil ich nicht durchschlafe. Ich verteidige mich: „Wenn du so viel mitgemacht hättest wie ich, würdest du auch manchmal um 3.30 Uhr aufwachen, weil du so viel verarbeiten müsstest."

Freue mich, dass Tom heute in Neuenheim weiterstreicht. Er kommt in der Mittagszeit nicht heim zum Brunch und ich verfüge frei über den ganzen Tag. Ich kann vor mich hin schreiben und vor mich hin verarbeiten! It's all happening perfectly!

Kann nicht behaupten, Tom wäre nicht klar, er ist die Klarheit in Person, was mir sehr guttut. Bei ihm gibt es kein Hin und Her, bei Dr. Lu stelle ich dies auch fest. Solche Männer gefallen mir!

Listen to the radio: Ich ertrage die Politik fast nicht mehr, die ewige Streiterei, besonders die im fernen Osten, geht mir auf den Geist! Es gibt bestimmt Menschen, die mehr erdulden müssen als Jesus Christus, vielleicht bei Folter in einem Gefängnis. Die Gedanken sind unerträglich! Der Giftanschlag in Großbritannien schreit zum Himmel!

Vor vielen Jahren verfasste ich ein Gedicht, ich versuche es zusammenzukriegen.

MENSCHEN

Menschen durch Menschen für Menschen,
Warum sind sie blind?
Liegt die Ursache in den Menschen?

Menschen,
Raubtieren gleich,
zerfleischen das Nächste,
nagen an Knochen.
Falsch, mit listigen Augen,
lauern sie nach Fehlern,
lauern nach Fehlern,
um weh zu tun.

Was sind wir Menschen?
Habgier, Dummheit, Fressgier
fressen uns gegenseitig,
fressen einen Weg zum Herzen,
um gänzlich im Blut des anderen ertränkt zu werden.

Was sehen wir?
Blutige Leichen, stinkenden Unrat.

Das Chaos schreit nach Rache.
Und so wird es fortwährend sein
bis zu unserem endgültigen Exitus!

Ich, 1976

5.4.2018

Olanzapin 10 mg

Kann meinen Geist, meinen Intellekt nicht benutzen, das Kurzzeitgedächtnis funktioniert nur miserabel, ich kann mich nicht entwickeln. Trotzdem schließe ich meine Erzieherausbildung mit einem Notendurchschnitt von 1,8 ab, die Erziehungspraktische Prüfung mit 1,5, ich lerne viel auswendig.

Als ich während meiner Ausbildung 1978 erkranke, ermöglicht mir die Schule trotzdem einen Abschluss. Nach dem Aufenthalt in der Psychiatrie darf ich nahtlos weitermachen. Eine abgeschlossene Berufsausbildung bedeutet für mich eine Lebensnotwendigkeit.

Überhaupt bin ich dankbar für die vielen helfenden Menschen in meinem Leben. Dankbar bin ich der Barmer Ersatzkasse, die mir die vielen Therapien ermöglicht, den vielen Ärzten und Therapeuten, die mich die ganzen Jahre begleiten und jetzt noch begleiten. Dankbar bin ich meinen Eltern, die immer Mineralwasser dahaben, wenn wir zu Besuch kommen, weil ich mit Lithium viel trinken muss. Überhaupt meinen Geschwistern, ich könnte ewig weiterschreiben.

Meine Schulfreundin Gabi werde ich nie vergessen, ohne sie hätte ich kein Abitur gemacht.

In unserem aktuellen Wohnort sind wir nach über 30 Jahren fest verwurzelt. Wir wohnen in einer Superwohnung, unsere Vermieter sind süpi.

Und schließlich danke ich Dr. Lu, der sich traut, mit mir zusammen nach 40 Jahren das Lithium abzusetzen. Wir erarbeiten, dass ich hochsensibel und keine Psychotikerin bin. Ein neues Leben ... Ich bekomme einen ganz anderen Stand. Ich wünsche mir, dass er bis an mein Lebensende mein Arzt bleibt.

17.6.2018

Olanzapin 7,5 mg

Heute wage ich einen kleinen Sprung in den Sommerurlaub in Portugal 2018.

Um 0.30 Uhr schlafe ich immer noch nicht. Sage gestern Abend zu Tom, er sei sexfaul.

„Ich bin nicht sexfaul!", bricht es aus ihm heraus. Er ist richtig sauer und droht mir, er würde mir eine schlaflose Nacht bereiten.

Er: „Du wolltest die ganze Zeit nicht und jetzt auf einmal wieder." Er ist tief verletzt.

Ich: „Die Umstände sind anders, jahrelang ist es schwierig für mich mit Lithium und Olanzapin eine reduzierte Libido zu haben."

Er: „Hör auf damit!"

Heute Morgen, ich wache vor ihm auf, kann ich ihn mit meinen ganz sensitiven Fingerkuppen nur streicheln. Auf einmal weine ich leise.

Tom: „Warum weinst du?"

Ich: „Weil ich dich liebe."

Er: „Ich liebe dich auch, auch wenn du manchmal schwierig bist. Soll ich dir einen Kaffee machen?"

„Oh ja, bitte!"

Der Druck verschwindet. Mittags gehen wir vergnügt ans Meer. Es ist immer noch grünblau gestreift. Ich singe vor mich hin, „der Sommerwind, der wehte mir die Sorgen fort ..." I am happy! Irgendwie finde ich Frieden und Ruhe in mir!

Ich: „Du bist das Liebste für mich auf der Welt."

Er: „Ich weiß."

Ich würde mir wünschen, dass sich Tom an einen Menschen seines Vertrauens wenden und sich diesbezüglich aussprechen würde, Möglichkeiten gibt es genug für ihn!

Ich lese ihm diese Zeilen vor und er kommentiert: „Kein Bedarf, das ist vorbei."

Ich: „Und jetzt?"

Er: „Es klappt!"

Meine Erkenntnis: Wir ticken unterschiedlich, vielleicht ist es gut so. Männer ticken sowieso anders als Frauen und umgekehrt!

Nachwort

Sommer 2019.

Tom erleidet durch einen Wespenstich am Ohr einen anaphylaktischen Schock und stirbt fast. Zum Glück kann er gerade noch rechtzeitig behandelt werden. Trotz vorübergehender Olanzapin-Erhöhung auf bis zu 15 mg schlafe ich vier Wochen lang nur jede zweite Nacht. In den schlaflosen Nächten kommen Bilder und Szenen von meiner schrecklichen Psychiatrie-Erfahrung (1982) in Weinheim hoch. Damals werde ich fixiert und uninformiert zwangsgespritzt und danach angebunden im Bad abgestellt. Keiner kümmert sich um mich.

Mit Dr. Lu vereinbare ich eine kurze Krisenintervention stationär auf seiner Station im Juni noch vor unserem Sommerurlaub. Die Unterbringung erweist sich als äußerst heilsam. Ich kann die Erfahrung einer modernen psychiatrischen Station nutzen und mein schlimmstes Psychiatrie-Erlebnis einordnen und innerlich abschließen. Außerdem lerne ich im Kontakt mit meinen Mitpatienten meine eigene Stabilität schätzen, was habe ich doch alles schon geschafft! In den zwei Nächten verbessert sich mein Schlaf prompt, fühle mich sehr beschützt und aufgehoben.

Mein sonstiges Programm:

Dienstags praktiziere ich Yoga, ich glaube das neunte Jahr und donnerstags Tai-Chi mit Tom gemeinsam in Sinsheim. Einmal in der Woche besuche ich meine Seniorin, eine frühere Fußpflegekundin, im hiesigen Altersheim. Freitags ist Singen angesagt und alle drei Wochen, ebenfalls freitags, fahre ich den weiten Weg nach Erbach zum Gespräch bei Dr. Lu, meine absolute Priorität!

Bei der Olanzapin-Reduzierung, zunächst auf 5 mg, befinden wir uns im Prozess, der sich als sehr schwierig herausstellt, weil ich das Neuroleptikum schon über 20 Jahre einnehme und es somit voll verstoffwechselt ist. Ich muss immer sehr auf genügend Nachtschlaf achten.

Mein Mann, empathisch: „Geduld, du hast Zeit!"

Was meine Herkunftsfamilie betrifft: Das Wichtigste: Ina ist wieder gesund und mein Bruder heiratet seine afrikanische Fee, die sich als grundehrlich und anständig entpuppt. Überhaupt erlange ich mehr innere Distanz zu Mengen. Manches mache ich einfach nicht mehr zu meinem Problem!

Über den 1. November verbringen wir einen Kurzurlaub in Bad Herrenalb im Nordschwarzwald, drei Nächte. Wir freuen uns sehr!

It's all happening perfectly!!!

Falls mir, Judith Freeman, jemand schreiben möchte, bin ich über **DFreeman@t-online.de** erreichbar.

KLARHEIT
durchströmt meinen Geist
lässt mich erkennen
was ist
was war

Ich, 2019